普通高校"十三五"规划教材·营销学系列

网络广告理论与实务

杨连峰 ◎ 编 著

清华大学出版社
北京

内 容 简 介

随着网络广告活动的日趋活跃和市场规模的飞速增长、网络广告的相关研究成果大量涌现，网络广告学正逐渐摆脱网络营销成为电子商务专业一个重要的知识领域，在该专业人才的培养中已经占据越来越重要的地位。

本书系统地阐述了网络广告理论与实务的若干重要课题，共分七章，主要内容包括广告与广告伦理、网络广告概述、网民行为及其心理规律、网络广告的创意、网络广告策划、网络广告的投放与运营和网络广告的定价与效果评测。

本书内容丰富、通俗易懂，尤其适用于普通高校非广告学专业的学生学习使用，如电子商务专业的学生或有志从事网络营销的专业人士，对广告学专业的学生也有一定的参考价值。本书既可作为普通高校相关专业课程的教材，也可以作为政府机关、企事业单位人员的自学用书。

本书封面贴有清华大学出版社防伪标签，无标签者不得销售。
版权所有，侵权必究。举报：010-62782989，beiqinquan@tup.tsinghua.edu.cn。

图书在版编目(CIP)数据

网络广告理论与实务/杨连峰编著. —北京：清华大学出版社，2017(2022.7重印)
(普通高校"十三五"规划教材. 营销学系列)
ISBN 978-7-302-46369-6

Ⅰ.①网… Ⅱ.①杨… Ⅲ.①互联网络－广告学－高等学校－教材 Ⅳ.①F713.8

中国版本图书馆 CIP 数据核字(2017)第 022220 号

责任编辑：陆浥晨
封面设计：汉风唐韵
责任校对：宋玉莲
责任印制：宋　林

出版发行：清华大学出版社
网　　址：http://www.tup.com.cn, http://www.wqbook.com
地　　址：北京清华大学学研大厦 A 座　　邮　编：100084
社 总 机：010-83470000　　邮　购：010-62786544
投稿与读者服务：010-62776969, c-service@tup.tsinghua.edu.cn
质量反馈：010-62772015, zhiliang@tup.tsinghua.edu.cn
课件下载：http://www.tup.com.cn,010-62770175-4506

印 装 者：三河市金元印装有限公司
经　　销：全国新华书店
开　　本：185mm×260mm　　印　张：11.5　　字　数：265 千字
版　　次：2017 年 3 月第 1 版　　印　次：2022 年 7 月第 8 次印刷
定　　价：39.00 元

产品编号：072724-01

前言

随着互联网用户的不断增长和互联网应用的日益丰富,网络用户日常的工作生活也越来越依赖互联网,他们在网络上传送信息、获取资讯、社交娱乐,进行着各种各样的交易,尽情享受着互联网带来的便利,互联网已经成为他们认知世界的重要窗口。在这一种趋势下,互联网作为媒体的特性不断显化,哪里有人群聚集哪里就有广告的商机,越来越多的企业都把网络用户看作一个巨大的营销市场,都在努力通过互联网进行产品(服务)的营销和品牌建设。中国是一个人口大国,也是一个网络大国,截至2016年6月,中国的网民数量已经突破7亿,互联网渗透率超过50%,这意味着两个人中就有一个人是网民,如此庞大的网民数量,无疑是广告业的一片蓝海,中国网络广告市场规模也逐年快速增长,2005年达到40.7亿元超过杂志广告,2006年达到60.5亿元超过广播广告,2011年达到512.9亿元超过报纸广告,成为仅次于电视广告的第二大媒体,到2014年其市场规模已经超过1 500亿元,领先电视广告成为广告市场第一媒体。

尽管互联网的生态圈已经越来越完善,企业的盈利渠道也日益丰富,但是网络广告的收入依然是很多互联网企业的主要收入来源,甚至直接决定着一些企业的生死存亡,广告兴则企业兴,因此它们急需作为媒体的网络广告经营管理人才。另外,网络广告由于在投入上可大可小、进入门槛低,特别适合于广大的中小企业进行市场营销,越来越多的传统企业从中尝到甜头,纷纷应用网络广告手段去拓展市场,它们也急需懂得运作企业网络广告的经营管理人才,本书的内容编排就是为培养这两类应用人才而设计的。

全书共分七章,第一章"广告与广告伦理"论述了广告的一些基本概念,适合于初学者学习与广告有关的基础知识,本章的重点是对广告伦理的讨论,指出了作为一种商业行为的广告活动应该遵循的基本原则,厘清道德沦丧与伦理困惑的边界。第二章"网络广告概述"从互联网和自媒体开始,对网络广告的基本概念展开讨论,是传统广告从业者学习网络广告的铺垫,有互联网相关知识背景的人员通过学习能快速了解网络广告的特点、形式等。第三章"网民行为及其心理规律"是在阐述传统广告心理学相关知识的基础上,结合网民和网络的特点,揭示网络媒体受众的行为活动规律和心理活动规律,以指导网络广告的设计和发布。第四章"网络广告的创意"通过介绍创意产生的基本过程,展示具有良好创意的广告案例,激发读者的创意灵感,领悟创意是广告的灵魂的思想。第五章"网络广告策划"旨在宏观上指导读者如何去运作一个大型的网络广告活动。大型的网络广告活动无疑是一个系统工程,离不开科学的指导方法。第六章"网络广告的投放与运营"旨在微观上指导读者有效地将设计好的广告更好、更经济地投放出去,以实现网络广告的目的。第七章"网络广告的定价与效果评测"重点介绍网络广告的定价方法和网络广告效果的评估方法,恰当的定价方式是网络媒体与广告主博弈的角力点,网络媒体企业确保收入最大化和广告主寻求低成本高收益都将通过定价方式的选择来实现。

本书适合普通高校非广告学专业的学生使用,尤其是电子商务专业的学生或有志从事网络营销的专业人士,同时对广告学专业的学生也有一定的参考价值。感谢读者阅读本书,期待大家的批评与指正。

编　者

2016 年 9 月

目 录

第1章 广告与广告伦理 ·········· 1
1.1 广告概述 ·········· 1
1.2 广告的历史 ·········· 7
1.3 广告伦理 ·········· 10

第2章 网络广告概述 ·········· 25
2.1 互联网与自媒体 ·········· 25
2.2 网络广告及其发展 ·········· 30
2.3 网络广告的特点 ·········· 35
2.4 网络广告的投放形式 ·········· 36

第3章 网民行为及其心理规律 ·········· 51
3.1 网络广告受众分类与受众的地位 ·········· 51
3.2 网络广告受众及其行为规律 ·········· 53
3.3 网络传播的受众心理特征 ·········· 61
3.4 广告心理学理论 ·········· 65
3.5 网络广告心理效果模型 ·········· 80

第4章 网络广告的创意 ·········· 87
4.1 网络广告创意概述 ·········· 87
4.2 网络广告创意产生的方法和过程 ·········· 89
4.3 网络广告创意的要求和注意事项 ·········· 95
4.4 网络广告的创意策略和创意设计 ·········· 98
【案例】 网络广告创意鉴赏 ·········· 101

第5章 网络广告策划 ·········· 106
5.1 网络广告策划概述 ·········· 106
5.2 网络广告策划程序与内容 ·········· 108
5.3 网络广告文案 ·········· 115
5.4 网络广告费用预算 ·········· 122

【案例】 2013年京东"双十一"网络广告策划案 ·············· 126

第6章　网络广告的投放与运营 ············· 137

6.1　常见的网络广告投放形式 ············· 137
6.2　网络广告联盟 ············· 139
6.3　网络广告交易平台 ············· 143

第7章　网络广告的定价与效果评测 ············· 151

7.1　网络广告投放发布的印象定价 ············· 151
7.2　网络广告投放发布的直接反应定价 ············· 153
7.3　网络广告发布的效果评测 ············· 156

附录A　中华人民共和国广告法 ············· 160

附录B　互联网广告管理暂行办法 ············· 171

参考文献 ············· 175

第 1 章

广告与广告伦理

1.1 广告概述

1.1.1 广告的概念

美国广告人大卫·奥格威曾经说:"这个世界是由空气、水和广告组成的。"广告,作为现代社会生活中出现频率非常高的一个词汇,它是大众生活中不可或缺的一分子。人们常常将"广告"一词挂在嘴边,广告和广告中的内容也成为人们日常生活中的话题之一。那么,到底什么是广告呢?

"广告"一词源于拉丁语"adverture",其意思是吸引人注意,后演变为英文中的"advertise",其含义也演变为使某人注意某件事。

在日常生活中,广告一般有广义和狭义之分。狭义的广告是指营利性的经济广告,即商业广告。广义的广告除了商业广告外,还包括不以营利为目的广告,如政府公告,政党、文化教育团体、宗教团体等的启事、声明,以及防止空气污染、美化公共环境、促进公共福利等方面的社会公益性广告,一般由各种广告媒体免费提供广告的空间和时间,创作人员免费提供广告的设计和制作。

国内外关于广告的定义有很多种,其中具有代表性的有如下几种。

美国广告主协会认为:"广告是一种付费的大众传播,其最终目的是传递情报,改变人们对广告商品的态度,诱发行动,而使广告主得到利益。"

美国广告学家克劳德·霍普金斯将广告定义为:"广告是将一种高度精练的信息,采用艺术手法,通过各种媒介传播给大众,以加强或改变人们的观念,最终引导人们的行动的事务和活动。"

广告是被法律许可的个人或组织,以偿款的、非个人接触的形式介绍物品、事件和人物,借此影响公众意见、发展具体的事业。

凡是以说服的方式(不论是口头方式或文字图画方式),有助于商品和劳务的公开销售,都可以称为广告。

广告能直接发生销售的效果,确立商品和制造者的声誉,并能扩展市场、排除障碍。

广告是广告主有计划地通过媒体传递商品或劳务的信息,以促进销售的大众传播手段。

广告是一种传播信息的说明艺术。

个人、商品、劳务、运动以印刷、书写、口述或图画为表现方法,广告者出费用做公开宣传,以促进销售、使用、投票或赞成为目的。

广告是付费的大众传播,其最终目的为传递情报,改变人们对广告商品之态度、诱发行动而使广告主得到利益。

广告是有计划地通过媒体向所选定的消费对象宣传有关商品或劳务的优点和特色,唤起消费者注意,说服消费者购买使用的宣传方式。

以上广告的定义从不同的角度揭示了广告的本质属性,各有其合理性。各种定义之间并不矛盾,只是侧重点不同。我们可以对广告的定义作出如下分析:

第一,广告是一种传播活动,由多个环节有组织地进行。广告的内容和发布方式由广告主决定。也就是说,广告主对于广告的整体设计、部署起着最为基础的作用。因此,广告主对广告所要达到的目的应该有预先的构想。

第二,广告的受众是产品的潜在消费者。

第三,绝大多数广告都是有偿的。

第四,广告的对象可以是有形的,如企业生产出来的商品、食品、服装等;也可以是无形的,如银行、旅游城市等对自己提供的服务所作的宣传。

第五,广告的效果可以影响人们的行为。如通过一系列广告活动,使某品牌的食用油得到了更多消费者的认知和认可,在他们再次购买食用油的时候,大脑中的记忆会促使其购买此品牌的食用油。而提示、促使人们购买此产品,也正是广告主进行广告传播的目的。

第六,广告并不是通过虚幻无形的方式向大众进行传播,它是通过具体的、可感知的媒介让大众知晓。当今社会最主要的媒介形式有:广播、电视、印刷品、户外、手机、网络等。广告依靠一定的广告媒介向大众传播产品的信息,因此媒介对于广告活动来说是至关重要的。

本书仅研究狭义广告,因此我们将广告定义为:广告主以付费方式有计划地运用媒介将有关商品或服务的信息传递给消费者,唤起消费者注意,并说服消费者购买使用的一种信息传播活动。

1.1.2 广告的要素

一则具体的广告,它应有以下基本要素。

(1) 广告主。广告主是指提出发布广告的企业、团体或个人,如工厂、商店、宾馆、饭店、公司、戏院、农场、个体生产者、个体商贩等。

(2) 广告信息。广告信息是指广告的主要内容,包括商品信息、劳务信息、观念信息等。商品和劳务是构成经济市场活动的特质基础。商品信息包括产品的性能、质量、产地、用途、购买时间、地点和价格等。劳务信息包括各种非商品形式的买卖或半商品形式的买卖的服务性活动的消息,如文娱活动、旅游服务、理发、浴室、照相、饮食以及信息咨询服务等行业的经营项目。观念信息是指通过广告活动倡导某种意识,使消费者树立一种有利于广告主推销其商品或劳务的消费观念。

(3) 广告媒介。广告媒介是指传播信息的中介物,它的具体形式有报纸、杂志、广播、电视等。国外把广告业称为传播产业,因为广告离开传播媒介,广告信息将无法扩散。

(4) 广告费用。广告费用即从事广告活动需要付出的费用,它包括两种费用:一是直接费用,如广告调查费用、广告设计制作费用、广告媒介发布费用等;二是间接费用,如广告人员工资、办公费、管理费、代理费等。

(5) 广告代理商。广告代理商是指广告活动中代理广告主广告业务的一种专业性组织。它是广告活动的核心,包括广告公司、制作公司、调查公司等组织。广告代理商的出现是广告活动进入专业化操作的标志。

(6) 广告受众。广告信息的接收者就是广告受众,包括消费者、经销商以及下游客户。广告受众是广告活动的终点所在,广告成功与否,最终要看消费者的反应。

1.1.3 广告的情感艺术性

1. 广告需要有艺术性

广告是艺术的行销,更是说服的艺术,广告活动中必须应用艺术的手法去形象化地表达和传递信息,因为今日的消费者不仅要求广告能告诉他们信息,而且要求广告具有艺术性和娱乐性,满足其心理上的审美要求。众多的广告活动表明,具有极强的艺术性和表现力的广告总是容易引起消费者的注意与兴趣,营造一种生机勃勃、富于情趣的意境,起到引导消费的作用,使人们在获得信息的同时得到艺术美的享受。

成功的广告能够通过艺术的表现把自己的商业动机乃至商业本质巧妙地掩藏起来,给人的感觉不是在做广告。

2. 广告是一种情感的艺术

情感诉求广告所表现出来的浓郁感情色彩和审美抒情产生了情调,通过情调来展示广告主题,往往能够拨动人的心弦,使人情系于怀,造成一种言有尽而意无穷的回味感。它经常用说故事的方式来表达信息与人的关系,以卓越的创意、动人的形象、诱人的情趣、变换多样的艺术处理手法表达广告内容,从而使消费者产生身临其境并与之心灵对话的境界,进而唤起消费者潜意识的欲求。

在很多成功的广告中,贯穿其中的情感常常成为最终俘获受众的撒手锏。富有情感的广告通过把商业信息与人类的各种基本情感相结合,在娓娓道来中构建一种关怀人、尊重人的信息环境,从而实现与消费者的心灵沟通,进而诱发购买欲望。南方某著名洗涤用品公司的洗衣粉广告就是其中的典范。广告画面中一位30岁左右的母亲在为婆婆洗脚,她七八岁的孩子看到后,也颤悠悠地端来一盆热水送到母亲面前,用充满童稚的声音说道:"妈妈,洗脚!"然后是画外音:"其实父母是孩子最好的老师。"整则广告就像一部情感剧,充满了亲情与温馨,在将敬爱长辈这一人类的基本情感诉求传达给消费者的同时,提高了品牌的知名度与美誉度。类似的例子还有支付宝"十年日记"广告,其中"十年,十亿人的账单算得清,美好的改变算不清"的广告词直击用户的心灵,仿佛支付宝不仅仅是一个支付渠道,还是一个承载用户点滴成长的平台,酸甜苦辣均细心收藏。

美国著名广告人罗宾斯基说:"我坚信一流的感情才能组成一流的广告。"可口可乐公司的J.W.乔戈斯也说:"你不会发现一个成功的全球名牌,它不表达或不包括一种基本的人类情感。"

3. 广告诉求中常见的情感维度

人类的情感从喜、怒、哀、乐到道德感、自豪感、荣誉感、民族感等有着许多维度，不过，在广告中常见的情感维度是亲热感、幽默感、恐惧感和美感。

（1）亲热感。这一维度反映着肯定的、温柔的、短暂的情绪体验。它往往激发着观者的生理反应，产生关爱、美好的体验。在这个维度上，经常使用的形容词有和蔼、温柔、真诚、友爱、安慰等。

（2）幽默感。幽默广告能使人发笑，产生兴奋、愉快等情绪体验。它的成功可能导致这些积极体验潜在地同特定商标发生联系，从而影响观者对该商标的态度，或许还影响到它的表象、信念等。另外，它还可能潜在地影响着信息加工。麦克柯伦·施皮曼研究机构对500则电视广告作过调查，发现逗人发笑的广告更容易记忆和更有说服力。

（3）恐惧感。人类天然具有寻求免于恐惧的反应，广告主如果能够通过特定的广告引起消费者惧怕及有关的情绪体验，如惊恐、厌恶和不适等，就可能让消费者遵照广告传播的要求，改变态度和行为。这类广告应用得最多的是那些有关免受财产损失和人身安全的产品。

（4）美感。美感具有主观性、社会性、阶级性。在不同的历史时代、社会制度和民族里，审美标准常有不同，因而对美的感受也不尽相同。

美感是一种积极的情感体验。追求美是人所共有的心态，尤其是年轻人。因此，善于以此进行情感诉求，有可能获得以情动人的效果。如美国博士伦眼镜广告诉求："美国博士伦软性隐形眼镜美化您的眼睛，它让你摆脱框架的遮挡，还你美丽的眼睛和俊俏的面容。"

除了以上几种普通的情感之外，人类还有另一类高级情感，诸如道德感、自豪感、荣誉感、民族感等，这是一些更深层次的情感体验，它具有强烈的支配力，能左右人们很多的行为。

广告的情感诉求是通过情感迁移来实现的，情感迁移有两类：一类是让观者对当前广告画面中主人公的情感体验产生共鸣。例如，"那些年我们一起追过的女孩"，这部电影的名字其实就是一句非常成功的广告语，谁没有在记忆中给自己曾经的美好留有一席之地，当记忆的大门被打开时，美好的体验必然接踵而来。另一类是让观者回忆先前有过的体验。如节日宴会的画面，可能唤起对人们在一起欢聚时热烈场面的回忆。[①]

【案例1-1】

情感诉求的广告案例

广西南方儿童食品厂的南方黑芝麻糊广告以浓郁的怀旧情调展开：在遥远的年代，江南麻石小巷，天色近晚。一对挑担的母女向幽深的陋巷走去，伴随着"南方黑芝麻糊哟——"的叫卖声，音乐响起。而在深宅大院门前，一个小男孩拨开粗重的橙栊，挤出门来，深吸着飘来的香气。小男孩再也坐不住了，跑了出来，看着一位阿婆端着热气腾腾的

---

① 马谋超. 广告心理学[M]. 北京：中国市场出版社，2008：149-152.

芝麻糊,急得直搓手、舔唇。这时妇女也给小男孩舀了一碗,他埋头猛吃,大碗几乎盖住了脸庞。让研芝麻糊的小女孩投去新奇的目光。小男孩也不在意,吃完了还大模大样地将碗舔得干干净净,逗得小女孩掩嘴善意地笑起来。看着小男孩可爱的样子,妇女爱怜地给他添上一勺芝麻糊,轻轻地抹去他脸上的残糊。这时小男孩默默地抬起头来,目光里似羞涩,似感激,似怀想,意味深长。此时,字幕加画外音:"一股浓香,一缕温暖,南方黑芝麻糊。"

视频链接:http://v.ku6.com/show/JNjKs_xzm8fqBGvgApWyJw...html 或扫描一下二维码

1.1.4 广告与其他信息传播手段的区别

广告与推销、促销、新闻报道、公共关系等信息传播手段都是有区别的。

1. 广告与推销

在传播方式上,广告属于非个体传播,推销属于个体传播;在作用上,广告推销商品树立形象,而推销仅仅推销商品。

2. 广告与促销

促销是鼓励人们对产品和服务进行尝试或购买的各种短期激励机制。促销活动的种类很多,按照使用工具的不同可分为赠品、赠券、免费样品、折价券、竞赛与抽奖、加量不加价、以旧换新、联合促销等。

从功能来看,广告为消费者提供了一种购买的理由,而促销是促进消费的诱因,以额外的利益刺激来促进销售;从持续时间来看,广告的持续时间较长,促销作用的时间短;从作用的程度来看,广告不仅对促进销售有实际的作用,也对品牌的建立和维护有着十分重要的意义,而促销只对产品的销售有直接作用,对其他长远的利益作用甚微。

3. 广告与新闻报道

在本质上,广告属于有偿宣传,新闻报道属于无偿的;在频率上,广告反复传播,新闻报道是一次性的;在态度上,广告是自我宣传,新闻报道是客观宣传。

4. 广告与公共关系

(1)目标和原则不同。广告的目标是推销某种产品或服务,公共关系的目标是要树立整个组织的良好形象,从而使组织事业获得成功;广告的首要原则是引人注目,追求的是与众不同的轰动效应,公共关系工作要以公众利益为原则,追求的是真实可信,向公众提供全面的事实真相而非片面的局部消息。

(2)主体范围不同。从主体上看,广告范围小,公共关系范围大。广告在绝大多数情况下是为营利性组织服务的,公共关系的主体可以是任何组织,既可以是营利性组织也可以是非营利性组织。

(3)传播手段和周期不同。广告传播手段种类少,公共关系传播手段多。广告为了引人注目,可以借助新闻、文学、艺术等形式,采用广播、电视、报纸、杂志、路牌、灯箱等手段,常有明显的季节性、阶段性和短暂性。而公共关系可以利用人类传播的一切手段,如人际传播、组织传播、大众传播等。由于公共关系重点在树立组织形象,因此需要进行长期的努力,其传播周期较长。

（4）从传播的目的和评价上看，广告倾向于短期的、具体的、易于界定的，重具体效果；公共关系倾向于长期的、整体的、宏观的、不易界定的，重整体效果。

1.1.5　广告的功能

广告的功能集中表现为以下几个方面。

1．信息传播

信息传播是广告最基本的功能，也是广告活动的本质体现。在商品日益丰富的今天，信息已成为一种重要的战略资源，信息参与并主宰着一切经济活动。甚至有学者认为，新的社会权利来自一种认知力量，拥有信息便拥有了财富或者是一种可以被转化的财富。

现代广告作为信息的一种重要形式，不断实现着生产与生产、生产与流通、生产与消费、流通与消费之间的联系。在社会分工日臻专业化和细分化的今天，能使社会运行中重要的产、供、销环节实现良性沟通，并促进社会再生产的顺利实现和不断发展，这本身即是信息载体所独有的功能和特征。

同时，科技的发展使广告可以通过多种媒介进行传递，使更多公众了解信息、实现资源共享，传媒的多样化更促使广告的信息传播功能不断扩大。今天出现的一些大型国际广告公司，其资源整合的能力使它们可以在全球范围内共享资源、发布广告信息，广告传媒的功效正向着更高端的领域迈进。

2．激发需求，引导大众消费

在这个信息爆炸的社会，各种商品琳琅满目、数不胜数，通过广告对商品或服务的优点、特色进行连续的、集中的展示，能够让消费者准确识别产品，有效地调动和刺激消费者的潜在需要，诱发消费欲望，导致购买行为。

在激发需求方面，广告显示着强大的威力。如某洋酒的广告语"人头马一开，好事自然来"，很多中国人就是通过这句广告词认识了人头马，并因这句吉祥的广告词而选择了这种洋酒。"喝了娃哈哈，吃饭就是香"这句简单的广告词使娃哈哈产品成为许多母亲的第一选择，而杭州娃哈哈集团更是凭此叫响中国大江南北。一些新的消费群体在广告的连带效应中产生，如百事可乐"新一代的选择"使全球许多有着新新人类特质的青年在一种时髦的心理暗示下选择了百事可乐。

在引导大众消费上，广告对于正确引领消费、树立消费者正确的消费观念也起着重要的作用。随着人们物质水平和精神文化生活水平的不断提高，人们已逐渐具有品牌意识，在消费时更多倾向于选择可信赖品牌，如海尔集团"真诚到永远"的企业文化理念，通过大众传媒的推广，已深入千家万户，海尔也成为人们心目中可信赖的国产品牌。

3．促进竞争，加速社会再生产

广告是企业获取和向市场传递信息的重要渠道。通过广告，商家可以获知同业者的产品信息、生产与发展状况、价格情况、市场情况及竞争者的市场资源情况。提高商品的知名度是企业竞争的重要内容之一，而广告是提高商品知名度不可缺少的武器。精明的企业家，总是善于利用广告，提高企业和产品的"名声"，从而抬高"身价"，推动竞争，开拓市场。

广告缩短了商品的流通过程，加速了社会再生产进程。商品从生产到流通领域的过程如果过长，会积压大量资金，造成企业效率低下，从而导致成本增高。而广告的促进销售作用可以使商品缩短在流通领域的停留时间,无形中加速了社会再生产的进程。具体表现是:可以缩短消费者获知信息的时间;可以缩短消费者寻找、选购的时间;可以减少生产者、批发商、零售商在流通领域提供各种服务的时间和成本。

4. 促进经济发展

在当今世界,一个国家的广告发展水平和它的经济发展水平往往是密切关联的。一般说来,广告越发达,说明该地区经济越发达。美国是当今世界的经济大国,也堪称世界广告大国,多如牛毛的广告几乎构成了美国的一种时尚文化。中国目前还是一个发展中国家,广告这种新兴产业刚刚起步,但发展势头迅猛。广告产业的勃兴同时也推动着社会经济的高速前进,为社会创造了大量的就业机会。广告在为社会创造价值和财富方面正起着越来越重要的作用。

5. 美化生活

广告是一门实用性很强的视听艺术,它通过艺术化的语言与形式传播信息,在推动社会经济发展的同时,还使人们得到了一种艺术熏陶。今天,广告的魅力无处不在。无论是电视上跃动的色彩缤纷的广告画面,还是遍布城市大街小巷构思新颖、美轮美奂的路牌、橱窗广告,或是报纸杂志上一幅幅构思精巧的平面广告……它们都在装点着我们的生活,美化着我们的城市。优秀的广告集中了众多的审美元素,本身就是一件艺术品,可以给我们带来许多审美享受。

1.2 广告的历史

1.2.1 广告产生的初期

据史料记载,早在 2 000 多年前人类的广告活动就已出现,它有两种表现形式:一种是以社会行为为内容的社会广告。如公元前 196 年雕刻的"Rosetta Stone"石碑,如图 1-1 所示,即可视作宣扬战功的社会广告。又如我国的"禹九鼎",可视作宣示国家政权的社会广告。另一种是传递经济信息的商业广告。如把商品标志刻在石头、土块或木头上,或把招牌悬挂在商店门楣上,或用灌木为酒店作标示,或用靴子作为鞋店的标志,还有走街串巷叫卖等多种商业广告形式。在我国进入奴隶社会后,以商品等实物标示的广告或以叫卖形式的广告开始盛行起来。

图 1-1 Rosetta Stone

我国是世界上最早拥有广告的国家之一。早在西周时期（公元前1046—前771年）便出现了声响广告。如古代寓言《矛盾》就是这种形式的广告。据《战国策·燕策二》记载："人有卖骏马者，比三旦立市，人莫之知。往见伯乐，曰：'臣有骏马欲卖之，比三旦立于市，人莫与言。愿子还而视之，去而顾之，臣请献一朝之贾。'伯乐乃还而视之，去而顾之。一旦而马价十倍。"可见我们的祖先很早就知道用名人来进行推销。

现今人们能够见到的最古老的实物广告，收藏于大英博物馆，它是一则写在莎草纸上的约在公元前1000年发布的广告。这则广告写道：

男奴西姆从善良市民织布师哈布那里逃走。坦诚善良的市民们，请协助把他带回。他身高5英尺2英寸，面红目褐。有告知其下落者，奉送金环半副，将其带回本店者，愿奉送金环一副。

——能按您的愿望织出最好布料的织布师哈布

这则缉拿逃奴的张贴式广告表明，当时的广告已具备了广告的某些基本要素：①广告主——织布师哈布；②广告信息——缉拿逃奴；③传播手段——运用媒体（莎草纸）、传播形式（张贴）；④受众激励——奉送金环。时至今日，该广告仍有参考意义。

1.2.2 近代广告的孕育期

广告经历了漫长的初始时期后，出现了近代广告的孕育时期，这一时期从机器印刷术的发明和应用起，到报纸杂志进入大众化这一阶段为止。1041年，我国北宋毕昇发明了活字排版印刷术，再传入欧洲，1436年，德国人古登堡发明平压活版印刷机并印刷《圣经》。活版印刷使得记载知识的各类书籍如诗歌、哲学、经济学、宗教教义等可以大批量印刷、广为传播。传单、招贴标语和商业名片等一些广告雏形应运而生。图1-2所示是一张英文印刷的广告。

在机器印刷技术促进了报纸和杂志等媒体迅速发展之后，1625年，用英文出版的《英国信使报》，第一次在背面上刊登了一则推销图书的广告。这被认为是世界上最早出现的报纸广告。1811年，由于英国《泰晤士报》报业的发展，以报纸为载体的广告开始日益增多，经营巧克力、咖啡、茶叶等物品的商家经常在报纸上登载广告信息。报纸编辑为吸引读者注意力，往往把广告放在特定的商业栏目中，这些栏目又往往采用"advertisement"（即通告）作为标题。这一标题用语沿袭至今，被作为"广告"的专用词语。

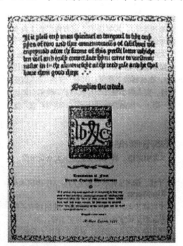

图1-2 英文印刷广告

尽管早期报纸印数较少，但报纸已有专门的广告栏，且发布广告信息成为常例。不过作为可有可无的附属品，广告并未得到社会足够的重视和发展。

1.2.3 现代广告的形成期

19世纪中叶,由于电力、内燃机等的发明运用,西方许多国家纷纷进入工业化大生产阶段,新产品大量涌现,市场竞争激烈,使得产品销售成为企业经营中的主要问题,促使企业通过各种渠道吸引消费者,营业推广、人员推销、公共关系活动及广告成为普遍使用的营销手段,其间广告成为销售组合中有力的推销形式。哪里有竞争,哪里就有广告,如图1-3所示为1896年雀牌奶蛋糊粉广告招贴。

19世纪中叶,世界范围内娱乐、旅游、航运等服务性行业的发展,推动着人们对文化、艺术、旅游等需求与日俱增。那时,除产品广告外,各种戏剧、展览、客运等服务性广告也大幅度增长。如1895年诗剧《艾尔索达》的演出海报。这样,广告活动成为各行业一种普遍使用的传播产品或服务信息的手段。

图1-3 雀牌奶蛋糊粉招贴广告

在广告供给需求增加的同时,报纸、杂志的大众化开始形成:一方面,铁路、海底电缆等的铺设可能使得信息传播条件得以改善,机器造纸又使报纸的纸张价格低廉;另一方面,政府执行新闻出版自由政策,解除了许多禁令和控制,为报纸发展创造出良好条件。这两者结合,使报纸杂志大众化逐步成为可能。加上城市的扩大和新城市的不断出现,读报队伍也迅速壮大,报纸大众化从而成为现实。报纸大众化催生了广告的确立,企业纷纷在报刊上大量登载广告,以促进产品的销售与扩大市场份额,如英国《泰晤士报》,1854年发行量已达51 648份,与1815年相比,短短的39年中增长了10倍,广告量也由每天100多条达到每天400多条。

报刊大众化奠定了广告基础,市场竞争催生了现代广告的出现,现代广告由此确立。这表现在:一是广告数量增加,广告成为企业重要的营销手段,变成了一个相对独立的行业。二是社会对广告的需求越来越大,专门从事广告活动的行业正在成为社会的一部分。

1786年,英国人威廉·泰勒(Willian Tayler)为《梅德斯通》(*Maidstone*)杂志承揽了一则广告,他被认为是英国第一位广告代理商人。1800年,詹姆斯·怀特(James White)建立了第一个广告公司。1841年,美国广告经纪人沃尔尼·B.帕尔默(V.B.Palmer)在费城为报纸推销版面,并向广告主提供信息服务,为客户撰写文案等,吸引版面买主,然后从报社抽取25%佣金,后降至15%。这种收取代理费的做法一直为后世沿袭。

1865年,美国出现了由乔治·P.罗威尔(G.P.Rowell)创建的"广告批发代理",从此,广告代理逐步从媒体独立出来形成专门机构。

伴随着广告的发展,围绕广告活动的各种学术研究、广告教育、广告管理等也不断形成并完善。广告行业深入到人们的社会、经济、文化生活之中,广告进入全面发展阶段。

历史文献证明,以报刊为媒介的中国现代广告是由外商引入的。1858年,外商首先在香港创办了《孑孓刺报》,到1861年成为专登船期、物价的广告报。这期间,相继出现《东方广告报》《福州广告报》和《中国广告报》等。1872年3月23日,《申报》创刊,同期创办的还有《上海新报》和《中国教会新报》。

1.3 广告伦理

1.3.1 广告伦理及其原则

1. 何谓伦理

"伦理"(ethics)一词源自希腊文的"ethos","ethos"的本意是"本质""人格",也与"风俗""习惯"的意思相联系。在我国的古汉语中,"伦理"一词由"伦"和"理"这两个词组合而成。《说文解字》认为:"伦,从人,辈也,明道也",也即伦为人伦,指人与人之间的关系;"理,从玉,治玉也",即理为治理、整理,指条理、原理和规则。而"伦理"一词,在中国最早见于秦汉之际成书的《礼记·乐记》:"凡音者,生于人心者也;乐者,通伦理者也",意思是说:一切音乐都生于人的内心,乐与事物的伦理相同。这里所说的"伦理"已经具有处理人际关系应该遵守的道理、规范、准则的含义。因此,"伦理"主要是指处理人与人、人与社会之间的相互关系时所需要遵循的准则、原则和规定。如:"天地君亲师"为五天伦;"君臣、父子、兄弟、夫妻、朋友"为五人伦;"忠、孝、悌、忍、信"为处理人伦的规则。

在日常生活中,人们容易混淆"伦理"和"道德"的区别,将两者混用或互相取代,原因就在于它们都涉及人们行为品质的善恶正邪,乃至生活方式、生命意义和终极关怀等,其实,"伦理"和"道德"之间还是有一些区别的。

道德是指作为个体的人遵循事物变化发展的普遍规律和人们的共同价值取向来行事,并把这种观念和做法内化为自己的行为自觉,就是"道能自守之谓德"。由此可见,道德是指个体品性,是个人的主观修养与操守,是主观法,是自律的;伦理关系则是一种客观存在,伦理的要求体现了社会的、群体的要求,是客观法,是他律的。伦理一旦化为个人的自觉行为,变为一个内在的操守,就成为道德。

伦理是道德形成和发展的基本前提与客观依据,是道德的本质和原则,而道德是伦理的具体化和必然指归;伦理是理性的应然,对道德生活有指导和约束作用,道德是知性的必然,体现伦理精神;伦理是自在的,是普遍的共性和客观存在,道德是自为的,是特殊的个体对普遍共性和客观精神的体悟;伦理是既定的方向和目标,是道德教育和修养的皈依标准,道德是追寻伦理方向、实现伦理目标过程中的行为自觉。[①]

2. 广告伦理

人们在现实生活中到处可以看到广告。尤其是现代科技和市场经济快速发展的信息时代,作为一种具有高度开放性的大众传播行为——广告,扮演着极为重要的角色,已成为社会进步、企业发展乃至个体生活不可或缺的组成部分。广告不仅是一种物化的信息及信息传播方式,而且是一个社会经济活动过程。广告业在快速发展过程中,也暴露出了一些迫切需要解决的严重问题,因此,有必要对广告业进行监督管理。国家行政法律法规管理、广告行业自律和广告社会监督是现代广告管理的三种最基本途径。

---

① 高云.伦理与道德关系刍议[J].南京财经大学学报,2014(1):94-95.

作为生产者、经营者和消费者之间的信息沟通桥梁，作为一种有效的市场营销工具，作为商业文化的载体，广告已经从最初的"告知型"功能发展到了"说服型"功能。一方面，兼具科学和艺术双重性质的广告总是试图以夸张的手法向受众进行劝说，试图以频繁的亮相和精美的艺术加深受众记忆，并极力倡导特定的价值观念，或是以生活方式引导受众的消费。另一方面，受众大多只在特定的时候（如有某种产品的需求时）才真正需要广告信息的支持，并且受众并非完全或是始终能够对广告内容作出正确判断，于是，在传播过程中出现的各个元素，由于其本身所处的地位和立场的不同，以及传播目的及方式的差异而产生出诸多伦理问题。

美国著名广告人汤姆·迪龙曾说过"广告的创作在本质上是一种制造有说服力的信息的技巧"。为了达到说服的效果，广告传播者绞尽脑汁，以无穷的创新手法应对市场，其中也惹出无数的争议。诸如虚假广告、低级庸俗的广告、夸大其词的广告等，长期以来都备受批评。上述问题如果都以法律手段来解决，恐怕难以做到，也或多或少限制了广告的发展。

涉及广告伦理问题，有两个概念需要区分——道德沦丧和伦理困惑。

道德沦丧一般是明显的违法行为。我国的法律都对广告内容的合法性作出过规定，这种行为的性质比较容易界定。如《中华人民共和国广告法》（以下简称《广告法》），见附录A第四条规定："广告不得含有虚假或者引人误解的内容，不得欺骗、误导消费者。"而问题往往出现在伦理困惑上。

首先，"有权做的事"和"正确的事"是有区别的。例如，广告主是否应该劝说贫穷青年购买价格超过170美元一双的旅游鞋？法律并不反对这种做法，但（社会的和道德的）责任感会约束这种做法。再如某牛仔系列广告中的模特看上去只有15岁，穿着极少，而且还摆出具有性暗示的姿势，成为具有伦理问题的广告典型。因此，我们会有广告伦理上的困惑。

其次，在夸张与欺骗之间也只存在一步之遥的伦理困惑。首先必须弄清楚夸张的适用范围，哪些可以夸张，哪些不可夸张。在商品广告中，有关商品的功能、效用、品质等事实部分，应准确明白，不允许有任何程度的夸张。广告夸张一方面受所表现商品本身特性的制约，另一方面又要受目标对象的心理与习惯能否理解与接受的制约。如某保健品广告，说喝了之后考试可以得100分，这显然夸张过度，成了欺骗性广告。

此外，信息不充分也是滋生伦理困惑的另一个温床。广告主往往突出其品牌的优点而省略中性之处或缺点，广告所描述的一切都是真实的，但却未讲出全部事实。有的广告利用科学技术歪曲形象，只表现产品最好的一面，也有可能引发新的伦理问题。例如，通过技术处理，广告中的模特显得比本人更苗条。由此可能造成的社会后果是，年轻女性中饮食不正常的比例呈上升趋势。

所谓广告伦理是指任何内容和形式的广告行为都必须遵循的道德准则和行为规范总和。具体来说，是指广告参与者（包括广告主、广告经营者、广告发布者、广告代言人、受众）在广告活动中所发生的人与人之间的行为规范和准则，其中最主要的是广告经营者与受众关系的行为准则与规范。广告伦理涉及广告主、广告经营者、广告发布者和受众（即消费者）四个层次。广告行为本质上属于社会行为，广告伦理本质上是广告道德问题，它服从于整个社会的伦理。值得注意的是，被批评为"不道德的"广告活动同时也可能是违法的,而某些合法的但仍引起争论的广告也同样值得关注,因为它们无法达到社会公众所期望的道德水平这一伦理标准。

在西方,广告伦理学(advertising ethics)这一研究如何将道德标准应用于广告决策、行为和机构的系统科学正方兴未艾,在人类共同价值观念的指引下,人类的广告行为正逐步走向规范、文明,出现了许多既让人赏心悦目又能启迪受众心智的优秀广告作品。

3. 广告伦理的原则

(1) 真实诚信原则

真实诚信原则即依据向消费者提供信息,推动商品或劳务销售的原则。广告商通过广告宣传必须向消费者准确迅速地传达某一商品的性能、质量、规格、品种以及其特殊的优点,方便消费者购买,最终实现商品和劳务的销售。广告所传播的信息要真实,符合客观实际。同时,广告要诚实、讲信用,言行一致,信守承诺。在我国现代社会主义市场经济条件下,人们对于广告真实性的原则没有十分强烈的意识,导致各种媒介充斥着虚假广告的"身影",极大地影响了人们的正常生活。

大量的广告(含虚假广告)虽然能够在短时间内创造良好的经济效益,甚至能够打造一个名牌,但是,只有真实的广告才能经受住时间和广告伦理的检验。总之,实事求是地介绍商品,不搞夸大的、虚伪的广告宣传,这是企业起码的道德责任。真实诚信原则是广告伦理的底线。

(2) 公正客观原则

公正原则是指广告活动是建立在真实性原则基础之上的,给生产同类产品的企业创造一个公平的竞争环境,不能有诋毁或贬低其他同类产品的情节、语言或图片等的原则。另外,在广告信息的传播过程中,作为受众要坚持客观公正的原则,实事求是地理解和评价广告传播行为。做到根据广告的内容,尽量客观准确理解、判断,把握广告传播主体的动机和广告信息。

(3) 文明健康原则

除了广告的内容要符合社会道德要求外,广告的形式包括广告的环境、场合、媒介、时间甚至所使用的技巧、道具、语言、文艺表演等艺术表现手法也要文明健康,必须遵循必要的社会伦理道德和民族的传统风俗习惯,符合我国社会主义精神文明建设要求,有益于公众的身心健康,有益于社会风尚,不能只顾广告的新颖性、刺激性、轰动性而忽视文明健康原则。

广告只有做到坚持上述伦理原则才能够发挥其应有的功能,也才能够在激烈的竞争之中立于不败之地。但是在现实的竞争当中,总会有一些广告受利益的驱使,急功近利,只着眼于刺激受众的感官,不顾社会的伦理道德,违反广告伦理的原则,最终只能招致受众的反感,结果是事与愿违。

1.3.2 广告中的主要伦理问题

广告中的伦理问题是广告管理中的一个十分重要但又常常被国人忽视的问题。广告是一种通过传播媒介向广大受众传播商品信息并对社会的影响很大的宣传方式,但我们目前的广告伦理建设还不尽如人意。例如,有的广告信息虚假,误导消费者;有的广告格调低下,庸俗无聊;有的广告从业人员受利益驱动,进行不正当竞争;等等。

目前受到关注的广告中的伦理问题,主要有以下七个方面。

1. 广告的真实性问题

广告的认知功能,能帮助消费者认识和了解各种商品的商标、性能、用途、使用和保养方法、购买地点和购买方法、价格等项内容,从而起到传递信息、沟通产销的作用。广告还具有介绍知识、创造时尚的功能。通过广告商品知识的介绍,可以更好地指导消费者做好产品的维修和保养工作,从而延长产品的使用时间,广告也可以潜移默化地影响消费者的消费观念和消费习惯。

因此,广告的真实性应该作为起码的道德规范,并且成为广告从业人员遵循的基本原则。在我国新近修订并颁布执行的《广告法》的第一章"总则"和第二章"广告内容准则"中,都格外突出强调广告的真实性,并加大了对违反真实性的处罚力度。广告的真实性原则就是指广告主、广告经营者和广告发布者在广告活动中应当讲诚实、守信用,用善意的方式履行自己的义务。中国为商者历来讲"诚信为本""货真价实""童叟无欺",这既是生财之道,也是为人之道,更是中华民族的美德。但在商品经济大潮的冲击下,广告活动中的诚信度正逐步降低。在竞争日益激烈的市场上,某些企业为了自身的利益,常常置社会道德和法律不顾,制作刊播一些虚假广告,向消费者传播不实的信息和虚假的承诺,或利用消费者常识判断、逻辑推理等心理活动规律,用不完全、不充分事实误导消费者,以达到推销他们产品的目的。

虚假广告的"虚假"主要从广告宣传的信息层面来界定,这种信息的虚假主要表现在:①利用消费者信息不对称的弱点,刻意隐瞒产品或服务的缺陷;②有意夸大产品或服务的优点与功能;③做出无法兑现的承诺;④对消费者进行内容、观念的误导。

如今只要你信手翻开报纸杂志或随手打开电视,不经意间大量的医疗和药品广告就会一股脑儿地向你扑来。什么"不吃药即可根治糖尿病""基因疗法根治乙肝""服用××胶囊30天长高10厘米"等,似乎我们中国的医药事业在改革开放短短30多年的时期内已经无病不医、无所不能了,就连国外的一些医学专家看过中国的一些广告都连连称奇,甚至问道:"能够根治糖尿病和乙肝的中国专家为什么不申报诺贝尔医学奖呢?"

【案例1-2】

大溪地诺丽果汁食品广告涉嫌违反新《广告法》《食品安全法》

2015年3月10日,上海市工商局发出2015年第1号虚假违法广告公告,对2014年由上海市工商部门查处的12个典型案例予以曝光,大溪地诺丽果汁食品广告名列其中。

大溪地诺丽系列果汁在互联网站上宣称可治疗:哮喘、癌症、风湿、关节痛、糖尿病和对癌症的治疗作用;能使过敏症症状减轻、关节炎症状改善、哮喘症状改善、癌症症状减轻、艾滋病症状减轻等二十五种症疾及其改善情况,并列举对过敏症状减轻有效率达到88%、关节炎症状改善有效率80%等。其广告使用医疗用语或者易与药品混淆的用语,被工商部门依法处罚款191.5万元。

(资料来源:http://www.360doc.com/content/15/0310/18/21967919_454109917.shtml.)

2015年9月1日实施的新版《广告法》第十七条规定:"除医疗、药品、医疗器械广告外,禁止其他任何广告涉及疾病治疗功能,并不得使用医疗用语或者易使推销的商品与药品、医疗器械相混淆的用语。"《食品安全法》规定:"食品广告的内容应当真实合法,不得含有虚假、夸大的内容,不得涉及疾病预防、治疗功能。"

产品的广告真实性原则不应该忽略以下三个认识底线:

第一,坚守广告的真实性,应首先坚持广告产品整体上的真实性(注意不是产品的局部真实)。

第二,广告的真实性同时又表现为广告内容中广告信息选择的准确性(任何局部信息表达的不真实同样导致整体的不真实)。

第三,广告的真实性还表现为广告信息在传递中能让受众进行正确理解,不会使广告受众发生误解(导致百姓误解的广告就是不真实的广告)。

2. 针对儿童的广告问题

瑞典早在1991年就颁布法律,全面禁止针对12岁以下儿童的电视广告。作为第一个禁播儿童广告的国家,瑞典的这项政策得到大多数瑞典人的支持。该法律的制定源于20世纪80年代。当时,瑞典刚成立了第一家可以播放广告的商业电视台——电视4台。在此之前,瑞典的国营电视台不播放广告,主要靠电视用户缴纳收视费维持经营。而另一家商业电视台——电视3台,其总部设在伦敦,它的儿童广告播放得很随意,惹恼了瑞典人。于是,瑞典消费者协会等机构就儿童广告问题展开了对瑞典政府和议会的游说。他们指出,儿童有权利免受广告的侵害,向儿童做广告是不道德的,因为儿童缺乏经验和判断力,根本无法明白电视广告和他们喜爱的动画片之间的区别。他们还指出,广告不应该在产品的大小和功能方面误导儿童,例如,不应在展示玩具汽车时配以真实引擎的声音。最终,瑞典议会通过了禁止播放儿童广告的法律。

其实不只是瑞典,其他西方国家也在纷纷开展"反对儿童广告"的运动。2005年美国科学院医学院认为有足够证据显示,电视广告是导致儿童肥胖的诱因之一,呼吁食品厂家为儿童生产更多健康食品。2006年,美国儿童科学院建议政府、企业、家长等共同努力,减少美国儿童接触各种形式的商业广告。这家机构认为,大量不良广告诱使美国儿童和青少年肥胖、厌食、酗酒及提前发生性行为,国会应立法对此予以限制。具体措施包括:禁止在儿童节目中插播垃圾食品广告;把电视节目的商业广告量减少50%,减至每小时商业广告时间不超过6分钟;酒类广告中不能出现卡通人物和性感女性形象;禁止通过互动形式在儿童中传播视频短片广告;特殊药品广告只能在晚上10时以后播出。对此,食品生产商率先做出反应。麦当劳等9家大型食品、饮料公司已向社会承诺将在儿童广告中推广健康食品;卡夫公司也于早先作出类似承诺。美国啤酒业协会主席杰夫·贝克尔表示,啤酒厂商致力于确保啤酒广告出现在成人节目时段。

爱尔兰广电主管机关严禁儿童仰慕的名人代言儿童广告,并要求糖果广告需要特别提醒刷牙。希腊严格禁止早晨7点至晚上10点做有关玩具的电视广告。意大利国会亦修订广电法案,禁止14岁以下儿童拍摄电视广告。

在国内,为了保护儿童免于广告的侵害相关行业组织和政府部门也先后出台了众多的自律规则和法律、法规。

中国广告协会于1997年制定广告宣传精神文明自律规则，规定针对儿童的广告，不得出现利用儿童向家长施压的内容，广告中的儿童应该对长辈或其他人表示尊敬，不应该表现不安全的动作，包括饮酒与吸烟等。针对儿童的广告不应该向儿童灌输"以是否拥有某种商品而产生优越感或自卑感"的信息，更不应该使用超出儿童判断能力的描述，以欺骗儿童。

我国《广告审查标准》也有以上类似的规定，其中第三十七条还对儿童广告做了明确的定义："儿童广告，是指儿童使用的产品或有儿童参加演示内容的广告。"其包含了两个方面的内容，一是专供儿童使用的或以儿童为主要消费对象的产品广告，如儿童玩具、儿童食品等；二是虽非宣传上述产品，但却在广告中由儿童形象来担当主要演示角色的广告，这些产品并无特定的范围，只需广告创意中适合儿童演示即可。

2015年，我国新修订的《广告法》中也增设了对儿童的保护内容，《广告法》第三十八条规定，"不得利用不满十周岁的未成年人作为广告代言人"，第四十条对不满十四周岁的未成年人的商品或者服务的广告也作了限制性的规定。

然而，在众多的规定、法律法规之下，儿童广告引发的道德缺位和伦理困惑依然俯拾皆是，如早年非常流行的乐百氏奶电视广告——"今天你喝了没有？"电视画面上一个天真、自信的小女孩，手里拿着一瓶乐百氏奶，她问电视机前的小朋友和他们的父母，对他们说："今天你喝了没有？"接下来是一大群孩子欢天喜地地唱道："我们都喝乐百氏。"看似温柔的广告，却给你一种无形的压力。它通过一种在大庭广众之下的公开质询，给小朋友的父母施加一种心理上的压力。它利用普遍存在于我们社会中的攀比心理进行诉求，"同学们都喝，我也要喝"，对父母来说则是"别的孩子喝，我的孩子也该喝"。面对"今天你喝了没有？"这一看似建议实际上是一种命令的询问，你将别无选择。

与乐百氏类似的是娃哈哈的电视广告——"妈妈我要喝……"与乐百氏的询问相比，娃哈哈更直接，通过小女孩之口直接说出要求。一个天真单纯、娇羞可爱的小姑娘，轻柔地说："妈妈我要喝……"面对这种温柔的、天真的、合理的请求，哪个母亲会拒绝呢？——电视机前的家长和孩子就这样让广告主给绑架了，至于产品是否有益儿童健康已经不在考虑的范围。

今后如再有类似以上的广告将被禁止，新版《广告法》第四十条规定："针对不满十四周岁的未成年人的商品或者服务的广告不得含有：（一）劝诱其要求家长购买广告商品或者服务……"《广告法》第五十七条规定，有以上行为者可以处二十万元以上一百万元以下的罚款，情节严重的，并可以吊销相关证照。

的确，儿童广告具有一个十分宽泛的空间，有着很大的容括性。只要能促进产品的宣传销售，广告商便有可能采用儿童广告。而从现实情况看，儿童广告确已铺天盖地、无孔不入，不夸张地说，儿童广告已经潜移默化地影响着孩子们的生活，进而影响着整个社会生活。由儿童广告引发的问题有以下几个。

（1）误导儿童消费行为甚至损害儿童身心健康

自主意识不强、判断力不准确的少年儿童很容易受广告的蛊惑，或者接受家长的安排，如果广告主的广告内容不实或者含有不正确的价值取向，就很容易给青少年的身心健康造成损害。

【案例 1-3】

小二郎护眼灯到底是护眼还是伤眼？

小二郎护眼灯系深圳某科技公司为广大中小学生研发的一种健康灯,在宣传中号称以"LED 照明技术"为基础,拥有 3 项革命性技术突破,为孩子带来 10 项健康保障,成就"学生健康光源开创者",为中国学生的眼睛全面减压减负,使学生在高效阅读学习的同时,体验健康优质的生活方式(如图 1-4 所示)。

图 1-4　小二郎护眼灯

事实果真如此吗？2013 年 4 月,家住南京市玄武区的李女士给某媒体打去电话,称其为即将中考的儿子花 300 多元买了一盏护眼灯,可没用多久发现孩子的近视度数竟然从 200 度涨到了 450 度,这可急坏了李女士。护眼灯到底能否真正有效地预防近视？

记者通过深入调查后了解到,市面上绝大多数护眼灯的基本工作原理就是把普通日光灯的振荡频率提高,由低频闪提高至高频闪,使得肉眼分辨不出频闪,但这绝不是广告中宣传的"无频闪"。把频率调得很高,意味着光每秒钟变化的次数就更快了,几千次甚至上万次,这种变化带来的结果是什么呢？频率变化后,视神经仍然在试图跟着光去变,这可能使视神经一直在积极地试图跟上光变化的节奏,结果使眼睛更累。护眼灯的高频闪还有一个潜在的危害,就是电磁辐射。因为电磁辐射所衍生的能量取决于频率的高低,频率愈高,能量愈大,从而对人体造成的危害也就更大。

(资料来源: http://zj.qq.com/a/20150312/057903_2.htm.)

从以上案例可以看出,深圳某科技公司对所生产的"护眼"灯的过度宣传严重地误导了广大消费者,不仅有虚假广告之嫌,还给使用其产品的青少年造成一定程度的身体损害,其行为有失道德。

【案例 1-4】

黄金搭档广告渲染送礼文化涉嫌传递错误价值观

2013 年 2 月 6 日,国家广电总局下发《关于清理广播电视"送礼"广告的通知》,要求各级电台电视台立即删除含有渲染"送礼"内容的广告。

一段时间来,一些电台电视台频频播出含"送礼首选""送领导""上级有面子"等渲染

"送礼"的广告内容,有的广告竟打出"今年不送礼,明年没人理"的口号,个别广告还使用儿童形象,公开叫嚣:"××搭档送老师,送亲友,送领导"。广告中反反复复表现出用物质来拉近人与人之间的关系,讨好别人,获得好评,将成人世界中人际交往庸俗的一面在儿童面前暴露无遗,许多儿童看了之后以为给别人送礼就可以讨好别人,达到原来难以达到的目的。通过这些含有"送礼"内容的广告,"不送礼就办不成事"的不良观念可能就这样潜移默化地进入儿童的心理,传递了不正确的价值取向,助长了不良社会风气,严重损害了未成年人的身心发育。

(资料来源:http://news.xinhuanet.com/politics/2013-02/07/c_124334970.htm.)

新版《广告法》第十条规定:"广告不得损害未成年人和残疾人的身心健康。"违者可以处二十万元以上一百万元以下的罚款,情节严重的,并可以吊销相关证照。国内的电视节目并未分级,意味着任何电视广告都能落入儿童的眼中,而儿童是没有辨别能力的。国内的企业在策划一则广告时能否也先考虑到,它们的第一个观众有可能就是孩子。

(2) 对社会产生不信任感

一些原本在儿童心目中有崇高地位的个人和组织,由于参与了不当的广告宣传,不但破坏了自己在儿童心目中的公信力,而且还危及儿童对整个社会的信任。

【案例1-5】

滁州市相关部门以"安全教育与素质培养"为名行商业推销涉嫌欺诈

2013年10月13日上午,滁州市数万中小学生及家长按照学校要求观看滁州电视台新闻综合频道一档60分钟的专题片,并要求学生写观后感。但节目中根本没有与学生安全及素质培养相关的内容,而是推销一种名为"学习好帮手"的学习资料,这让很多家长颇为困惑。

记者随后进行了调查:10日,一名自称为滁州电视台的工作人员来到市教育局,声称滁州电视台新闻综合频道将于13日(星期天)播出《安全教育与素质培养》专题节目,要求教育局组织学生观看。滁州市教育局认为这与当前学校安全教育的要求相契合,故要求各县(区)教育局和市直学校组织学生及家长在家收看。

"直到节目播出后,才发现节目内容实为诱导中小学生及家长购买图书、影像等资料。"滁州市教育局一名工作人员说:"我们已经以涉嫌欺诈向市公安局报案,并致函市电视台,商请调查处理此事。"

事件发生后,滁州市教育局立即在当地多家媒体上发布公开声明,阐述事件经过,并就造成的不良影响向广大学生及家长表示歉意。同时,通知各县(区)教育局和市直各学校,停止组织观看该节目,提醒家长和学生,无须购买相关学习资料,谨防上当。

(资料来源:http://news.163.com/13/1016/04/9B9I192700014AED.html.)

类似的事件在全国各地并不鲜见,地方电视台和教育局作为官方机构在普通人的心中具有较高的公信力,在该事件中市电视台却沦为不法商家的同伙,为了吸引目标消费者的关注不惜采用欺骗的手段,而市教育局没有尽到详尽审查的义务,让数万名学生和家长以接受"安全教育与素质培养"为名专心观看了一场商业推销活动,造成了恶劣的社会影响,严重损害了相关部门自身的信誉,也危及学生对社会的信任。

3. 恶俗广告

恶俗广告是指广告宣传采用粗陋、毫无智慧、空洞而令人厌烦的方式进行宣传。常见的恶俗广告有两种:一种是从广告宣传的具体方式看,单个短小广告重复播放,如恒源祥的十二生肖广告,在长达1分钟的时间里,由北京奥运会会徽和恒源祥商标组成的画面一直静止不动,单调的童声从"恒源祥,北京奥运会赞助商,鼠鼠鼠""恒源祥,北京奥运会赞助商,牛牛牛"……一直念到"恒源祥,北京奥运会赞助商,猪猪猪",把十二生肖一一叫了个遍,这是一种赤裸裸的广告轰炸,这种创意平庸、缺乏美感、可视性不强的广告,对于受众而言只能是一种折磨,受众也许记住了恒源祥,但是曾经对恒源祥的好感则会荡然无存。另一种就是广告宣传内容背离积极、健康的生活观、消费观。近年来频现的炫富广告,过分宣传享乐主义、贵族化生活,刻意与百姓的日常生活区别开,人为地夸大社会分化的结果,激发了不同社会阶层和利益群体之间的矛盾,成为构建和谐社会的噪声。

新版《广告法》第七十四条规定,"国家鼓励、支持开展公益广告宣传活动,传播社会主义核心价值观,倡导文明风尚"。这类广告虽然不违法,却有违广告伦理。与一些广告只是在感官上让人感觉难受、别扭不同,有些广告为了博出位、吸引眼球,不惜挑战社会的道德底线,为国法所不容。

4. 敏感的性问题

西方广告界流传这样一种说法:运用 3B,即婴儿(baby)、动物(beast)、美女(beauty),作为广告模特,是永远不会落伍、永远受到人们喜爱的。

美女广告的成功运用可追溯到 19 世纪末期。当时,美国的可口可乐公司采用了一大批年轻漂亮的女模特在广告中吸引受众。从那时起到现在,美女广告被广泛运用,乃至到被滥用的程度。

"情色"在不同的文化背景下有不同的界定,有些情境在西方广告中可以播放而在阿拉伯世界则属于色情广告而被禁止。在中国特定背景下情色广告是指那些隐含性暗示、庸俗低级、亵渎社会、给大部分人带来不愉快体验的广告。这类广告中性的意味比较重,让人产生不健康的联想,违反了一个民族的文化和伦理道德标准。

情色广告主要的表现形式有:①暴露女性身体;②广告画面赤裸;③生殖器官描述;④直接或间接暗示性行为;⑤广告词所指暧昧,暗喻挑逗;⑥广告图片或文字的性暗示。

情色广告的传播具有严重的社会危害。首先,对于成长中的青少年来说,情色广告的性暗示会影响其身心健康发展。其次,情色广告中,女性常常作为诱惑的工具,在广告表现中消解女性的意志情感,造成女性形象歧视。最后,大肆宣传情色广告,会造成大众审美低俗化,同时以暴露、裸露、诱惑等为主题的情色广告也会引发公众反感,成为社会噪声。

新版的《广告法》第九条规定广告不得"含有淫秽、色情、赌博、迷信、恐怖、暴力的内容"。对于违反以上条款的,《广告法》第五十七条规定,可以处二十万元以上一百万元以下的罚款,情节严重的,可以吊销相关证照。

5. 歧视性广告

歧视性广告是指广告信息中对某一群体或某类属成员含有偏见或贬低的广告。主要包括种族歧视、性别歧视、宗教歧视、文化歧视和社会地位歧视等。

6. 名人失范性广告

名人广告主要是邀请明星为产品代言,对产品或服务进行宣传。名人代言广告的伦理失范主要表现在:①情境广告,滥煽情,制造虚假公益广告,比如巩俐为三精葡萄糖口服液所做的为山区小朋友捐赠口服液的广告。②假借消费者名义进行虚假宣传。有些明星并未对自己代言的产品有过体验,对产品的效果、性能根本不了解,广告中的宣传内容和产品实际不符。③盲目追捧,夸大其词,这种广告在医疗、药品、美容保健产品中出现得比较多,明星对产品效果进行不着边际的夸大宣传,产品好似灵丹妙药,能让人永远保持年轻健美,引导消费者进行错误购买。

中国明星代言广告泛滥早已是一个不争的事实。电影演员、导演、运动员、教练、电视台主持人,甚至房地产开发商都成了广告明星。很多人为了钱,随便什么广告都接,严重误导了消费者。据中国消费者协会组织受理投诉情况统计,2015年全年全国消协组织共受理消费者投诉639 324件,其中涉及虚假宣传和假冒的投诉达到14 598件。

在美国,名演员热衷公益,对商业广告的兴趣不大。美国要求形象代言人广告必须为"证言广告"和"明示担保",意思就是明星必须是其所代言产品的直接受益者和使用者,否则就会被重罚。当然,明星广告在美国并不是完全没有市场。在一些高档时装、珠宝、体育用品和化妆品广告中,仍然可以看到一些明星的身影。但人们不会因为某个明星的广告就轻易改变自己的选择。

在日本,明星做广告则比较普遍。但日本明星接拍广告时非常慎重,因为,一旦所代言的产品出现问题,代言明星就会名声扫地,甚至饭碗难保。所以,日本大腕儿明星一般代言的都是著名大企业的产品。

在欧洲,消费者认品牌不认明星。欧洲人对明星代言广告不太感冒。在欧洲播放的广告大都注重依靠新奇创意来突出产品品质,很少靠明星脸来拉动人气,这也和欧洲人相对理性的消费观念有很大关系,谁当企业的代言人并不重要,产品本身的质量与价位才是最重要的。

【案例1-6】

著名影星林某某代言"爱某丽"胶原蛋白饮品涉嫌虚假宣传

2013年11月25日,网络名人、著名打假人士方某在其博客上发表文章,炮轰台湾艺人林某某推销的"爱某丽"胶原蛋白饮品是一种假保健品。林某某在其微博上不断地发布他组织团队研发产品的言论、照片、视频,事实是爱某丽胶原蛋白饮品并非林某某团队研发的,而是上海某王公司的定牌加工产品,生产胶原蛋白产品是低技术,也不需要研发。林某某还在其微博中放言:"请大家以后不要再问我保养,或是逆生长的问题了,我已经组织一群顶尖的生技团队来研究我自己,相信这个逆生长的秘密很快就有答案了,相信我。"在对某胶原蛋白产品的功效介绍时他还用了这样的词句:"逆生长的秘密从此打开。"事实上口服胶原蛋白被胃肠道消化吸收后,会失去胶原蛋白的结构,变成更小的肽链或者氨基酸,主要作为能量被人体所利用,不会直接补充到皮肤的真皮层。如果有人口服胶原蛋白产品感觉"有效",除了安慰剂效应之外,还可能与保健品商在产品中添加了激素等其他成分有关。人们的日常饮食中,动物皮肤、筋腱、软骨等含胶原蛋白丰富,肉类中含量较低,而纯素食的人皮肤并不会明显变差,更说明胶原蛋白并非美容必需品,胶原蛋白也没有逆生长的作用。因此,林某某在其博客中的广告涉嫌虚假宣传。

(资料来源:http://www.21food.cn/hotnews/detail_796.htm.)

新版的《广告法》第三十八条规定,"广告代言人在广告中对商品、服务作推荐、证明,应当依据事实,符合本法和有关法律、行政法规规定,并不得为其未使用过的商品或者未接受过的服务作推荐、证明"。如有违反,"由工商行政管理部门没收违法所得,并处违法所得一倍以上二倍以下的罚款"。第五十六条还规定"关系消费者生命健康的商品或者服务的虚假广告,造成消费者损害的,其广告经营者、广告发布者、广告代言人应当与广告主承担连带责任"。

7. 广告中的个人隐私问题

"隐私"一词源自西方。在西方法学界,一般都认为"隐私"和"隐私权"概念是由美国人沃伦(Samuel D. Warren)与布兰代斯(Louis D. Brandeis)最早提倡的。他们认为,隐私权本质上是一种个人对其自身事务是否公开给他人的权利,保护个人的隐私权就是保障人的"思想、情绪及感受"(thought, emotions, and sensations)不受他人打扰的权利,保护自己人格不受侵犯的权利(inviolate personality)。在界限上,他们指出"公共利益"和"同意"是两项主要的限制:①隐私权不能阻止有关公关利益事务的公布;②隐私权本质上是属于私人的;③如个人加以公布或同意公布,隐私权即不存在。

2003年1月1日实施的新版《上海市消费者权益保护条例》中,首次将个人隐私作为一项单独的权利加以保护,指出消费者的个人信息如姓名、性别、职业、学历、联系方式、婚姻状况、收入和财产状况、指纹、血型、病史等将作为隐私权纳入人格权范畴,而2005年年初,国务院正式启动《个人信息保护法》的立法程序,则标志着我国在公民隐私保护上向前迈出了重要一步。

在信息网络时代,个人隐私受到信息技术系统采集、检索、处理、重组、传播等信息处理,使某些人更容易获得他人机密及信息,个人隐私面临空前威胁。保护个人隐私是一项社会基本的伦理要求,是人类文明进步的一个重要标志。在信息技术高度发展的网络时代,如何保障公民的个人隐私权,应当引起全社会的关注。

与个人隐私有关的广告问题最常见的是把通过正规渠道收集的个人信息用来谋利,让各种诈骗广告轻易抵达目标人群,由于信息准确常使消费者不得不信,结果上当受骗,轻则蒙受经济损失,重则严重损害身体健康。

【案例1-7】

正规机构利欲熏心,泄露考生信息无道德底线

2014年8月,天津市的宋女士就遭遇了这样的一件事。

2014年5月参加二级建造师考试的她,原本8月16日可在网上查成绩,没想到8月14日突然收到一名自称北京浩瀚教育机构的人打来的电话,说分数不合格的可以改分。她加了对方QQ,开始了解如何改分,对方告诉她改一科是2 000元,要先支付500元的订金,21日对方告诉她改完了但是得提交,提交之前要把剩下的1 500元补齐,然后等通知重新考试。"我之所以相信他们,是因为能准确说出我的姓名,而且一共考三科,我自己觉得能过两科,对方竟然告诉我只要改一科就行,说另外两科肯定能过,建议改的那科就是我觉得危险的那科。我觉得他们应该是内部的人,可信。就把1 500元打过去了。"

8月21日,对方给宋女士传来一张图片,说是他们内部网的截图,图片内容证明分已经改了,但是现在网上还查不到,还需要她重新参加考试,以便卷面分和改的分能对上,考试地点在本市和平区唐山道的人事考试中心。转天宋女士到了该地方,对方说考试在一辆黑色别克车上进行,车上正有一名改分的考生在考试,为了保护考生隐私,都是前一个下去了,后面再上来,让她等。"说着,他突然问我交没交担保金?我说没听说过。他说考试前必须交担保金,考完了马上就还回来。我犹豫了一下,他就说如果不交,前面那2 000元就白交了,还让'考生'和我通话,证明考试结束,钱就拿回来了。当时我也糊涂了,就把钱打过去了。再和他联系,居然让我再交1万元,说是两个科室配合完成改分,一科室1万元,所以得再交1万元。我就不想交了,让他把前面的1万元退给我。直到这时我都没想过他们是骗子,因为对我的信息掌握得太准确了。"

就这样宋女士只是不断催促对方把钱退还回来,可对方一直推说忙,让宋女士等等。眼看三个多小时过去了,对方还没有把钱退回来,着急的宋女士说:"再不退钱,我就报警了。"结果对方挂了电话,就再也联系不上了。她这才意识到自己被骗了。

(资源来源:http://news.enorth.com.cn/system/2014/09/27/012174951.shtml.)

事件中,人事考试中心泄露考生个人信息于德不当,不法分子散布诈骗广告违反了新版《广告法》第四十三条规定"任何单位或者个人未经当事人同意或者请求,不得向其住宅、交通工具等发送广告,也不得以电子信息方式向其发送广告","以电子信息方式发送广告的,应当明示发送者的真实身份和联系方式,并向接收者提供拒绝继续接收的方式"。这意味着今后未经接收者同意,擅自向个人发送广告将构成违法。

【案例1-8】

妻子在市中心竖巨幅广告控诉老公偷情

英国伯明翰市一名37岁妻子发现丈夫竟和自己最好的闺中密友有私情后,怒不可遏之下,她竟竖起了一面广告牌,对这对男女进行了愤怒的谴责。这个花费2 500英镑的奇特广告长6米、宽3米,位于英国伯明翰市中心。这面广告牌吸引了众多路人驻足观看。有消息说,她还向当地电台写了一封同样内容的控诉信,要求播出,但电台以侵犯个人隐私为由加以拒绝。

新版的《广告法》第九条规定广告不得泄露个人隐私,这表明今后以公开个人隐私来泄愤的行为将涉嫌违法。

1.3.3 广告伦理问题的成因

为什么广告主认为纯粹商业性质的广告会背负违背伦理的罪名呢？很多人认为广告仅仅是商品营销工具，并没有承担社会伦理的义务。特别在现今"注意力经济"时代，广告主更是利用各种广告技巧轰炸消费者，力图抓住消费者的眼球从而达到促进销售的目的，广告伦理自然被抛到脑后。然而，从个体和整体来看，广告主基本上都是想要改变人们的优先选择，想让他们的产品、品牌、思想和他们所建议的生活方式成为消费者头脑中优先选择的东西，这便不能否认广告本身不仅具有经济功能、商业信息传播功能，且具有意识形态功能和文化信息传播功能，广告主的广告对净化社会风气等方面具有伦理道德的义务。

出现违背伦理的广告不是偶然的，其形成原因是多方面的，很复杂。既有社会和企业方面的原因，也有消费者自身的原因。正如经济学家诺贝尔奖得主诺斯所说："自由市场经济制度本身并不能保证效率，一个有效率的自由市场制度，除了需要一个有效的产权和法律制度相配合之外，还需要在诚实、正直、公正、正义等方面有良好道德的人去操作这个市场。"

首先，从宏观方面看，法律、法规不健全，执法不严格是重要的原因。自改革开放以来，我国广告事业获得了长足的发展，但是广告立法明显落后于市场经济发展的需要。我国 1994 年颁布的《广告法》，虽然在 2015 年进行了修订，但其适用范围依然仅限于商业广告。事实上，近年来除了大量的商业广告传播中存在违背法律和伦理的问题外，也有不少的社会广告包括一些公益广告存在有违背法律和伦理的问题。另外，某些法规中有关广告管理的规定不够完善，给一些从事广告违法活动的单位或个人以可乘之机。例如，法律所规范的对象除了广告活动的主体外，没有包括广告印刷单位、广告传播媒体、广告代言人、广告审查机构等。此外，现实中对违法广告的制裁不严格，使《广告法》《广告管理条例》起不到制约和规范广告行为的作用。

其次，广告者的素养、伦理道德观念差，也是导致广告背离伦理规范的根本原因之一。广告与伦理是双向互动关系而不是对立取其一的关系。广告在进行信息传播的同时，影响着消费者的人生观、道德观和价值观，影响着社会的道德风尚，同时社会伦理又制约和影响着广告的内容与形式。相当一部分广告主体缺乏伦理素质和市场营销观念，法律观念淡薄，又缺乏行业自律精神。他们只要能给企业带来巨额利润，什么样的广告都敢制作，什么样的广告都能刊播，根本不考虑这些广告是否符合消费者的利益，是否符合法律与伦理道德标准的要求。在利益的驱动下，广告主往往铤而走险，这就是引起伦理争议的广告层出不穷的原因。诸如卡文·克莱（Calvin Klein）一贯在其香水、内衣、牛仔服广告中带有性色彩，NIKE 针对青少年的广告战役让毫无辨别能力的少年盲目地对昂贵的 NIKE 鞋产生欲求，等等。广告在伦理的是非判断上没有明确定论，因而主要依靠传统习惯、社会舆论和内心信念来维系，颇像看不见的神秘之手，部分决定着广告存与否的最终命运。

最后，广大受众即消费者自我保护能力薄弱，也是不容忽视的原因之一。

广告受众的伦理道德规范,不仅是一个理论话题,同样是一个现实话题。例如,囿于自身伦理道德素质的局限,有些被认为有色情倾向的广告,从广告者的角度看,实际上正是利用了一些受众的情欲心理需求。如一个关于女性内衣的灯箱广告,原本是想表达内衣让女性更加完美,在取谐音后,赫然印着"玩美女人",这显然是在迎合部分公众的情欲心理。广告符号产生不文明不健康的信息,很大程度上与受众自身的伦理道德素质水平直接相关。另外由于我国很大一部分消费者还不具备广泛的商品知识、价格知识、广告知识、商标知识及其相关法律知识等,对劣质广告的识别能力很差,容易受虚假广告的诱惑,盲目选择不适合的产品,即使受了虚假广告的欺骗也不习惯于运用法律来保护自己的利益,而选择忍气吞声,使得违法广告得以生存。

此外,现代广告一些固有的特点也成为产生伦理困惑的重要原因。

1. 现代广告"拟态环境"的成长背景

拟态环境,作为一个传播学概念,最早由传播学家李普曼在《公共舆论》一书中提出,他对"现实"进行了三重意义上的分类,即客观实在、"象征性现实"和主观世界。这三重现实的连接点就是"象征性现实"的依托——媒介。正是媒介将受众与信息源联系到一起,并且以第三方的形式将信息展现出来。传播学上,拟态环境是大众传播活动所形成的信息环境,它并不是对客观现实的"镜子式"再现,而是通过人们对信息片段进行选择、加工、重构,以向人们展示的信息环境。由于媒体具有筛选信息片段来构建拟态环境的选择权,所以拟态环境的成像在很大程度上取决于媒体的价值取向和所属立场,作为"现实"的中间环节,拟态环境的信息直接决定着这种环境下受众的世界观和知识构成。

广告,就是由广告主筛选要传递的产品信息,再由技术人员进行信息整理和美化以实现产品信息的艺术加工,这样展现在消费者面前的有关于产品的现实,已经不能完全算作真正意义上的客观现实,而是带有人的主观意志的"拟态"现实。这种主观性主要表现在:广告的内容,即产品的信息是人为主观筛选的,根据广告主认为最有利于产品销售的标准而进行的,产品信息的展示方式是人为拼凑的,是依据消费者对产品信息接收的情感诉求或者是对于产品信息传递时的美感而设计的。在此背景下,产品信息的客观真实性遭遇天然的折损,影响了广告信息的真实性。

2. 产品信息占有的天然不对称和广告时限性

从主观上看,天然的信息不对称是广告的固有特点,这使得广告不可能全面反映商品的实际面貌。作为营销手段的商业广告,其最终目标就是要实现商品价值的市场化,让产品能够进入市场流通,实现商业价值。为实现这一目标,广告主在投放广告的时候都希望能够对产品进行正面宣传,那么在广告信息的筛选中,正面积极地迎合市场需求的产品信息就成了有限时间内广告信息的主体内容。此外,广告信息的天然不对称有其客观必然性,受众没有精力也没有必要去全面把握商品的生产和销售的每一个细节。所以,广告主和受众在信息占有上的不平衡会影响广告的真实性。

从客观上看,广告的时间和版面是受经济能力与媒体规定限制的,这种时空的局限性使得广告主不可能将产品的全部事实材料容纳其中。容量的局限性和广告的商业本性使得广告力求突出和强调产品的某个信息特点,或者是重点信息,简单明了,强烈刺激,以强化其在消费者头脑中的印象,从而达到广告宣传的目的。

3. 艺术表现对于广告信息的干扰

美国广告大师威廉·伯恩巴克认为,广告传播是一个对艺术的感受、认知与理解的过程。广告总是"从美的角度来刺激人的联想与想象,并对文案的表象进行感知,进而达到理解、认同,并逐步产生欲望,最后达成在此欲求下的行动。在此过程中,人的情感始终交融其中,并与表现、感知、理解等交互作用着"。

从传播的内容看,广告总是以受众为主导的面目出现,通过展现对受众的情感需求的关怀,以将两者的利益需求融为一体,"消解虚幻与真实之间的界限","受众总是被广告所组构且将自身认作是一个消费主体"。但事实上,广告主才是真正的主体,受众只是目标或者靶子。正是这种方法实现了广告中的"主客体置换",造成了广告主与消费者利益的虚假统一,从而在思想上形成消费认同,蒙蔽了受众思维与视野。

广告传播中的"梦幻加工",模糊了受众的意识,广告"主要不是作用于现实,而是作用于幻想"。面对现实的残缺不全与诸多遗憾,广告通过艺术的手法构建了一个超现实的、虚幻的理想社会,它使"看得见的世界不再真实,看不见的世界不再是梦"。由此,广告借助艺术表现力所精心构建的虚拟世界就成为现实世界中人们的消费欲求,通过广告中的商品实现广告中体现的虚幻美,成功地将既定信息植入受众的大脑,干扰人们对于产品信息的理性分析和理性消费决策。

第 2 章

网络广告概述

2.1 互联网与自媒体

2.1.1 互联网

互联网（internet），又称网际网络，或音译为因特网、英特网，是由多个网络通过网关互联，这些网络以一组通用的协议（TCP/IP）相连，在功能和逻辑上组成的一个巨大的国际网络。这种将计算机网络互相连接在一起的方法可称作"网络互联"，在这基础上发展出覆盖全世界的全球性互联网络称"互联网"，即是"互相连接一起的网络"。现今的互联网已经不单单是传统意义上的计算机网络，而是由计算机硬件、计算机软件、信息资源和广大用户及系统人员构成的极大规模的全球广域信息服务网络系统。如图 2-1 所示。

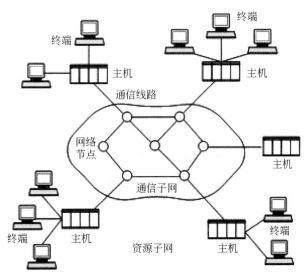

图 2-1 互联网示意图

互联网并不等同万维网（world wide web），万维网（WWW）简称 3W，有时也称 Web，是一个由许多互相链接的超文本组成的信息浏览系统，它以超文本标记语言（HTML）与超文本传输协议（HTTP）为基础，分为 WWW 客户端和 WWW 服务器，可以让 WWW 客户端（通常为浏览器）显示 WWW 服务器上的页面，并向服务器发送请求，而 WWW 服务器负责组织管理那些可以在浏览器上显示的信息。在这个系统中，每个有用的信息、数据，被统一称为资源,并且由一个全局"统一资源标识符"(URL)标识,这些资源通过超文本传输协议传送给用户,而后者通过点击链接来获得资源。万维网只是互联网所能提供的服务之一,是靠互联网运行的一项服务。

1. 网络即传媒

互联网把计算机与最新的通信、数码技术结合起来,使得各种信息在传播范围、传播速度、通信容量及信息交互方法等方面都取得了前所未有的突破。互联网的发展早已超越了当初 ARPANET 的军事和技术目的,几乎从一开始就是为人类的交流服务的。即使是在 ARPANET 的创建初期,美国国防高级研究计划署指令与控制研究办公室主任利克里德尔就已经强调电脑和电脑网络的根本作用是为人们的交流服务的,而不单纯用来计算。后来,麻省理工学院电脑科学实验室的高级研究员 David Clark 也曾经写道:"把网络看成是电脑之间的连接是不对的。相反,网络把使用电脑的人连接起来了。"

互联网迄今为止的发展,完全证明了网络的传媒特性。一方面,作为一种狭义的小范围的、私人之间的传媒,互联网是私人之间通信的极好工具。在互联网中,电子邮件始终是使用最为广泛也最受重视的一项功能。由于电子邮件的出现,人与人的交流更加方便、更加普遍了。另一方面,作为一种广义的、宽泛的、公开的、对大多数人有效的传媒,互联网通过大量的、每天至少有几千人乃至数亿人访问的网站,实现了真正的大众传媒的作用。互联网可以比任何一种方式都更快、更经济、更直观、更有效地把一个思想或信息传播开来[1]。在 1998 年 5 月的联合国新闻委员会年会上互联网被正式宣布为继报刊、广播、电视三大传统媒体之后的第四大媒体。

2. 互联网媒体的传播特征

作为一种新媒体,互联网具有与传统媒体无法比拟的特点。

(1) 小空间大数据

互联网是个信息的海洋,不仅有数以万计的专业网站,全球 600 多个国家图书馆如英国大不列颠图书馆和美国国会图书馆等都成为互联网上信息资源的一部分,此外各类政府网站、企业网站也都提供了大量的市场信息、科技信息、社会政治信息等,而且随时可以接纳几乎是任意数量的信息,而人们浏览这些信息仅需一个小小的屏幕。互联网以其超链接的方式将需要展示的信息容量无限放大,直至穷尽互联网这个信息的海洋;而传统媒体却要受版面、频道、时间等因素限制,无法任意扩大和丰富所发布的信息内容。

(2) 强时效性

任何传播都是在一定的时间和空间中进行的,强时效性是网络传播最突出的特点。在互联网出现以前,传统媒体在传播的时效性方面虽然作了很多的改进,如尽可能缩短报纸的采写、编辑、印刷和发行的时间,电视上开办 24 小时滚动播出的新闻频道,等等,但传统媒体作为专业的传播机构,必须由专业人士来运作,采集、制作和发布信息的环节较多,有一套较为复杂的流程,因此要做到随时随地对新闻事件进行实时报道几乎是不可能的。而基于计算机技术、多媒体技术、网络技术的网络传播具有方便快捷、时效性强的特点,在任何地方、任何时间发生的事件,只要有一台能联网的设备,无论是台式机、笔记本还是手

---

[1] 百度百科,"互联网"。

机，就可以在第一时间内将"新近发生的事实"传播出去，实现"我见即你见"。互联网的运用，大大加快了信息传播的速度，使人们能够更加迅速地了解周围世界发生的新情况、新经验、新问题，帮助人们消除对事物认识的种种不确定性。它不但极大减少了信息在传播过程中的衰减和失真，降低了信息传播的成本，而且对社会的政治、经济、文化的发展起着直接的促进作用。

（3）多媒体

互联网从本质上讲是一种多媒体的综合性的信息平台。所谓多媒体，就是利用计算机技术把文字、图形、声音、静态图像、视频动态图像和动画等多种媒介形态综合一体化，使之成为逻辑连接，并能对其压缩、编码、编辑、加工处理、存储和展示的信息产品。换句形象的话说，也就是通过计算机技术，把过去需要通过不同"通道"的文字、图形、声音、图像等信息汇集在同一通道，即在"信息高速公路"上进行数字化处理。与网络媒体相比，传统媒体大多数是单一的媒介形态，如书籍、报刊是纸质媒介，承载的是符号信息，广播是声音媒介，承载的是听觉信息，广播的听觉也不是对外界事物的直接的、亲身的感受，而是对语音所表达的语意的辨认，只有电视是一种综合媒介，它不但涵盖了符号信息、听觉信息，而且还具有视觉信息，使接受者对外界事物产生身临其境的感受。但是电视的视觉信息稍纵即逝，既不利于储存，也不便于反复阅读，网络传播打破了传统媒介形态之间的技术鸿沟，同时又集中了传统媒介形态各自具有的优势，把文字、数据、声音和图像组成能够使人们随心所欲提取和转换的"超文本"。多媒体的传播形态又一次延伸了人的听觉和视觉，是人类在传播工具和方式上的又一次"突破境界"，使人类用于承载和交流思想的手段又一次得以完善，它既有利于人际间的精神交往，也有利于各种先进思想和文化的传播。

（4）高度交互性

我们知道，传统的大众传播方式是一种以传播者为中心的单向线性传播。传播媒介的控制者是传播的主体，是传播内容的"把关人"。来自不同信源的信息总是首先汇集到他们的手里，经过层层把关、筛选、过滤和加工，制成符合他们标准的产品后再传输给受众。而相对于传播者来说，受众始终是被主体施控的客体，他们无法直接面对丰富的信息源，只能在传播者提供的信息范围内进行有限的选择。传播者与受众地位的不对等，给传播者赋予了过多的话语主导权和控制权，扼杀和窒息了信息传播中的民主意识和自由平等精神，这也是旧的单向灌输式的传播模式的基础。网络传播的出现，极大地动摇了传播者在大众传播中的地位。网络传播在传播方式上的最大特点是信息传播的双向交互性。在网络传播的过程中，传播者和受众不仅完全处于平等的地位，而且角色可以随时互换，受众可以成为传播者，传播者也可以是受众，任何个人或组织都可以在网络上发布新闻或信息，受众也可以及时地向媒体反馈自己的意见或建议，也可以就某一话题大家开展讨论，发表观点，这不仅仅是双向交流，而且是多向的互相交流新闻信息。总而言之，网络传播在大众传播中实现了传播主体的多元化，带来了民间话语体系的崛起和"舆论一律"的传统传播格局的颠覆，有利于人们自由平等地发表各种意见，有利于社会主义民主政治的建设。

（5）个性化

传统媒体传播信息的过程，是一个信息由传播者向受众单向流动的过程。由于受众的不确定性及受众对信息的被动接受,使信息传播往往采取高冲突的传播方式进行,换句话说,报社、广播电台和电视台根据自己的倾向性和编辑思想决定的信息内容,却有可能不能满足接受者的需要而不为接受者接受。购买和阅读载有大量自己不需要的信息的报纸,或守着电视机面对着不喜欢看的节目和广告而不断地转换频道,这对受众来说,无疑在资金和时间上都是一种浪费和负担。而网络传播使受众有了在接触传统媒体中没有的信息选择权,使信息传播过程中传受双方的冲突在一定程度上得到缓解。在网上搜寻信息时,受众不是被动地接受传播者"推"来的信息,而是主动地从网上"拉"出自己需要的信息,进行自主的选择和组织。如受众通过一个个有效的节点,在数分钟内就能把数家网络媒体对同一新闻事件的报道和评论尽收眼底,使受众摆脱了传统媒体的狭隘视野和媒体自身的风格对受众设置的诸多的局限,为受众选择和接受新闻提供了极大的便利。网络传播发展的趋势是:接受者不仅完全能根据自己的需要自主地选择信息,甚至可以根据自己的需要在网上"预订"信息,或者通过一个软件将选取的信息编成一张完全符合自己个人口味的"报纸",这种报纸被有"数字革命的传教士"之称的尼葛洛庞帝称为"我的日报"。网络传播的这种个人化的趋势,有利于人的自由的全面的发展。

2.1.2 自媒体

自媒体(we media)又称"公民媒体"或"个人媒体",是指私人化、平民化、普泛化、自主化的传播者,以现代化、电子化的手段,向不特定的大多数或者特定的单个人传递规范性及非规范性信息的新媒体的总称。自媒体平台包括博客、微博、微信、百度官方贴吧、论坛/BBS 等网络社区。

美国新闻学会媒体中心于 2003 年 7 月发布了由谢因波曼与克里斯威理斯两位联合提出的"we media"研究报告,里面对"we media"下了一个十分严谨的定义:"we media 是普通大众经由数字科技强化、与全球知识体系相连之后,一种开始理解普通大众如何提供与分享他们自身的事实、新闻的途径。"简言之,"we media"即公民用以发布自己亲眼所见、亲耳所闻事件的载体,如博客、微博、微信、论坛/BBS 等网络社区。[1]

自媒体中的"自"至少有两层含义:一个是"自己";另外一个是"自由"。从自己的角度来看,公民从"旁观者"转变为"当事人",从传播的"客体"变为"主体",并且强调主客体的融合,媒体仿佛一夜之间"飞入寻常百姓家",变成了个人的东西,从此"媒体"披上了平民化的外衣。从"自由"角度分析,"自媒体"意味着公民拥有更大的话语空间和自主性,拥有更大的"自由度"。[2]

1. 博客

博客(blog)的正式名称为网络日志(weblog),又音译为部落格或部落阁等,是一种通常由个人管理、不定期张贴新的文章的网站。博客上的文章通常根据张贴时间,以倒序方式由新到旧排列。作为 blog 的内容,它可以是你纯粹个人的想法和心得,包括你对时事新闻、国家大事的个人看法,或者你对一日三餐、服饰打扮的精心料理等,也可以是在基于

---

[1] 百度百科,"自媒体"。
[2] 百度文库,"自媒体时代概述"。http://wenku.baidu.com/view/b1e9f4bb69dc5022aaea001b.html。

某一主题的情况下或是在某一共同领域内由一群人集体创作的内容。它并不等同于"网络日记"。网络日记是带有很明显的私人性质的,而 blog 则是私人性和公共性的有效结合,它绝不仅仅是纯粹个人思想的表达和日常琐事的记录,它所提供的内容可以用来进行交流和为他人提供帮助,是可以包容整个互联网的,具有极高的共享精神和价值。一个典型的博客结合了文字、图像、其他博客或网站的链接及其他与主题相关的媒体,能够让读者以互动的方式留下意见,这也是博客的重要要素。博客是社会媒体网络的一部分,它具有操作简单、持续更新、开放互动、展示个性等特点。比较著名的有新浪、网易等博客。[①]

2. 微博

微博(weibo),是微型博客(microblog)的简称,即一句话博客,是一种通过关注机制分享简短实时信息的广播式的社交网络平台。最早也是最著名的微博是美国 Twitter。

微博是一个基于用户关系信息分享、传播以及获取的平台。用户可以通过 Web、WAP 等各种客户端组建个人社区,以 140 个字(包括标点符号)的内容更新信息,也可以发布图片、分享视频等。随着竞争的日趋激烈,微博的新特色服务持续诞生。例如,Plurk 有时间轴,可以观看整合了视讯和照片的分享,Identi、Pownce 整合了微博、档案分享和事件邀请、长微博等。微博的关注机制分为可单向、可双向两种。

微博最大的特点就是:发布信息快速,信息传播的速度快。例如,你有 200 万听众(粉丝),你发布的信息会在瞬间传播给 200 万人。相比于博客而言,微博更能表达出每时每刻的思想和最新动态,而博客则更偏重于梳理自己在一段时间内的所见、所闻、所感。[②]

3. 微信

微信(wechat)是腾讯公司于 2011 年 1 月 21 日推出的一个为智能终端提供即时通信服务的免费应用程序,微信支持跨通信运营商、跨操作系统,平台通过网络快速发送免费(需消耗少量网络流量)语音短信、视频、图片和文字,同时,也可以使用通过共享流媒体内容的资料和基于位置的社交插件,如"摇一摇""漂流瓶""朋友圈""公众平台""语音记事本"等。

微信提供公众平台、朋友圈、消息推送等功能,用户可以使用"摇一摇""搜索号码""附近的人"、扫二维码方式添加好友和关注公众平台,同时微信可将内容分享给好友以及将用户看到的精彩内容分享到微信朋友圈。2013 年 10 月,微信推出的 LBS 图文回复功能可以由商家设置店铺位置,用户提交当前所在位置后,就可以找到最近的商家店铺,并进行一键导航、一键拨号,如果店铺当前有进行的活动(如优惠券、刮刮卡),也可把活动显示出来。全城搜索旨在帮助那些不懂技术的个人或企业建立属于自己的接口程序,让完全不懂技术的个人或企业通过简单的配置,即可拥有强大的功能。企业使用全城搜索可以用低廉的成本实现智能客服机器人功能,店家可以轻松实现店铺商品和粉丝的关联与互动,也即将为微信地方号运维人员提供强大的地方运维的管理功能模块。[③]

4. 论坛/BBS

论坛,全称为 bulletin board system(电子公告板)或者 bulletin board service(公告板

---

① 百度百科,"博客"。
② 百度百科,"微博"。
③ 百度百科,"微信"。

服务），是互联网上的一种电子信息服务系统。它提供一块公共电子白板，每个用户都可以在上面书写，可发布信息或提出看法。它是一种交互性强、内容丰富而及时的互联网电子信息服务系统，用户在 BBS 站点上可以获得各种信息服务、发布信息、进行讨论、聊天等。

BBS 最早是用来公布股市价格等信息的，当时 BBS 连文件传输的功能都没有，而且只能在苹果机上运行。早期的 BBS 与一般街头和校园内的公告板性质相同，只不过是通过网络来传播或获得消息而已。直到有些人尝试将苹果计算机上的 BBS 转移到个人计算机上，BBS 才渐渐普及开来。近些年来，由于爱好者们的努力，BBS 的功能得到了很大的扩充。通过 BBS 系统可随时取得各种最新的信息，也可以通过 BBS 系统来和别人讨论各种有趣的话题，还可以利用 BBS 系统来发布一些"征友""廉价转让""招聘人才"及"求职应聘"等启事，更可以召集亲朋好友到聊天室内高谈阔论。

论坛一般由站长（创始人）创建，并设立各级管理人员对论坛进行管理，包括论坛管理员（administrator）、超级版主（super moderator，有的称"总版主"）、版主（moderator，俗称"斑猪""斑竹"）。超级版主是低于站长（创始人）的第二权限人（不过站长本身也是超级版主、超级管理员），一般来说超级版主可以管理所有的论坛板块（普通版主只能管理特定的板块）。目前国内比较著名的论坛有猫扑社区、天涯社区、搜狐论坛、强国论坛、百度贴吧等。①

5. QQ 空间

QQ 空间（Qzone）是腾讯公司于 2005 年开发出来的一个个性空间，具有博客（blog）的功能，自问世以来受到众多人的喜爱。在 QQ 空间上可以书写日志，上传用户个人的图片、听音乐、写心情，通过多种方式展现自己。除此之外，用户还可以根据个人的喜爱设定空间的背景、小挂件等，从而使空间有自己的特色。当然，QQ 空间还为精通网页的用户提供了高级的功能：可以通过编写各种各样的代码来打造自己的空间个人主页。

认证空间是经过腾讯官方认证的，针对知名品牌、机构、电子商务、应用商、网站媒体、名人等推出的，它拥有专属功能的腾讯专页（tencent page）。认证空间是普通空间的更高级版本，比普通空间增加了一些功能和模块，目前版本的最显著特点是"我喜欢"的海量粉丝功能。当用户点击"我喜欢"成为你的粉丝之后，你空间的更新内容将会在粉丝的个人中心展现。②

2.2 网络广告及其发展

随着在互联网上聚集的群体——网民的数量快速增长，互联网已经成为企业进行营销的重要渠道，特别是伴随着互联发展而成长起来的"80 后""90 后"乃至其后的"00 后"，可以说互联网已经成为他们的文化基因，是他们获取信息、赖以生存的重要渠道，而总有一天他们会成为未来世界的全部。因此未来企业要想生存，没有网络的渠道是不可想象

---

① 百度百科，"论坛"。
② 百度百科，"QQ 空间"。

的,拥抱网络就是拥抱未来。

2.2.1 网络广告的含义

网络广告(internet advertising/web advertising),至今尚无统一的定义,一般认为,网络广告是指以互联网为载体,通过图文声像等多媒体形式所发布的广告,同其他传统广告的最大区别就是,它以互联网为载体。通俗的理解就是,由广告主通过互联网这种新媒体向它的顾客或潜在的顾客发送与企业相关的信息。2016年9月1日正式实施的《互联网广告管理暂行办法》中,将互联网广告(网络广告)定义为:通过网站、网页、互联网应用程序等互联网媒介,以文字、图片、音频、视频或者其他形式,直接或者间接地推销商品或者服务的商业广告。

一般来说,网络广告有广义和狭义之分。广义的网络广告是指企业在互联网上所发布的一切信息,它包括公益性信息、企业的商品信息以及企业自身的互联网域名、网站、网页等。狭义的网络广告是指可确认的广告主通过付费所发布的商业信息,这一信息具有交互性,具有声音、文字、图像和动画等多媒体元素,可供网民观看。

2.2.2 网络广告的形成及其发展

一般认为,互联网新媒体的第一个商业广告是1994年10月美国著名的 *Wired*(《连线》)杂志在其网络版 Hotwired.com 网站上推出的一个旗帜广告,其内容是:"你的鼠标点击过这儿吗?来吧!"(见图2-2)网户点击进去之后是 AT&T 公司的网站,在后来的发布期间还链接过一些其他公司的官方网站,包括 IBM 公司、Sprint 公司、MCI 公司、沃尔沃公司、Zima 公司和 Club Med 公司等,这一广告一共发布了12个星期,收费3万美元,点击率达30%。这是网络广告发展史上的一个里程碑,业内人士普遍认为,Hotwired 是最早的网络媒体,也是第一个承接网上广告的网络媒体。

图 2-2 互联网的第一个商业广告

网络广告的发展与互联网的发展是紧密相连的,新媒体的出现为广告拓展了新的天地,给广告主和广告公司带来巨大商机。网络广告起源于IT,这也使得在最初一段时间内,网络广告的广告主都是从事IT及其相关行业的人。IT作为新兴行业的代表,也催生了网络广告这一新兴事物,并创造了这个行业。从网络广告的历史来看,网络广告的发展大体经历了以下三个阶段。

1. 萌芽阶段

新闻组(Newsgroup)、电子邮件(Email)、时事通信(Newsletter)、电子杂志(E-zine)和列表服务器(List Sever)等通信手段是网络广告的雏形。Web专家从一开始就交换链接,互相引导访问,从某种意义上讲这就是一种"广告"。但这些广告形式大多昙花一现,而且多为免费,还不具备现代商业广告的全部特征。Prodigy 公司是最早尝试经营网络广告的企业,早在 1990 年,互联网发展初期,还尚未实现商业化时,Prodigy 就期望网络广告能成为其收入来源,但未如愿。1979 年就涉足网络的 Comusever 公司直到 1995 年才实现第一项广告业务,美国在线 AOL 等公司也直到 1995 年才真正开始发布网络广告。

2. 探索阶段

Prodigy 尝试广告服务时,美国的两位年轻律师坎特和西吉尔也发现互联网作为营销媒体的价格优势,他们在 7 000 个新闻组上刊登广告,向用户提供申请绿卡服务,并将同样的信息反复发给各新闻组。由于广告内容与新闻组主题毫不相干,坎特和西吉尔不但没有得到想要的业务,反而激怒了用户,毁坏了公司的声誉。通常情况下,那些与新闻组的主题没有任何关系的网络广告被称作"Spam",即"午餐肉"的意思。著名网络营销专家吉姆·斯丁姆说他们的行为是恶劣的,得罪了 95% 的观众而只取悦于其中的 1%,非常不明智。坎特和西吉尔的行为不仅使自己的公司信誉受损,网络广告的声誉也就随之一落千丈。一段时间内,甚至在互联网上还掀起了反网络广告的运动。

以电子邮件为媒介的网络游戏也让一些人产生了广告设想,借助电子邮件可往返玩国际象棋的行为让一些游戏管理员敏锐地意识到电子邮件的商业价值。

Yoyodyne 公司是 H&R Blok 公司、读者文摘、微波通信公司等众多公司的代理商,为它们设计游戏和有奖竞赛,奖品是由广告商赞助的观看体育赛事的必要花费和 T 恤。这些活动要求玩游戏者提供一个电子邮件地址,玩游戏者在 Yoyodyne 公司提供的网址中随意访问网页或阅读广告即可,Yoyodyne 通过这种方式帮助广告商同用户建立联系,掌握更多的消费需要信息。这种"以允许为基础"的病毒式推销活动收到了意想不到的效果,Yoyodyne 公司吸引了 100 万用户参加游戏和有奖竞赛,使 H&R Blok 公司、读者文摘、微波通信公司等公司的访问人数大大增加。

3. 发展阶段

1994 年 4 月 15 日,美国《连线》(Wired)杂志和美国电话电报公司(AT&T)签署合同完成第一笔网络广告交易。当年 10 月 14 日,在 Wired 的网络版 Hotwired 的主页上出现了 AT&T 等 14 个客户的旗帜广告,宣告了网络广告的正式诞生。之后,在 Hotwired 做网络广告的客户越来越多,其中还包括宝洁、IBM 等知名公司。起初,为了避免网络社区居民对网络广告产生反感,美国热线(Hotwired)提出一种全新的广告商业模式,将原来的广告尺寸缩小成现在的旗帜广告(banner ad),将横幅图档置于网页显眼之处,用户点选之后,就可以链接到广告主的网站或者媒体网站为客户特制的微型站点上。

当时的网络广告还没有定价标准,美国热线采取了比照传统平面媒体的做法,比较杂志彩色全版广告为网络广告定价——一个月 1 万美元。美国热线的这一创举给刚开始商业化的互联网一个启示——网络需要庞大的维护费用,广告应该成为重要的收入来源。

从此,网络广告的发展走上正轨,广告主和受众逐渐喜欢上这种新的广告形式,网络广告发展异常迅速。在美国,互联网广告市场规模从 1995 年的不足 6 000 万美元,逐年快速增长,2001年超过户外广告,2007年超过广播,2008年超过杂志,2010年超过报纸[①],到2013年互联网广告总营收达428亿美元[②],超过电视广告收入,成为美国广告市场第一大媒体,在不到20年的时间里增长了约700倍。

1996年8月19日,《计算机世界》发表《Internet上的广告现状》一文,将网络广告概念第一次引入中国。1997年3月,天极网(Chinabyte)上出现了中国第一个商业性网络广告——IBM为其AS400制作发布的一则468×60像素的动画旗帜广告,为此IBM向天极网支付了3 000美元,成为国内最早在互联网上投放广告的广告主。1999年,北京三元牛奶在网易上发布网络广告,开创了我国传统企业做网络广告的先例。1997年4月,Chinabyte由国际权威的媒体机构AC尼尔森旗下的专业公司实行站点访问流量的第三方审计,迈出了与国际接轨的第一步。此后的两年,网络广告的发展经历了一个特殊阶段。那时的网络广告虽然形式上没有如今这般丰富,但已经吸引了许多跨国公司的目光,它们开始测试网络广告的效果,并着手将网络媒体的使用列入其预算之中。1999年新浪网获得了IBM公司30万美元的广告投放,同年,中国27家互联网媒体机构获得了国家工商总局颁发的广告经营许可证,获准经营网络广告业务,这标志着中国网络广告已经开始形成市场力量。

2003年,对于中国的网络经济发展来说是个特殊的年份,在全球互联网经济复苏和SARS肆虐的强力推动下,中国的电子商务发展呈井喷之势,网络广告市场营业额也急剧增长,当年的市场增长率达到空前绝后的116.2%。从此,中国网络广告的发展进入一个新的阶段,随着互联网信息高速公路和新媒体的发展,网络广告对企业的市场营销具有越来越强大的吸引力。网络广告市场营收快速增长,在2005年达到40.7亿元,超过杂志广告;2006年达到60.5亿元,超过广播广告;2011年达到512.9亿元,超过报纸,成为广告市场第二大媒体,并于2013年达到1 100亿元,超过千亿大关。它的市场增长一再突破人们的保守预期,其市场价值得到了越来越多企业的认同。

现在的许多IT网站上还保存着"一份关于网络广告起源的历史文档"。这份文档记述了网络广告创始人之间的一次谈话,他们是Joe、Barry和Herbie。

——越来越多的人在使用互联网,让我们把它变成一个广告载体吧。

——我们能提供什么样的广告呢?屏幕这么小,而且人们要看的是内容又不是广告。

——我们只要把广告搞得小一点,让它很容易嵌入页面就行了。

——但如果广告小的话,很容易被忽略,而且上面的内容不容易看清,是不是?

——我们以后再解决这个问题。

——那么怎么定价呢?

——网站可以按照一个固定的千人成本来收费。

——固定的费率?如果广告库存是无限的,卖方怎样保证一个固定的费率呢?广告价格会不会无止境地下跌呢?

——我们以后再解决这个问题吧。

---

① 艾瑞咨询. 1995—2011年美国网络广告市场数据研究报告. http://news.iresearch.cn/Zt/146986.shtml.
② IAB. 2013年美国互联网广告营收428亿美元. http://www.199it.com/archives/209026.html.

——会不会出现固定的广告形式和技术呢？

——最终会的。

——在最终有一个固定的标准之前会不会出现很大的混乱呢？

——我想会的，但只是在最初的5～10年，然后一切就会稳定下来。

——媒介计划人员会对这个新媒体有信心吗？

——我们会给他们准备大量受众数据的提供者。

——大量？会不会产生混淆和模糊呢？

——过一段时间他们自己会解决这个问题。

——媒介计划人员会不会有帮助他们正确分析和使用网络的工具呢？

——现在还没有，开发这样的工具太贵了。

——你的意思是说媒介计划人员手头只有模糊混淆的受众数字，而且没有任何媒介计划工具来做计划，听起来像是个产生灾难的处方。

——我们只好将来再解决这些问题了。

——对于那些创造网络广告的代理公司，谁来负责服务客户呢？

——是那些刚从学校出来的自信的年轻人吗？

——听起来用"毫无经验"来形容更准确一些。

——他们将从客户的小小的花费中学习受益。

——你怎么知道广告主会对这个新媒体有信心？

——他们用不着对这个有信心。大多数广告将按实际表现来收费，比如按照看到广告的人数或者点击广告的人数。

——听起来诱人，但如果太多的网站想卖广告，而广告费用又没有那么多怎么办？

——那么大量的网站将会灭绝，而剩下的将足够使这个行业最终走向繁荣。

——杂志和报纸会怎么看这个新媒体？

——他们肯定会对它抱有敌意。他们会说它没效果。当它增长缓慢时，他们会过度反应，在潜在的网络广告主中造成更多的恐慌。

——那么网络广告行业如何应对呢？

——会找出解决的办法来的。

从这份文档中可以看到网络广告兴起的最初状态和人们当时的想法，其中包括：①网络广告的内容；②网络广告如何定价；③网络广告固定的形式和技术；④网络广告固定的标准；⑤正确分析和使用网络工具；⑥代理公司；⑦广告主的需求；⑧广告费用；⑨传统媒体对广告的态度；⑩网络广告如何应对质疑。

虽然网络广告发展至今，无论是在市场上还是技术上都取得了令人瞩目的巨大的成就，与网络广告刚诞生时不可同日而语，但这些关于网络广告发展最初的思考显然并没有过时，在新的发展阶段依然是值得进一步思考的问题，依然在指引着这个市场的从业者，并继续引导着网络广告市场的发展。

2.3 网络广告的特点

网络作为新型但已趋向成熟的广告媒介,有着区别于电视、广告、报刊等其他广告媒介的独特之处。相对于传统广告形式,网络广告呈现出一些自身的特点,了解这些特点是利用网络广告成功进行网络营销的基础。

1. 传播范围广

互联网的传播范围是全球性的,不受时间空间的限制,以互联网为依托的网络广告自然也是超时空的,可以通过互联网把广告信息全天候、24小时不间断地传播到世界各地。用户可以在世界任何地方的互联网上随时浏览广告信息,而电视、广播、报纸及杂志等大多数传统媒体都有一定的地域限制,要想把国内刊播的广告拿到国外发布,还涉及申请当地政府部门许可、在当地寻找合适的广告代理人、洽谈并购买当地媒体等一系列复杂的工作。而通过互联网进行广告发布,发布出去的信息就可以瞬间直面全球所有的互联网用户,广大的中小企业也可以因此一夜成名,变为国际知名的公司。

2. 非强迫性传送信息

众所周知,报纸广告、杂志广告、电视广告、广播广告、户外广告等都具有强迫性,都是要千方百计吸引你的视觉和听觉,强行把广告内容灌输到你的头脑之中,而网络广告则属于按需广告,具有报纸分类广告的性质,且不需要受众彻底浏览,可以自由查询,并根据潜在顾客的需要主动呈现和展示,这样就节省了整个社会的注意力资源,提高了广告的针对性和有效性。

3. 受众数量可准确统计

利用传统媒体做广告,很难准确地知道有多少人接触到了广告信息,以报纸为例,虽然报纸的读者人数可以通过计算发行量来确定,但是刊登在报纸上的广告有多少人阅读却只能估计推测而不能精确统计。至于广播电视的受众人数只能通过广播电视的覆盖率粗略估计,而在互联网上,可以通过权威、公正的访客流量统计系统,精确地统计广告的浏览次数,评估广告的宣传效果。不仅知道有多少人浏览过这个广告,还可以获得浏览者的地域分布及点选时间等重要信息。这些统计数据对于广告商和广告主评估广告的营销效果与制定相应的广告投放策略非常有帮助。目前,网络技术可以实时监测广告的即时效果,有利于广告投放即时调整决策,最大限度地减少广告决策失误,提高效率。

4. 广告内容能及时更新

网络广告可以随时发布、随时更新、随时删除,这个优势是任何传统媒体不能比拟的。利用传统媒介做广告,受限于媒体自身特性,广告发布后不能随意更改。报纸和杂志有一定的发行周期,想要变更广告信息,最快也是等到下一期发行时才能调整;电视广告理论上可以不受播出周期的限制,但由于传统媒体广告制作特点,想要改动广告内容并不简单,而且代价不菲,往往得不偿失。网络广告就不同,网络广告可以全天候发布,广告主可以及时将产品的最新信息传播给用户,包括修正错误,这样经营策略的变化可以得到及时的实施和推广。

5. 交互性

与传统媒体上的广告相比，交互性是网络广告最显著的优势，如果受众对广告所传达的信息感兴趣，可以通过进一步的操作使之切换到用户想进一步了解的商品信息页面，这些信息可以是有关商品的性能、商品的价格、商品的用户评价等，并有可能通过在线客服进一步咨询商品的售后服务、优惠折扣等。这种有选择性的、互动的浏览方式可以使用户获取他们认为有用的信息，厂商也可以随时得到宝贵的用户反馈信息。

6. 可定向性

可定向性即在合适的时间将合适的广告发送给合适的受众。它可以按照受众的身份如性别、年龄、公司、地理位置、国家等进行精确定向，亦可以按照时间、计算机平台或浏览器类型进行定向。

7. 创意的局限性

受电脑屏幕的限制，除了全屏广告之外，网络广告空间总体显得比较狭小，即使是效果较好的网络旗帜广告，其常用的最大尺寸约为15cm×2cm，要在如此小的空间里创意出有足够吸引力、感染力的广告，是对广告策划者的巨大挑战。

在了解了网络广告的基本特点后，我们回头想想广告的本质属性，也就是广告为什么会影响顾客，带来销售？其秘密就在于广告总是要以吸引人们的注意力为开始，很少顾客是为了看广告而打开网页，几乎所有的人都是在浏览网页时被网页上的广告内容吸引，进而阅读广告。因此，网络广告必须依附于有价值的信息和服务才能存在，离开这些对于用户有价值的载体，网络广告便无法实现营销的目的。这一点与传统媒体，如电视、广播、报纸、杂志上的广告本质上相同，网络广告的效果并不单纯取决于网络广告本身，还与其所在的环境和依附的载体有密切的关系。但比较而言，传统广告的受众关注度低，而网络广告的受众关注度高。比如，电视无法集中人的注意力，看电视时可能有40%的观众同时在阅读，21%的人同时在做家务，13%的人在吃喝，12%的人在玩赏他物，10%的人在烹饪，9%的人在写作，8%的人在打电话。而网络的用户则不同，55%的人在使用计算机时不做任何其他事情，只有6%的人同时在打电话，5%的人在吃喝，4%的人在写作。显然作为广告媒介，网络比传统媒介更具有吸引和保持注意力的优势。

当然，网络广告承载信息有限也成为网络广告最重要的缺点，其空间容量的有限性使其不能在被接触的第一时间很好地将商品或服务的信息传播出去，即网络广告本身所传递的信息不是营销信息的全部。因此，网络广告的直接效果就只能表现为浏览和点击，是为吸引用户关注而专门创造并放置于容易被发现之处的信息导引，而其表现形式以更能引起注意的新、大、奇等手法为主。网络广告这个特征也决定了其效果在品牌推广和产品推广方面更具优势。

2.4 网络广告的投放形式

网络广告的形式从早期的旗帜广告（banner）和按钮广告（button）衍生出的标准式、巨幅、通栏、画中画、摩天楼、全屏、对联、漂浮式、鼠标跟踪等形式，到更富有表现力的弹出式广告（pop-up）、分类广告、路演式广告（live show on live）、赞助式广告（sponsorship）、关键词广告(key-words)、文字链接广告(text link)、聊天式广告(IRC)、电子公告栏广告等,直到最新的富媒体广告(rich media)、博客广告(blog)等。中国网络广告形式之多就连网络广告的创始人Joe、Barry、Herbie都始料不及。美国艾维媒体资源(evaliant media resources)的分类专家称:"中国是网络广告形式最丰富的国家。"

经过多年的发展,虽然网络广告的形式已经呈现丰富多彩的局面,但其发展并没有停止,新的网络渠道、新的广告形式还在源源不断地被探索和呈现出来。面对形式丰富、变化无穷的网络广告,由于缺乏统一的分类标准,要系统地阐述其投放形式并非易事,针对网络广告的分类,不同的学者和研究机构分别从不同的视角提出不同的分类方法。

张家超和俞海莹,根据大量网络广告实例进行归纳整理,从三个方面对网络广告进行了比较详细的分类。

2.4.1 根据网络广告尺寸分类

网络广告不管其内容如何、形式怎样,最终是要通过显示器传达给受众的,而显示器的有效显示尺寸是一定的,因而网络广告的发布尺寸具有它自身的特点。

1. **通栏广告**

通栏[①]广告以横贯页面的形式出现,是一种最常见的网络广告形式,该广告形式尺寸较大,视觉冲击力强,能给网络访客留下深刻印象,特别适合活动信息发布、产品推广、庆典等。通栏广告又称横幅广告或旗帜广告(banner ad),广告尺寸:(450~760)像素×(60~100)像素,最常见的尺寸是486像素×60像素,文件大小不超过20KB,如图2-3所示。

这种广告不仅仅版幅较大,如果在推出的广告中配上一些"讯息单元"(messaging units),这些广告就如同一个小型网站,利用普遍流行的Flash技术创建几个生动的画面,这些画面将被用在这些"讯息单元"中,从而使得用户直接在广告上通过鼠标点击就可以直接观看更多的讯息,从而避免了链接到其他地方的麻烦。

2. **矩形广告**

矩形广告通常被嵌入在新闻或者专题报道等文章内页或周围,受众在阅读文字时通常会关注相关内容。目前该类型广告通常使用Flash技术制作,它赋予了平面广告更多信息内涵、互动功能以及多媒体特色,使得"广告也娱乐"。广告尺寸:(160~260)像素×(185~210)像素,文件大小不超过20KB,如图2-3所示。

3. **摩天楼广告**

摩天楼广告又称擎天柱广告,出现在网页中文章内容的两侧,是竖形的广告幅面。广告尺寸:(130~300)像素×(260~470)像素,文件大小不超过35KB,如图2-3所示。

4. **按钮式广告**

按钮广告是从旗帜广告(banner)演变过来的一种形式,是表现为图标的广告,通常广告主用其来宣传其商标或品牌等特定标志,广告尺寸:(120~160)像素×(60~140)像素,其版面位置的安排也较具有弹性,可以放在相关的产品内容旁边,是广告主建立知名

---

① 所谓通栏,是指和一个整版宽度相同,但是面积不到半个版的平面广告。

图 2-3　搜狐首页面(2015-01-24)

度的一种相当经济的选择,如图 2-4 所示。按钮式广告最早是浏览器网景公司(Netscape)提供给使用者作下载软件之用的,后来这样的规格就成为一种标准。

5．对联广告

对联广告是指利用网站页面左右两侧的竖式广告位置而设计的广告形式。这种广告形式可以直接将客户的产品和产品特点进行详细的说明,也可以利用对联广告进行特定的数据调查、有奖活动等。它一般会随着网页的滚动而移动,并且当光标离开它时会自动收缩成细长条,当光标再回到细长的广告条上时又会恢复成大块矩形。它基本不会干涉使用者浏览页面,注目焦点集中,有助于吸引访问者点击阅读,有效地传播广告相关讯息。对联广告有两个文件,每个尺寸 120 像素×270 像素,如图 2-4 所示。

6．巨幅广告

巨幅网络广告一般位于网页偏中间的位置,而且尺寸巨大,一般为(300～760)像素×(250～500)像素,由于可展示的空间相对来说比较大,广告主可以进行精心的设计和布局,可以使用色彩鲜明、图案生动的图像,同时配以较多的文字,还可以使用 Flash 具有光影效果的动画,由于大而亮丽对人的眼球具有非同寻常的吸引力,如图 2-4 所示。

7．全屏广告

这种广告形式的特点是:用户打开浏览页面时,广告以全屏方式出现。广告尺寸:950 像素×480 像素,文件大小不超过 50KB,可以是静态图片,也可以是动态的 Flash 效

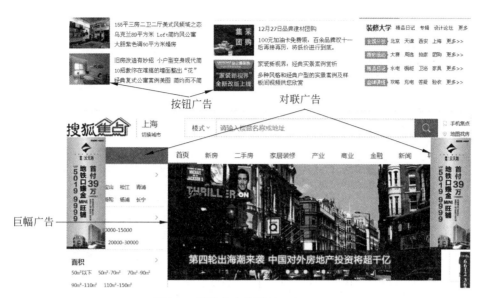

图 2-4 搜狐房产首页(2015-01-27)

果,8秒后消失[1],或逐渐收缩成顶部的通栏广告,进入正常阅读页面。

2.4.2 根据网络广告投放形式分类

广告以何种方式投放在网络上是根据客户的需求来决定的,一般有以下几种形式。

1. 窄告广告

窄告广告,包括定位广告和定向广告,它通过运用先进的因特网技术和特有的窄告发布系统,使广告客户的广告内容与网络媒体上的文章内容、浏览者偏好、使用习性、浏览者地理位置、访问历史等信息进行匹配,并最终发布到与之相匹配的文章周围的广告发布模式。其投放的理论模型如图2-5所示。

窄告广告使得网络广告能够直接"命中"目标客户群体,极大地提高网络广告的有效性,网络媒体的盈利能力也成倍地提高,而中小企业也有机会用很小的投入,全面利用因特网资源,将自己的商业推广信息送到目标用户的面前。通过相关分析技术,窄告发布系统将窄告发布到各大媒体与之相匹配的文章周围,从而使得用户在阅读网络文章的同时,可以浏览到与正文相关的重要资讯。

"窄告"投放在理论和技术上都能实现非常精准的定向投放,它最常用的定向有以下三个类型。

(1) 按地区的"窄告"投放

互联网的"窄告"广告可以投放具有较强针对性的地域广告,它通过对访问者所在地域的判断,可以自动将广告信息投放给指定地域的目标受众。

---

[1] 数据以搜狐网提供的网络广告报价表为例,参见 http://ad.sohu.com/adprice/。各个网站的数据会有所差异,同一个网站同一类型的广告,其尺寸也会有不同的规格,比如同是搜狐的全屏广告,另一种规格是 760×480 像素。下同。

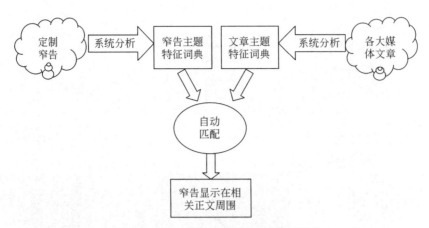

图 2-5　网络广告"窄告"投放的理论模型

互联网一方面是一个跨地域、超时空的信息平台；另一方面，它的数据传输技术可以在同一时间、同一网站的同一内容页面对不同地域登录的网民进行不同的广告投放。"窄告"投放技术系统通过登录或者访问者的 IP 地址判断其所在地域，可以自动将与企业目标市场的地域相匹配的地域性广告发布到在指定地域登录和访问的目标受众。比如，一个啤酒品牌如果需要重点拓展西北地区（陕西、甘肃）的市场，把陕西和甘肃两省当作目标受众所在地，那么，"窄告"投放技术可以在它聚合的网站上把广告信息投放给那些 IP 地址在陕西、甘肃两省的登录者和访问者。

（2）按内容语义的"窄告"投放

网络广告"窄告"投放系统可以对互联网终端站点的网页内容进行语义分析，把广告主的广告投放到与广告信息相匹配的内容周围。

"窄告"投放可以根据所要投放的广告的信息对互联网终端站点的网页内容进行语义分析，形成相关主题特征词典，用互联网数据技术自动匹配生成窄告投放显示页，将广告主的广告信息发布到相关内容周围的位置上，具体的位置可以在终端相关内容的两侧、上下方，甚至可以在内容正文的中间。比如，一个牛奶厂商可以通过"窄告"投放把广告信息显示到所有与"牛奶""乳制品""食品""补钙""保健"等内容相关的网页上，广告的信息与正文内容具有高度的相关性和延续性，高质量地吸引关注这些主题的目标受众。

（3）按访问者个人特征的"窄告"投放

"窄告"投放的最高境界是根据登录者和访问者个人的职业、兴趣、偏好等特征，一对一地提供个人"信息顾问"服务。

互联网的数据互动技术可以系统地收集和分析登录者的登录与访问历史，在解决了所谓"隐私"问题之后，可以对不同的访问者实现一对一的信息推送。比如，通过登录和访问的历史确定某个网民是乔丹的篮球迷，非常喜欢乔丹，每次上网都会浏览乔丹的新闻，那么他就是乔丹鞋或者其他相关体育用品最精准的目标受众，对他进行一对一的信息推送可能容易激发起他的消费欲望。

2. 赞助式广告（sponsorships）

赞助式广告是指企业以赞助的方式换取在网站相关的页面或栏目展示自己品牌或产

品的一种广告投放方式,它可能是通栏式广告、弹出式广告等形式中的一种,也可能是包含很多广告形式的打包计划,甚至是以冠名等方式出现。赞助式广告一般放置时间较长且无须和其他广告轮流滚动。赞助一般有三种方式:内容赞助、节目赞助、节日赞助。赞助商可以利用这种方式展示品牌,进行市场调查,获得广告收益;还能够用各种谈得来的方式与访问者进行交流。优点是与重大事件捆绑在一起,广告的冲击力较强。缺点是时效性太强。

赞助式广告通常有以下两种形式。

(1) 广告置放点的媒体企划创意形式

2005年,李宁开始与网易体育频道合作进行网络营销,在2007年4月李宁与网易达成的一个为期三年的协议中,李宁公司不仅拥有网易体育频道的赞助冠名权,还将网易体育频道的设计标准色换成了李宁所采用的红色。

(2) 广告内容与频道信息的结合形式

2016年,在里约奥运会开幕前,新浪推出了独立网站2016.sina.com.cn专门进行里约奥运会的报道,以聚集网民提升门户网站人气。奥运会的关注度极高,这无疑是一个进行品牌宣传的绝好时机,联想伺机而动与新浪展开合作,出资赞助网站运作,并获取在网站首页发布旗帜广告的权力。这是一种广告主配合网站内容设计制作广告的方式,如图2-6所示。

图 2-6　联想赞助的 2016 里约奥运会专栏

3. 邮件广告

邮件广告有两种形式:一种是利用用户免费的电子邮件服务,即广告主或广告代理商根据收集到的用户信息将相应广告投放在用户个人邮箱的主页上;另一种是直邮广告,又称邮件列表广告,利用网站电子刊物服务中的电子邮件列表,将广告加在读者所订阅的刊物中发放给相应的邮箱所属人,起到定向发放的作用,适用于向指定用户群推荐与邮件相关的企业和产品。邮件广告的形式可以多种多样,如 banner、buttons、超文本链接等,但不宜过大。

4. 互动游戏式广告

互动游戏广告包括两类:一类指广告主根据广告宣传的内容将广告的形式设计成一小型互动游戏,当受众对游戏画面感兴趣时,便会按照游戏的设计程序开始游戏,而游戏的情节便是广告所要宣传的内容,这类广告属于根据广告主的产品要求为之量身定做的、独立的互动游戏广告。另一类是在各种网络游戏中,将广告商品投放到游戏的过程中,游戏者可以在游戏的过程中看到广告。例如,一款最简单的开车游戏,跑道围栏上或许会印上可口可乐的标志。又如,游戏里的街道上也有LED显示屏,上面连续播放最新的好莱坞大片的宣传片;玩家在游戏中购买的跑车是丰田最新的车型;等等。

随着网民对常规的网络广告形式,如旗帜广告、矩形广告、弹窗广告等的厌倦,为了更好地吸引网民的注意力,许多带有互动性的新型广告形式不断涌现,主要有以下几种。

(1) 红包开奖

用户打开新浪网客户端,一般是会出现巨幅弹窗广告,用户对此大多很反感。为此一种新的、带有互动游戏性质的弹窗广告出现在人们的视野中,用户打开新浪网客户端,弹出的不是巨幅广告,而是一个小游戏。这里以红包游戏为例。弹出的红包游戏窗口有若干个红包,红包内有现金奖励或者是广告,在规定时间内点击到出现的红包,红包将自动打开,红包内随机设置0.1~1 000元不等的现金奖励,设置的概率由新浪网自行设定,遵循一个原则,中奖概率随着面额的增加而减少。红包打开也有可能出现优惠券,例如天猫在新浪网投放的游戏广告,红包打开里面可能是各种优惠券,如满百减十或五元无门槛使用优惠券等;还有一种可能是打开红包里面就只有广告。

(2) 闪现广告

传统视频广告特别长,有时多达90秒,所以众多网民点开视频之后就离开去做别的事情,等视频广告结束后再返回观看,广告点击率低下。闪现广告是在广告中穿插1帧或者2帧产品画面,时间就几毫秒。可以使用色彩较为强烈的图片对广告受众形成强烈的视觉冲击,1帧或者2帧产品画面结束后出现与产品相关的问题,问题回答正确可获得少量现金、积分奖励或产品的购买优惠券。

这种交互式的广告,能大量减少视频的播放时间,一般贴片广告在15秒左右,而这种广告只需要6~8秒,具有趣味性,受众感到新鲜不会乏味,同时也能有效增加广告的点击率。此类广告适用于产品知名度已经较高的产品,比如脑白金、飘柔、德芙等,新产品无法通过闪现辨别,效果不佳,不建议使用。

(3) 藏宝广告

藏宝广告适用于所有广告,是针对现有网络广告点击率低下而进行的改进。例如,改进旗帜广告,传统旗帜广告点击就会跳转到广告投放者的网站页面,而改进后的藏宝旗帜广告点击后照样会跳转到广告投放者的网站页面,但在跳转的过程中,可能会爆出现金以及产品优惠券,以吸引受众点击。藏宝广告同样适用于弹窗广告、横幅广告等。

(4) 广告连连看

广告连连看适用于视频广告或者是旗帜广告,其基本思想是在视频广告中出现产品与问题,在规定时间内连接正确选项则可以获得少量现金、积分奖励或是产品的购买优惠券,同时提前结束广告,若回答错误则指出正确答案,同时播放剩余的广告,不获得奖励。此类广告同样适用于产品知名度已经较高的产品,新产品不建议使用。

(5) 刮刮广告

刮刮广告适用于移动端,以新浪网为例,用户打开软件进入新浪网,弹出刮刮广告,刮刮广告类似于刮刮卡,刮刮卡刮开可能是广告、现金奖励或是优惠券与积分。刮刮广告利用人们好奇的天性,从而增加网站的访问量,同时增加广告的有效转换率。

(6) 集赞广告

集赞广告就是在传统广告上多加了一个点赞按钮,以淘宝网展示窗展示的某件商品为例,用户若对此商品感兴趣可以点赞,商家设定一个点赞值,例如点满 10 万个赞商品立减 10 元,同时所有点过赞的人可获得优惠券或者现金积分奖励。集赞广告会促使用户关注此件商品,为了了解此件的点赞数是否达到减价要求,用户会点击展示窗进入主页查看,从而增加网站点击率。

5. 软文广告

软文广告指企业通过策划在报纸、杂志或网络等宣传载体上刊登的可以提升企业品牌形象和知名度,或可以促进企业销售的一切宣传性、阐释性文章,包括特定的新闻报道、深度文章、付费短文广告、案例分析等传达、推广与主题相关而非直接的信息。

【案例 2-1】

新闻体软文

在网上看到一则消息称,快递变成"有钱人","资产"安全成难题。仔细一看原来事情的缘由是:有网友在论坛发帖称当当网快递员由于客户退款被偷自己掏钱垫款,而被网友戏称为"模范快递"。很多网友也提出快递员身上携带太多现金就容易造成类似的经济损失。

这件事的起因源于当当网发布的"退款 0 等待"服务。当当推出"退款 0 等待"服务后,当当网快递员需要携带现金为客户办理上门退货同时退款业务。如此一来,快递员身上的现金量大幅增加,有的快递员甚至身上要携带上万元现金穿梭于大街小巷。在此笔者想到了团购网站纷纷打出的"退款保障"条款一般都是把款项退到了用户在团购网站的账号中,而不是直接退到用户手中或者自己的银行卡中。而当当的退款 0 等待无疑是一种极大的进步,直接把货款退到用户的手中,给用户直接的保障,也说明当当对自己经营理念的自信。

由此就带来了文中前面出现的问题,当快递员携带大量的现金游走在都市的时候,确实存在一定的风险。上门退款是应消费者的需求推出的一项增值性售后服务。在评估这项服务可行性的时候,确实也应该考虑资金安全性的问题。经过反复考量后,当当网认为风险是有的,但对于消费者而言,这项服务在购物体验上是一次质的提升,因此当当网还是坚决推出了上门退款服务。

据了解,用户在当当网采购的时候,多数是采取货到付款的方法,也有少数是利用银行卡或者第三方支付工具来进行支付。对于选择货到付款的用户,在买东西后要求退货时,当当网在上门退货的同时让快递员携带现金进行退款,是一种业态进步,这没有问题。不过,对于那些用银行卡或第三方支付的用户来说,恐怕就不方便采用上门退现金的形式,而应该通过银行卡或第三方支付账户直接退款,事实上,当当网也是这么做的。

笔者在购买电话车险的时候,经常看到保险公司的员工直接带着 POS 机来刷卡,而不需要顾客支付现金。其实这何尝不是可以借鉴和考虑的一种方向?上市之后的当当一直在打造一种新型的经营理念和服务用户的态度,在构筑自己的物流时也有非常好的发展策略,在给用户提供各种便捷服务的同时,其实也可以考虑更多的可以变通的策略。对于我们广大用户而言,当然希望越简单越好,越便捷越好。不过对商家而言,给用户提供各种服务也是前提。当然一切都应建立在安全的基础上。①

6. 弹出插播式广告

弹出插播式广告也称"插入广告"或"弹窗广告",是指在访问者浏览网页的时候,自动开启一个展示广告内容的独立浏览器视窗,窗口的尺寸一般为屏幕的 1/4 或者更小,如图 2-7 所示。

图 2-7　搜狐房产——弹出插播式广告

互联网弹出插播广告不再在所请求的页面上与其他内容一起"捆绑"推送,弹出或插播的推送能够保证广告的内容陈列和展示成为没有竞争的注意力焦点,访问者虽然可以关闭窗口消除弹出或插播的展示广告,但是关闭之前已经接触了它的信息展示。

7. 焦点图广告

这是一种轮换模式的矩形图片广告,一般放置在特定的频道下面,与特定的内容相关,焦点图的数帧一般不全用于广告,广告内容也须与特定的主题相关,如图 2-8 所示。有的网站还规定,同一图片不得连续投放超过 2 天,投放天数不得超过一周。

图 2-8　搜狐财经首页——焦点图广告

---

① 百度百科,"软文广告"。

8. 浮游广告

浮游广告也称悬停按钮广告,在浏览网页的时候常常会发现有一两个不大不小的广告画面始终出现在网页所在的屏幕里,它们有的是出现在网页的右侧和(或)左侧,能随着网页纵向的滚动而移动,并保证始终出现在屏幕的固定位置,有的是在所见页面范围内随意漂游,有的随着鼠标的拖动而移动。这种与受众的视线始终保持联系的、运动型的网络广告就是浮游广告。浮游广告一问世,便受到很多广告主的欢迎,因为它具有一定程度的强迫性,只要受众不主动关闭它(有时无法关闭),它便会一直出现在受众的视线范围内,因此广告传播效果较好,特别适合活动信息发布、产品推广、庆典等。但同时,浮游广告对于受众来说是不受欢迎的,因为它常常给人的正常阅读带来障碍。如图2-9所示,左右两个黑方块(实际颜色为蓝色)即为浮游广告,无论你如何滚动屏幕它始终处在屏幕的固定位置,尽管其周围的内容已经发生变化了。

图 2-9　搜狐房产——浮游广告

9. 视窗广告

视窗广告指以一个弹出窗口的方式播放、以数字视频为表现形式的广告,如图2-10所示,视频区域为300×255像素,文件大小500KB以内,在页面的所有其他广告之后出现。

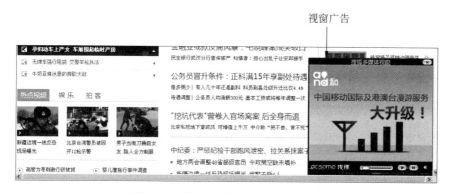

图 2-10　搜狐新闻首页——视窗广告

10. 背投广告

背投广告是打开网站页面时在当前页面的背后弹出的一个窗口广告,如图2-11所示。背投广告可以说是网站上比较让人讨厌的广告,但是它可以起到一定的效果。因为只要你一打开这个网页不管你愿不愿意看这个广告,它都会随着你网页的打开而自动弹出。搜狐新闻的首页会以全屏广告的形式先出现,然后转为背投广告,而网易免费邮箱则是在关闭当前窗口后弹出背投广告。背投广告出现在你所有打开网页的后面,当你把所有的网页都关闭的时候它还会在你的桌面上存在着,不随着关闭你刚打开的那个网页一起关闭。

图 2-11　搜狐新闻首面——背投广告

11. 画中画广告

画中画广告是指在文章里强制加入广告图片,比如在新闻里加入 Flash 广告,这些广告和文章混杂在一起,受众有时无法辨认是新闻图片还是广告。即使会辨认,也会分散注意力。该广告将配合广告主需要,链接至为广告主量身定作的迷你网站,大大增强广告的命中率。画中画广告一般大小为 300×(250~400)像素,在内页中具有相当大的吸引力,加上使用 Flash 的动态与声音效果,点击率比旗帜广告高,主要在网站的内容页面比如新闻、文章的页面投放,如图 2-12 所示。

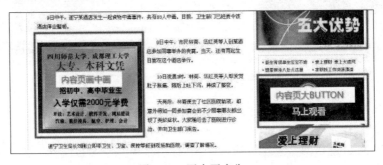

图 2-12　画中画广告

12. 分类广告

这是纸媒体分类广告在网络中的延伸,将同类型的广告做成专版,对急于寻找和了解某些产品与企业的用户来说,分类广告可以快捷和全面地满足需求;对于对同类产品作比较和评测的用户来说,这里也是一个最佳场所,如图 2-13 所示。

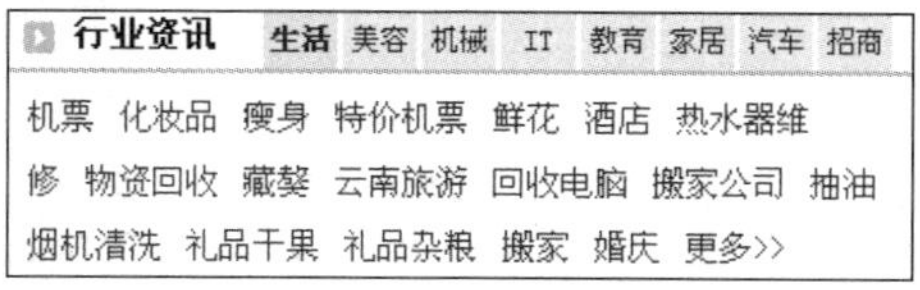

图 2-13　搜狐首页——分类广告

13. 视频贴片广告

视频贴片广告指在网络视频播放前、播放暂停或者播放完后插播的图片、视频、Flash 等广告,分别称为前播、中播、后播广告,一般历时 15～30 秒,最多可达 90 秒。随着网络广告的发展,视频贴片广告也产生了如下一些新的衍生形式。

① 交互广告,指在前播、中播或后播广告展示的同时提供互动元素,如展示解压代码、证券播报机或一个小游戏,如果用户参与,那这些广告的时间将会超过 15 秒或 30 秒。

② 覆盖广告,指短时间出现在视频顶端或底部的文字或图像广告,类似于常见的电视字幕广告,当用户将鼠标指向或点击广告时,会弹出更大的广告幅面,或者打开新网页。

③ 邀请广告,与覆盖广告类似,但是信息会短暂地出现在实际视频播放窗的旁边而不是在顶部或底部。

④ 伴随广告,与视频播放窗同时出现的静止的横幅广告,选择这类型广告的通常是赞助商。

14. 搜索关键字广告

搜索关键字广告指在用户使用搜索引擎搜索关键字产生的结果中展现的广告,如图 2-14 所示。

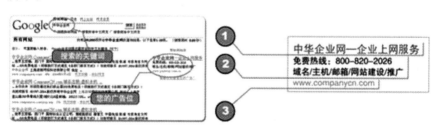

图 2-14　搜索关键字广告

15. 客户端广告

广告不是投放在网页上,而是投放在软件的客户端上,此类广告就称为客户端广告。如即时通信工具 QQ,在用户打开客户端后,在软件运行的界面显示广告的内容。如图 2-15 所示。

16. 伸缩式广告(stretching out)

当鼠标移向广告图标时,渐变扩展成大图标,鼠标挪开后,图标渐变还原,此类广告就

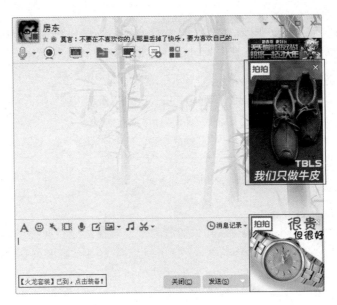

图 2-15　QQ 客户端广告

称为伸缩式广告。其优点是：能逼真展现动画效果的全过程，具有一定的趣味性，能更好吸引读者的注意力，同时广告所表达的内容也更丰富。

17. **墙纸式广告**（wallpaper）

把广告主所要表现的广告内容体现在墙纸上，并安排放在具有墙纸内容的网站上，以供感兴趣的人进行下载。此类广告称为墙纸式广告。

18. **屏保广告**

屏保能在计算机空闲时以全屏的方式播放动画，并且能配上声音，可以说屏保是个人计算机上最好的广告载体之一。许多知名品牌都制作了自己的屏保程序放在网上供用户下载。好的屏保程序可以得到相当广泛的流传，制作公司可以用很小的投入换来极佳的宣传效果。

随着网络软硬件技术的发展，各种创新的网络广告投放形式还将不断涌现，曾经流行的广告投放方式在风光不再之后，也可能随着人们审美情趣的变化重新成为广告主乐于选择的广告投放方式。

2.4.3　根据网络广告制作形式分类

网络广告制作形式多样，一般有以下几种形式。

1. **文字链接广告**

文字链接广告指在页面显著位置通过文字直接发布广告信息，它最大的优势是容易引起访客的兴趣而又不会让访客产生反感情绪。文字链接广告在门户或综合信息网站上建立的网站文字链接，使相关用户能够访问目标网站。门户网站的访问量大，并且一般具有网站导航功能，因此这样的文字链接可以大大增加目标网站的访问量。文字链接广告的信息量较小，必须以简洁的文字，吸引用户的最大注意，主要用于引导有兴趣的客户访问企业的网站。图 2-16 所示是搜狐首页顶部周围的文字链接广告。

图 2-16 搜狐首页——文字链接广告

2．富媒体广告

富媒体（rich media）是指具有动画、声音、视频和（或）交互性的信息传播方法，其实现技术包含下列常见技术之一或者几种技术的组合。

① 以矢量为基础的技术，即利用一些矢量技术制作的广告，如 Flash、VRML、Hotmedia、Onflow。

② 以编程为基础的技术，即运用一些程序语言实现或者控制的广告形式，如 JavaScript、HTML、CGI、DHTML、Java 小程序等。

③ 以流媒体为基础的技术，即利用一些流媒体技术制作的广告，客户端观看流媒体可以采用两种形式——插件和 Java，如 Realplayer、WMP、QuickTime 等。

富媒体可应用于各种网络服务中，如网站设计、电子邮件、旗帜广告、按钮广告、弹出式广告、视窗广告等。

富媒体广告是指利用富媒体技术制作的具有视频效果和交互功能的网络广告形式。

3．静态图片广告

静态图片广告指利用 Photoshop 等工具将照片、图形、图像等素材处理成客户需要的形式进行投放的广告，其优点是尺寸适中、占用空间小。但因信息量少，目前除了按钮广告外，已经很少使用。

4．动态广告

动态广告主要指采用 GIF 格式的图形或 Flash 动画进行投放的广告，因其表现形式丰富、视觉冲击力强而备受广大客户推崇，目前各类形式的网络广告大都采用这类方式制作，应用前景也极其广阔。

以上是对网络广告形式的一个简单分类，大体囊括了目前出现在互联网上绝大多数的广告形式。目前，比较有影响力的互联网咨询公司——艾瑞咨询，将网络广告分为展示类广告、搜索引擎广告、文字链接广告、分类广告和其他形式广告。展示类广告指通过图形、视频等直接展示型的广告，包括品牌图形广告、富媒体广告和视频贴片广告等形式，其中品牌图形广告又主要包括按钮广告、鼠标感应弹出框、浮动标识/流媒体广告、画中画、摩天柱广告、通栏广告、全屏广告、对联广告、视窗广告、导航条广告、焦点图广告、弹出窗口和背投广告等形式。

类似的网络广告分类方法,还有郭心语等在《网络广告定向技术综述》[①]一文提出的,分为赞助商搜索广告(sponsored search)和显示广告(display advertising)两大类。赞助商搜索广告投放的目标位置是搜索引擎返回的搜索结果页面。搜索结果的排名,即是根据客户出价多少(竞价)决定在搜索结果页面中出现的位置,简称竞价排名。显示广告投放的目标位置是 Web 页面、即时通信软件和电子邮件等,其主要包括文字广告、基本图形类广告等形式。

---

① 郭心语,刘鹏,等.网络广告定向技术综述[J].华东师范大学学报(自然科学版).2013(3):93-105.

第 3 章

网民行为及其心理规律

网络广告受众是广告受众中的一部分,但其与传统广告受众有很大程度的不同,有其自身的特点。因此,了解互联网用户(网民)在网络上的行为特征和心理规律,对于网络广告的策划、制作、发布都具有重要的指导意义,是确保网络广告能够达到预期效果的关键一步。

3.1 网络广告受众分类与受众的地位

20世纪40年代末,大众传播学兴起并首先使用"受众"一词,受众是在大众传媒进行信息交流的过程中对于信息接受一方的称谓。从受众概念的外延来考察,"听众"专用于"广播"等听觉媒体,"观众"专用于"电视"等视觉媒体,"读者"专用于"报纸"等印刷媒体,而"受众"则是听众、观众和读者的总称。在当代,受众的概念已被广泛使用,其内涵也在不断丰富发展。

最初,西方各主流媒体在使用"受众"时,"受众"是作为分散、无组织的信息接受者而处在被动地位的,但是,随着社会进步和现代传播技术手段的迅速发展,"受众"则既是大众传播媒介信息的接受者,又是大众传媒的使用者、选择者,既是大众传媒的服务对象,又是传播反馈信息的"信息源",在互联网进入Web2.0时代后,他们同时还是内容的生成者,应该说,这就是受众概念在当代的内涵。[①]

3.1.1 网络广告受众的类型

在网络广告的设计中,首先要了解目标顾客的需求特征,然后才能根据不同的需求提供相应的内容。以顾客的需求特征为依据,一般将网络广告的受众划分为以下五个类型。

1. 直接信息寻求者

直接信息寻求者是指上网的目的是寻觅某类特定信息的受众。比如,你想知道网络与广告的关系是什么,电子商务同网络经济的关系是什么;又比如,你想阅读上个月当地报纸上的一篇关于你的竞争对手的报道(如果当地报纸有网络版的话);等等。你带着这些目的上网,此时你就是地道的"直接信息寻求者"。

对企业网站来说,那些经常访问站点以获得关于产品、投资等信息的冲浪者也属于这一类型,对于这类冲浪者,务必保证站点包含他们所需要的信息。

---

① 高力,等. 网络广告学[M]. 北京:电子科技大学出版社,2005:41-44.

2．间接信息寻求者

间接信息寻求者没有明确的信息寻求目标,只是想在网上获得有用的信息和令他惊喜的信息等,这种信息寻求者犹如报纸的嗜好者,没有明确目标去寻求某个信息,而是通篇浏览,有令人感兴趣的文章就仔细阅读,否则就很快跳过去。

3．免费品寻觅者

免费寻觅者上网时常希望得到免费品,如免费软件、免费照片、免费旅游、免费书籍等。总之,站点上"Free"这类字样对他们很有吸引力,犹如现实生活中"大减价""清仓甩卖"等字样对一些顾客很有吸引力一样,在网络上,"Free"是企业站点使用频率很高的噱头词(buzzword),事实证明,其效果也不错,所以有可能的话,提供一些额外价值给这些受众,可以使他们成为乐于掏腰包买你产品的顾客。

4．娱乐追求者

很多受众在网上漫游仅仅是为了寻找乐趣,或找点刺激。互联网包罗万象、无所不有,是一个绝好的各取所需的场所。在那里,你可尽情地玩游戏、竞赛、访问很"酷"的站点、浏览有趣的个人网页,还可以欣赏音乐、看看电影,甚至还能够了解旅游知识和烹饪技术等。

5．直接购买者

购买者若要上网,其明确目的就是购物,也许他的脑子里已有一个明确的购物清单,他或要购买一斤牛肉,或要为他的朋友买件生日礼物,但是,他却不知道购买什么合适,他上网寻求帮助,发现适合的商品就购买。假若要满足这类受众需求,首先就要保证订货与付款系统的方便、安全,最好设有能提供购买建议的在线互动服务,提供在线互动,为顾客选择商品出谋划策,为此,网上最起码要提供一个易于搜索的产品数据库。

3.1.2　网络广告受众的地位

在受众地位上,网络广告的受众与传统媒体的受众是有较大差别的,这集中反映在网络广告受众的地位出现一些新的变化趋向。

1．由被动接受转向主动选择

在传统媒体中,受众在新闻传播中的作用是受到限制的。虽然,传播学理论家十分关注受众的作用,并一再强调其在传播中的重要性,但在传播实践中,由于物质条件的限制,媒体在一定的时间内发布的信息有限,使受众处于媒介发布什么信息就接受什么信息的状态,即处于完全被动的状态。与传统媒介不同,在网络媒体上,信息极其丰富,而且形态多种多样,传播迅速及时,受众只需操控鼠标,通过浏览、点击链接,就能自主地选择自己感兴趣的内容,选择的范围、自主性、准确性较以前有了大幅度提高,而且受众的选择也不必受广播电视播放和报刊邮发等媒介的时间限制。这就说,网络媒体的受众不再处于被动接受的状态,而是处于主动掌握和控制传媒传递信息的地位。所以说,新媒介的出现第一次在理论上改变了"受众"的地位和角色,由信息的被动接受者变为传播过程中的主体。

2．由盲从走向独立

网络使受众可以更多地接收到关于同一事件的不同侧面、不同形式的报道,受众可以作出自己更为独立的判断,进而产生独立思考,同时,受众还可以及时向媒介反馈自己的意见，随时发表对新闻的观点、看法。网络传播不仅实现了媒体与受众之间的信息交互传播，还实现了受众与受众之间的传播沟通，真正成为大众共同发言的媒体。

3. 由固定转向流动

传统媒体中的受众无法显示自己的个性，但在网络媒介中，超链接功能可以轻而易举地让受众从一类内容转移到另一类内容，从一个网站转移到另一个网站，且这种转移式的流动近乎无限。网络媒介如同一个商品极为丰富的巨型超市，受众只需轻轻划动指尖就可以往来顾盼，目光更容易游动，而不容易被固定在相对有限的区域内，多元的兴趣与口味会得到更好的满足。

4. 由大众走向个性化的小众

网络信息的无限广泛与受众的有限精力决定了受众只能选取其中的极小部分，除极少数网站人流如潮之外，网民更多的时间还是停留在志趣相投而访问者不多的各类个性化网站上，这就是说，众多的网站分流了人群，在整体上形成小众化传播。

必须指出的是，网络媒体受众与传统媒体受众的交融性是不可避免的。从传播史上看，新媒体的诞生对旧媒体往往具有包容性，各类媒体均有自己的特点，一种媒体要轻易取代另一种媒体是不大可能的。从技术上看，报纸、电台、电视台的信息完全可以转化为数字形式，其听众、读者、观众同时又可以是"网民"。

3.2 网络广告受众及其行为规律

作为一种在互联网上的信息传播行为，网络广告不仅要在广告内容上精心设计制作，也要很好地研究网民在网络上的浏览行为规律，以主动地去适应、迎合网民，使广告的信息内容能被网民更快、更多地注意到，从而实现更好的传播效果。

3.2.1 网民规模与结构

根据中国互联网络信息中心（CNNIC）的最新统计，截至 2016 年 6 月，我国网民规模达 7.10 亿，互联网普及率为 51.7%。纵观近几年的数据，我国网民规模和互联网普及率都呈现增长变缓的趋势，手机网民占互联网网民的比例达 92.5%，手机网民群体基本与互联网网民重合，其规模也过了高速增长期，但对比世界上发达地区网民的普及率，例如，截至 2016 年第二季度北美地区的网民普及率达 89%[①]，表明我国网民规模还有很大的增长空间。在政策方面，2014 年 8 月，中央全面深化改革领导小组第四次会议审议通过了《关于推动传统媒体和新兴媒体融合发展的指导意见》，意见的实施将极大地推动互联网成为新型主流媒体，对促进信息消费和非网民信息生活的影响也将持续扩大。以互联网为核心的现代传播体系，必将是网络广告精彩演绎的宽广舞台。

在网民的性别结构上，截至 2016 年 6 月，中国网民男女比例为 53：47，网民性别结构趋向均衡，逐渐趋近我国总人口性别比例。

---

① World Internet Penetration Rates by Geographic Regions-June 2016. http://www.internetworldstats.com/stats.htm.

在网民的年龄结构上,10~39岁的网民依然是网民的主要群体,但这一群体的占比从2007年12月的86.4%下降到2016年6月的74.7%,减少了11.7个百分点;而40岁以上的网民占比相应地从12.8%上升至22.5%,增加了9.7个百分点。前者总体表现为逐年减少,而后者则逐年增加,表现出网民年龄结构具有位移的规律,即随着时间的推移,各个主要年龄段的网民占比将趋于均衡,接近相应年份人口的出生率。

在网民的学历结构上,初、高中(含中专、技校)教育程度的群体规模最大,大专及以上程度的网民规模次之,小学及以下程度的网民规模最小,但比例呈逐年上升趋势,这说明整个社会的上网环境越来越好,新增网民中低龄的网民占比较大,表现出互联网对年轻人有更大的吸引力。

在网民的收入结构上,对比历年的数据,可以发现月收入在3 000元以上的各个收入段的网民占比都在逐年提高,这一方面是由于社会经济的发展使人们的收入增加;另一方面是由于网民年龄的增长、工作经验的积累带来人力资本的增值。网民收入结构的变化,带来了网民群体网上消费水平的快速上升。[①]

3.2.2 网民使用互联网的时间段

网民一天中在不同时段使用互联网的比例差异较大:凌晨1点至早上7点是网民上网比例最低的时间段,从早上7点起上网的比例急剧攀升,在上午10点达到一天当中的第一个小高峰,有26.2%的网民在这一时间上网,11点小幅回落;从12点开始继续攀升并一直持续到下午两三点,达到一天当中的第二个高峰,此时上网的网民比例为35.9%,此后上网网民比例再次回落;从晚上6点开始上网人数开始激增,晚上8点达到一天的第三个高峰,也是当日最高点,有54.9%的网民在这一时间上网;21点以后网民上网比例快速回落,回落态势一直持续到凌晨5点,达到最低点,此时上网网民比例只有1.8%,如图3-1所示。同时,上网时间不固定的网民所占比例为13.6%[②]。

网民这一上网时间规律,虽然是2007年调查的结果,但根据ComScore在其 *Mobile Future in Focus Report* 2013提供的数据[③],美国互联网的网民其上网时间具有类似的特点,只不过在美国平板电脑比较普及,人们上网的终端部分被智能手机和平板电脑取代,如图3-2所示。

3.2.3 网民网络应用使用行为

经过几十年的发展,互联网的各种平台和基于互联网的各种工具,为网民提供了丰富的网络应用,正是这些网络应用,把网民吸引到互联网上,培养了网民对网络的依赖。这些应用大体可以分为五类:基础应用类、商务交易类、网络金融类、网络娱乐类和公共服务类。

1. 基础应用类使用情况

互联网的基础应用主要包括:即时通信、搜索引擎、网络新闻和社交应用。

---

① 以上数据来源:中国互联网络信息中心历年(2007—2016)中国互联网发展状况统计报告。
② 数据来源:中国互联网络信息中心《中国互联网发展状况统计报告(2007)》。
③ 资料来源:Comscore;http://www.comscore.com/。

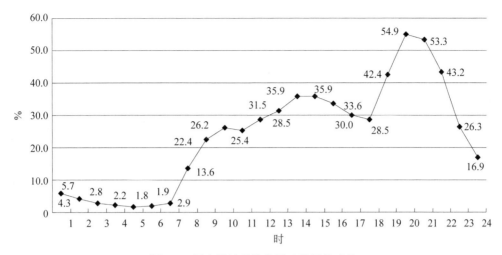

图 3-1　国内网民通常使用互联网的时间

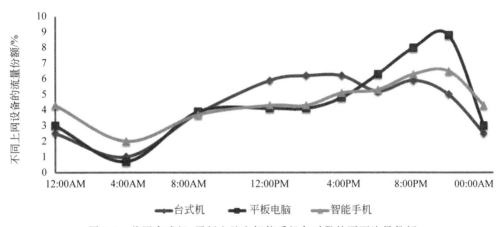

图 3-2　美国台式机、平板电脑和智能手机各时段的页面流量份额

(1) 即时通信

即时通信是网民使用率最高的互联网应用。截至 2016 年 6 月,用户规模达到 6.42 亿,占网民总体的 90.4%,其中手机即时通信用户 6.03 亿,占手机网民的 91.9%。

即时通信用户规模还在不断上升。对于主流即时通信来说,用户使用率已经基本见顶,而对于其他即时通信工具来说,通过挖掘垂直用户需求进而提升用户规模依然是其发展重点。此外,即时通信从基础功能向外延伸的态势更加明显,在提升用户黏性的同时逐渐成为连接用户生活中各类服务的综合性平台,在为用户提供基础的信息沟通服务之余,即时通信服务企业不断致力于移动支付领域的开拓,并以此为纽带连接用户的购物、出行、娱乐类商业需求和医疗、政府办公、公共交费等民生服务。

即时通信的广告业务因其拥有庞大的用户基础而获得了显著增长。一方面,PC 端即时通信工具在成为广告载体的同时与电商网站的联系更加紧密,通过即时通信的用户画像可以获取更加清晰的用户潜在购物需求,为电商网站输送流量。另一方面,手机端即时通信的广告模式受到广泛认可,微信朋友圈广告仅上线一年就为其广告业务营收作出了较大贡献,企业公众号也逐渐成为商家产品营销过程中的标配。

(2) 搜索引擎

搜索引擎是网民使用率仅次于即时通信工具的互联网应用。截至 2016 年 6 月,我国搜索引擎用户规模达 5.93 亿,使用率 83.5%,其中手机搜索用户数达 5.24 亿,使用率为 79.8%。

搜索引擎由信息服务向生态化平台的转型持续推进。各大搜索平台融合语音识别、图像识别、人工智能、机器学习等多种先进技术,依托基础搜索业务,打通地图、购物、本地生活服务、新闻、社交等多种内容的搜索服务,通过对用户行为大数据的深入挖掘,实现搜索产品创新与用户体验完善,为网民和企业提供更好的服务,并因此在流量、营收、电商化交易规模等不同方面实现新增长、新突破。

随着网民互联网生活重点向移动端转移,移动搜索场景极大丰富,移动搜索市场呈现强劲的增长势头,表现为:移动搜索用户数量增速快于领域整体;来自移动端的搜索流量全面超越 PC 端;相关企业移动营收对整体营收的贡献越来越大。

(3) 网络新闻

网络新闻已经成为即时通信和搜索引擎之外的第三大互联网应用。截至 2016 年 6 月,我国网络新闻用户规模为 5.79 亿,在网民中使用率为 81.6%,其中手机网络新闻用户规模为 5.18 亿,占移动网民的 78.9%。

接近网民总体规模的用户量意味着开发潜在用户的成本将日益增长,网络新闻市场也将遵循"强者愈强"的互联网法则,未来市场格局将进一步明朗。一些具备先发优势的品牌在过去两年已经迅速完成用户积累,将更有可能成为行业领头羊——这其中既有已经存在多年、具备影响力的门户新闻资讯品牌,也有利用技术或硬件优势,诞生于移动时代的新兴新闻资讯品牌。网络新闻的主渠道依然是主流的门户网站,网络新闻为这些网站带来了巨大的流量,使这些网站的广告价值迅速突显,腾讯、搜狐、新浪、网易每年都有数十亿元的广告营收。

随着移动时代的到来,传统纸媒和门户网站转型加快,自媒体不断涌现,机器人和算法技术不断升级,内容的生产和传播都发生了深刻的改变,未来网络新闻领域的产品将加快迭代升级,以满足资讯爆炸背景下新闻用户的多样化需求。在移动化和碎片化的移动时代,"短平快"仍是网络新闻的基础属性,随着市场的不断成熟,激烈的用户争夺和用户留存压力将促使网络新闻更加重视内容质量与个性化精准推荐。

(4) 社交应用

随着移动互联网的发展,社交应用也进入到新的阶段,借助 LBS、兴趣、通信录等功能,以解决用户沟通、分享、服务、娱乐等为立足点,满足用户不同场景下需求。根据 CNNIC 对社交应用市场的分析,国内的社交应用市场主要分为两大类:一类是各类信息汇聚的综合社交类应用,如 QQ 空间、微博等;另一类则是相对细分、专业、小众的垂直类社交应用,如图片/视频社交、社区社交、婚恋/交友社交、匿名社交、职场社交等。

在综合社交领域,典型应用主要有微信朋友圈、QQ 空间和微博。截至 2016 年 6 月,其网民使用率分别为 78.7%、67.4%、34%。微信朋友圈是基于微信联系人形成的熟人社交平台,随着用户规模的拓展、产品功能的丰富,弱关系社交也逐渐渗入,在产品内部形成多个相互平行、自成体系的圈子;QQ空间主要满足用户对个人关系链信息的需求,强弱关系兼而有之,在信息维度上则以个人信息为主,媒体属性较弱,在产品形态和商业营销方面一直坚持变革,凭借良好的用户基础,在基于大数据的关系营销方面做了诸多有益的探索,回报显著;微博则主要满足用户对兴趣信息的需求,是用户获取和分享"新闻热点""兴趣内容""专业知识""舆论导向"的重要平台。同时,微博在帮助用户基于共同兴趣拓展社交关系方面也起到了积极的作用。

对垂直社交应用而言,不同领域的社交应用在用户属性与行为、商业模式、信息类别、使用场景上均呈现各自不同的特点。目前国内用户对社交应用的使用深度还远远不够,未来垂直类社交应用会得到进一步发展。

2. 商务交易类应用情况

互联网的商务交易类应用主要包括:网络购物、旅行预订、团购、网上外卖。

(1) 网络购物

截至2016年6月,我国网络购物用户规模达到4.48亿,网络使用率为63.1%,其中手机网络购物用户规模为4.01亿,使用率为61.0%。

随着网络购物的日渐红火,网络购物平台成为最有价值的网络广告媒体之一。2015年,电商广告营收规模达到588.3亿[1],仅次于搜索广告。2014年,随着京东、聚美优品、阿里巴巴的上市,网络零售市场格局趋向稳定。淘宝、天猫、京东的品牌渗透率位居前三位,遥遥领先于同类竞争对手。

在政策的支持下,跨境电商成为网络零售市场新的增长点,影响力直达全球。商务部数据显示(2015年),中国主要跨境电商交易额平均增长率在40%左右,其中进口网络零售增长率在60%左右,出口网络零售增长率在40%左右。网络零售平台引入美国、欧洲、日本、韩国等25个以上国家和地区的5 000多个海外知名品牌的全进口品类,国内超过5 000个商家的5 000万种折扣商品售卖到包括"一带一路"沿线的64个国家和地区。与此同时,网络零售企业深挖农村市场消费潜力,农村地区网购用户占比达到22.4%,阿里巴巴、京东、苏宁等电商平台在农村建立电商服务站,招募农村推广员服务于广大农村消费者。

(2) 旅行预订

截至2016年6月,在网上预订过机票、酒店、火车票或旅游度假产品的网民规模达到2.64亿,网民使用率为37.1%。在网上预订火车票、机票、酒店和旅游度假产品的网民分别占比28.9%、14.4%、15.5%和6.1%。与此同时,手机预订机票、酒店、火车票或旅游度假产品的网民规模达到2.32亿,手机网民使用率35.4%。

在线旅行预订企业通过业务拓展打通全旅行流程服务链。其中以用车和汽车票业务尤为明显。经过多年的发展,机票、酒店、旅游度假产品、景区门票已经成为在线旅行预订企业较为成熟的产品业务。随着叫车软件的兴起,在线旅行预订企业纷纷与汽车租赁企业、叫车软件等新兴上游供应商合作,拓展用车相关的高频消费业务。除此之外,在线旅

---

[1] 艾瑞咨询,《中国网络广告行业年度监测报告简版2016》,"2015年度网络广告市场规模达到2093.7亿,电商广告占比为28.1%"。

行预订企业还拓展汽车票业务,满足用户中短途出行方式多样化选择需求。从而构建和完善在线旅行预订一站式服务体系,进行全产业链布局。

(3) 团购

截至 2015 年 12 月,我国团购用户规模达到 1.80 亿,用户使用率为 26.2%[1]。相比整体团购市场,手机团购继续保持快速增长,用户规模达到 1.58 亿,手机网民使用率为 25.5%。

当前,团购行业正在进行"去团购化",深入发展 O2O 模式。作为典型的 O2O 应用,团购网站在腾讯、百度等互联网企业战略投资的推动下深入布局 O2O 市场。一方面,大而全的团购平台向垂直领域"精耕细作"。例如,美团寻求业务突破,拓展 O2O 模式下较为成熟的单线业务:猫眼电影、美团外卖、美团酒店等,执行"T 型战略"。大众点评通过多年的点评数据吸引和维系高端用户,在 O2O 领域拓展方面以高频业务带动低频业务,率先开辟美容、婚庆、家装市场和到店支付业务。另一方面,团购网站转型本地生活服务平台电商,以提供营销服务获得收益。团购网站以往靠低价吸引客户,利润微乎其微。转型本地生活服务平台电商后,团购网站的盈利模式变为平台经济,即团购网站拥有平台资源的所有权,将使用权批量复制租给商户,商户利用平台资源和服务自行做团购业务。以窝窝团为例,其已转型并更名为窝窝商城,为平台上的商户提供各种营销服务。

(4) 网上外卖

截至 2016 年 6 月,网上外卖用户规模达到 1.50 亿,占整体网民的 21.1%,其中手机网上外卖用户规模为 1.46 亿,占手机网民的 22.3%。

网上外卖是以短途物流为核心价值的生态化平台模式,并且完成了由单一商户的外卖配送业务模式向一家专业外卖配送平台对接多家外卖商户的生态化产业集群模式转型。网上外卖也在 O2O 行业整合大潮中逐渐形成了较为清晰的行业格局,在腾讯增加了对合并后的美团、大众点评的投资后,美团外卖的影响力迅速提升,连同获得阿里巴巴投资的饿了么以及百度外卖,三家外卖配送平台的用户占到整体网上外卖用户的 83.4%,网上外卖平台的市场格局已然形成。

3. 网络金融类应用情况

网络金融类应用主要包括:网上支付、互联网理财。

(1) 网上支付

截至 2016 年 6 月,我国使用网上支付的用户规模达到 4.55 亿,网民使用率为 64.1%,其中使用手机网上支付的用户规模达到 4.24 亿,手机网民使用率为 64.7%。

技术进步驱动网络支付应用场景和方式不断丰富。网上支付提供了满足资金流通需求的基本服务。随着移动互联网技术的发展和应用水平的提升,扫码支付、刷卡支付、信用卡还款、生活缴费、红包等应用场景应运而生;基于生物认证技术的发展,网络支付领域出现指纹识别支付和人脸识别支付等应用方式。应用场景和方式的丰富顺应了网络支付平台化发展思路,促进了网上支付商业模式和变现途径的创新。

---

[1] 2016 年 7 月发布的《第 38 次中国互联网发展状况统计报告》没有提供团购方面的数据,保留 2015 年 12 月的数据。

(2) 互联网理财

截至 2016 年 6 月,购买过互联网理财产品的网民规模达到 1.01 亿,网民使用率为 14.3%。互联网理财市场由发展初期活期理财产品包打天下转变为活期、定期理财产品共同发展的局面。

4．网络娱乐类应用情况

网络娱乐类应用主要包括:网络视频、网络音乐、网络游戏、网络直播、网络文学。

(1) 网络视频

截至 2016 年 6 月,中国网络视频用户规模达 5.14 亿,网络视频用户使用率为 72.4%,其中,手机视频用户规模为 4.40 亿,手机网络视频使用率为 67.1%。

自 2007 年以来,随着网络带宽、终端设备的发展,网络视频用户也快速增长,目前已经成为第一大休闲娱乐类应用。同时,从娱乐特性分析,网络视频作为一种低成本、高需求的娱乐活动,具有高频、长时的用户使用特点。

多元化的商业模式扩展了视频网站的收入来源。传统的贴片广告在视频网站收入来源中所占比重不断下降,新的盈利模式不断被尝试:如针对专业生成内容(professional generated content,PGC)的品牌植入、与电商合作边看边买的"屏购"模式、大型线下互动体验活动、针对会员的差异化编排从而吸引付费用户等,视频网站的盈利模式呈现多元化趋势。

(2) 网络音乐

截至 2016 年 6 月,网络音乐用户规模达到 5.02 亿,占网民总体的 70.8%,其中手机网络音乐用户规模达到 4.43 亿,占手机网民的 67.6%。

网络音乐作为互联网内容产业的重要组成部分,随着移动互联网时代流媒体音乐业务的兴起快速发展。未经授权的盗版音乐充斥网络的现象也在 2015 年得到了遏制,2015 年 7 月 8 日国家版权局发布了《关于责令网络音乐服务商停止未经授权传播音乐作品的通知》,同时启动规范网络音乐版权专项整治行动。经过规范整治之后,国内的网络音乐版权问题明显得到改善,各商家开始以签署音乐版权授权协议的形式进行合作,并尝试在用户下载涉及版权问题的音乐时进行收费。

(3) 网络游戏

截至 2016 年 6 月,网民中网络游戏用户规模达到 3.91 亿,占整体网民的 55.1%,其中手机网络游戏用户规模为 3.02 亿,占手机网民的 46.1%。

网络游戏快速发展并逐渐呈现多样化的趋势,端游的多样化发展主要集中在商业模式上,移动游戏则表现为游戏类型的多样与均衡,主机游戏则致力于新技术的变革推动以产生各种新型游戏主机,新技术如虚拟现实技术(VR)和增强现实技术(AR)。

(4) 网络直播

网络直播服务在 2016 年上半年逐渐受到社会重视,并在资本力量的推动下实现了快速发展。截至 2016 年 6 月,网络直播用户规模达到 3.25 亿,占网民总体的 45.8%。

2016 年上半年,真人聊天秀直播和游戏直播在资本力量的推动下得到快速发展,网民使用这两类直播的比例分别为 19.2% 和 16.5%。网络直播的推广成本、带宽成本和主播签约成本均较高,仅依靠用户购买虚拟礼物和流量广告两种变现方式很难维持发展扩张,使得其商业模式仍处于探索阶段。此外,文化部于 2016 年 4 月开展了对互联网直播平台违规直播行为的专项整治行动,并要求网络主播必须实名认证,未来网络直播监管将更加严格。

体育赛事直播版权市场竞争加剧。和游戏、真人秀直播不同,体育赛事直播完全以赛事为核心获取用户关注,因此赛事版权成为各家体育直播厂商追逐的重点。2016 年上半年,小米、乐视、暴风科技等企业先后与各大国际知名体育赛事的版权方达成合作,以独有资源为优势扩大自身市场竞争力。

演唱会直播作为传统演唱会的新型传播方式,目前正处于探索期。截至 2016 年 6 月,演唱会直播的用户使用率为 13.3%。相比传统形式来说,演唱会直播不仅打破了空间限制,而且通过弹幕交流、观众票选歌曲等方式实现观众与艺人的互动。此外,VR 技术可以有效提升观众体验,随着其技术的应用成熟化,未来将对演唱会直播的发展起到促进作用。

(5) 网络文学

截至 2016 年 6 月,网络文学用户规模达到 3.08 亿,占网民总体的 43.3%,其中手机网络文学用户规模为 2.81 亿,占手机网民的 42.8%。

网络文学自出现以来,以其低门槛和内容的非传统性,迅速获得了广大网民的认同并蓬勃发展,目前已经有了一条相当成熟的产业链。由热门网络文学作品培养大量用户、制造口碑,再通过影视剧改编、游戏改编、实体书出版等连带产生一系列衍生产品,实现了文学、游戏、影视、动漫等产业的交叉融合,不断在原有内容上创造出更多价值。网络文学产业单纯依靠用户付费的商业模式正在逐渐向"创造优质知识产权(intellectual property)为其他易变现的内容产业输血"过渡。培养受众广泛的优质 IP,之后出售版权进行电影、电视剧、游戏等一系列改编来寻求变现的商业模式已经成为当前网络文学产业的主要发展方向。

作为 IP 生产的最上游,网络文学受到互联网巨头企业的高度重视,百度、腾讯、阿里先后成立了自己的网络文学部门。起点中文网、纵横中文网、书旗小说网等老牌网络文学网站纷纷被整合到各自新成立的网络娱乐事业群中,而完成整合的新网络文学集团利用自身资源优势积极与影视、游戏公司进行合作,使得 IP 的二次开发形式和效率大大增加,优质网络文学作品的商业价值在未来将有机会获得更多表现。

5. 公共服务类应用情况

公共服务类应用主要包括:在线政务服务、网络约租车、在线教育。

(1) 在线政务服务

截至 2016 年 6 月,我国在线政务服务用户规模达到 1.76 亿,占总体网民的 24.8%,发展空间广阔。其中,通过政府微信公众号获得政务服务的使用率为 14.6%,为网民使用最多的在线政务服务方式;政府微博为 6.7%,政府手机端应用以及微信政务办事的使用率均为 5.8%。

移动端成为在线政务服务主要发展方向。随着我国互联网的进一步普及,以及上网设备向移动端集中,用户对政务服务的移动化、服务化和一体化要求进一步加强。依托政务微博、微信公众号和政务客户端等政务新媒体,各地积极开展在线政务方面的探索和完善,实现预约、预审、办理、查询等业务的一体化服务,满足用户需求。进一步丰富用户移动需求的场景化应用,提升用户的认同感和参与感,将是在线政务服务的发展方向。

(2) 网络约租车

2016 年上半年,网络预约出租车用户规模为 1.59 亿人,在网民中占比 22.3%;网络预约专车用户规模为 1.22 亿人,在网民中占比 17.2%。

一方面,网络预约出租车服务推动传统出租车市场转型升级。网络预约出租车提升了叫车效率,弥补了传统出租车模式无法覆盖的服务区域。与此同时,网络预约出租车 APP 软件实时分享行车路线的功能,提供了更多的安全保障。出租车行业在共享互联网技术的同时,也在用市场化的方式谋求创新突破,使服务更加贴合用户需求。

另一方面,网络预约专车类服务的出现丰富了用车行业细分市场,成为分享经济发展的典型业态。网络预约专车类服务包括专车、快车和顺风车等服务,是传统用车市场的良好补充,用户使用习惯已经逐步养成。网络预约专车系列在满足用户个性化出行需求的同时,也能有效节约社会资源。但是专车市场发展的政策环境依然不够明朗,其准入门槛、合法身份、监管机制等方面的问题仍有待明确,而专车服务本身也需要提升服务品质,依托平台经济的大数据体系强化其安全和信任机制。

(3) 在线教育

截至 2016 年 6 月,我国在线教育用户规模达 1.18 亿,占网民人数的 16.6%,其中手机端在线教育用户规模为 6 987 万人,占手机网民的 10.6%。国家对教育行业的高度重视以及云计算等新技术的应用和推广,促进了在线教育的兴起和发展。传统的教育培训机构、大型互联网企业、垂直领域的创业企业,都纷纷展开在线教育领域的布局。目前,我国在线教育还处于发展初期,普及在线教育还需要较长时间。

在线教育各领域中,中小学教育用户使用率最高,为 37.7%,这部分市场用户数量最大,需求也最为强烈,一直最受资本市场青睐。其次是职业技能培训和职业考试,用户使用率都在 20% 以上,随着社会经济的发展,企业对员工的要求会越来越高,未来这两大领域的市场会有十分广阔的发展前景。

MOOC(massive open online course,大规模在线开发课程)模式兴起,带动在线教育市场发展。2015 年 4 月,教育部出台了《关于加强高等学校在线开放课程建设应用与管理的意见》,推动我国大规模在线开放课程建设走上"高校主体、政府支持、社会参与"的良性发展道路。在教育部的积极引导下,"爱课程网"的"中国大学 MOOC"、清华大学"学堂在线"、上海交通大学"好大学在线"以及多个高校、互联网企业开发的各种类型大规模在线开放课程平台纷纷上线,将中国顶级的高等教育课程免费开发,带动在线教育用户规模的持续增长。

3.3 网络传播的受众心理特征

3.3.1 网民的个体心理特征

由于网络是人们共同建构的虚拟空间,其开放性和参与性是其他任何媒介所不能比拟的。网络就像是一个意见自由的市场,人们可以在这个虚拟的市场中讨价还价,形成一个仁者见仁、智者见智的观点的"场"。在这个"场"中,人们可以自由表达、各抒己见,也可以冷眼旁观、置身事外,甚至可以恣意任性、为所欲为。从这个意义上来说,网络受众心理必然和其他媒介的受众心理有很大的差异,主要表现在以下几方面。

1. 匿名心理

互联网的重要魅力之一——匿名性使其快速拥有一大批受众。匿名现象是互联网上的一种普遍现象,匿名心理也是网民最显著的心理。人们在上网时往往隐藏自己的真实身份,用一个代号来代替自己的姓名,在各种需要公开的资料中填写虚假信息,隐瞒真实的姓名、性别、年龄、收入等和真实身份联系紧密的信息。这种匿名性可以让人们摆脱顾及身份、地位的约束,展现自己不为人知的、受到压抑的一面,满足自我实现、角色扮演的需要。

2. 自我实现的心理

美国心理学家马斯洛认为,人的基本需要可以由低到高划分为不同的层次,依次为:生理需要、安全需要、社会的需要、尊重的需要、自我实现的需要。只有较低层次的需要满足后,才会出现较高层次的需要。自我实现的需要是最高层次的需要,是"人对自我发挥和完成的欲望,也是一种使他的潜力得以实现的倾向"。绝大多数人不能自我实现,其主要原因是:第一,自我实现是很微弱的似本能(instinctoid)需要,容易被压抑、抑制、更改和消失;第二,许多人不敢正视关于他们自己自我实现所需要的那种知识,对那种知识缺乏自知,使自己处于不确定的状态;第三,文化环境强加于人身上的规范,阻滞一个人的自我实现;第四,自我实现是由成长性需要而不是匮乏性需要推进的,其发展和持续成长来自自己的潜力。

自我实现的难度很大,很多人在现实中无法满足这一需要,退而求诸网络。在网络这个虚幻的世界里,往往不需要付出太多的努力就能轻易地使自我得以在某种程度上实现。在网络游戏中你可以攻城略地,体验征服的乐趣;在虚拟社区、BBS,你可以自由创作,引得无数人跟帖,享受被人追捧的感觉。例如,从2005年2月22日开始,一场关于"上流社会"的讨论在天涯BBS轰轰烈烈地进行,两个分别叫"北纬67度3分"和"易烨卿"的主角,进行着一场关于财富、服装、赛马的"上流社会"的大辩论,看客多达22.3万人次,近4 000人直接参与其中。

这类转瞬即逝的强烈幸福感、快乐感和自我实现的成就感,在网上比在现实世界容易获得,这是一些人沉迷网络、不能自拔的原因。

3. 娱乐心理

网络在某种程度上呈现文化和娱乐的形态。网络的互动性、虚拟性、多媒体传播特性,使网民寻求放松、消遣,追求刺激与娱乐的心理得到满足。根据CNNIC的历次调查显示,休闲娱乐一直是网民上网的主要目的之一。网络媒体突破传统媒体的技术瓶颈,将文本、声音、图像、动画、音频、视频集于一体,互联网上时空交融、视听兼备,人们能获得多种感觉的综合性艺术享受,体验一种特定的情感氛围。

4. 角色扮演

在现实生活中,人们无法选择自己的性别,无法擅自改变自己的身份、职业,不能随心所欲地转换角色。互联网的虚拟性、匿名性使用户可以自由选择自己现身于网上时的身份、职业，乃至性别。互联网为人们角色选择、角色转换提供了条件，一个人可以在同一时间、同一场合扮演多个角色，比如很多人在 BBS、聊天室、虚拟社区、网络游戏中同时注册多个账号，在同一时刻以不同的身份、语气、态度、立场与人交流，谈论同一个话题。在网络上，人们抛开物理环境的限制，随心所欲扮演各种角色，能满足各种好奇心，重新塑造自我，获得精神的满足。

5. **心理宣泄**

人们在实际生活中，面临来自社会、单位的多重压力。工作环境不尽如人意、竞争激烈、生活紧张、人际关系复杂、矛盾重重、冲突不断、挫折纷至沓来，让人感到不安、孤独、烦恼。因特网的隐匿性、开放性、互动性为人们提供了一个宣泄的渠道，为人们适时地转移、倾诉自己的不良情绪提供了机会。精神分析学派认为，宣泄可以在无意识领域中消弭许多有害的东西，通过这种方式，可以把人们从理想与现实的分裂中解脱出来，获得一定的心理治疗效果。于是，上网成了很多人释放心理压力、放松身心的一种方式。在聊天室、BBS 上，很多人喜欢文字暴力，网络游戏中盛行 PK 行为，网恋泛滥，都是一种心理宣泄的表现。求得宣泄与解脱，是很多网民依赖互联网的主要原因之一。[①]

6. **认识强化的心理**

认知心理指受众普遍存在的、寻求信息的心理现象。寻求信息的目的是减少或消除周围环境的不确定性，从而更好地生存和发展。受众在认知心理（求知欲）的支配下，都希望了解新的环境，并对所获得的信息进行验证。在互联网上，人们只需点击鼠标就能把天下事尽收眼底，远程网络教育能让人们在家中轻松学习。人们获得的知识领域、范围更广了，天文、地理、文学、历史、政治、经济……只要是我们能想到的领域，网络都可以无孔不入地带我们走入那个世界，在知识的海洋里自由地遨游，人们的认知心理得到了强化。

3.3.2 网民群体的心理规律

1. **沉默的螺旋理论受到颠覆的受众心理**

舆情状态下个体与环境互动的机制具有"沉默的螺旋"效应。"沉默的螺旋"（the spiral of silence）是诺埃勒-诺依曼（Noelle-Neumann）于 1974 年在《传播学刊》提出的理论。该理论认为：人们在表达自己想法和观点的时候，如果看到自己赞同的观点受到广泛的欢迎，就会积极参与进来，这类观点就会被越发大胆地发表和扩散；而发觉某一观点无人或很少人理会（有时还会有被群起而攻之的遭遇），即使自己赞同它，也会保持沉默。意见一方的沉默造成另一方意见的增势，如此循环往复，便形成一方的声音越来越强大，另一方越来越沉默下去的螺旋发展过程。

一方面，该理论的理论假设是从众心理。从众，是指人在群体中由于实际存在的或者头脑中想象到的社会压力和群体压力而在知觉、判断、信念以及行为上表现出与群体中大多数一致或按流行做法行事的现象。从众心理容易造成没有自己主见的人加入到讨论的主流强势一方中，而非主流的观点则被淹没在信息堆积的网络海洋中，没有机会掌握话语

[①] 屠忠俊. 网络传播概论[M]. 武汉：武汉大学出版社，2007：122-123.

权,从而影响社会舆论。带有偏见、错误的主流观点就这样影响了更多"无知"的网民,使社会舆论进一步将人们引向错误的方向。如 2011 年 8 月 12 日发布的婚姻法司法解释(三)①,一经公布即引发了社会的轩然大波。在百度某个关于女性文学的贴吧里,由于女性吧友占了绝对多数,对该司法解释的看法也呈一面倒的趋势,几乎一致地认为其不顾女性在社会中处于相对弱势的现实,降低了男性的离婚成本,缺乏对女性实际权益的保护和关注,是对广大女性的不公。有些热门的讨论跟帖过百,其中偶尔也曾出现过赞同该司法解释的声音,认为其促进了男女平等的发展,但立刻被铺天盖地的口水淹没。开始时,大部分情绪激动的女吧友认为持赞同观点的人一定是男性,并以此为由要将其驱逐出该贴吧,而当此人表明自己的女性身份时,引来的是更为激烈的人身攻击,最终她只能带着不被接受的观点离开了这个女性贴吧。我们从中可以看出,即使在相对开放、自由、崇尚个性的网络世界,网民个体仍然需要承受来自群体的压力,并可能因为这种压力而不得不产生从众行为,或者被群体边缘化。

另一方面,在网络环境下,由于传播的匿名性、开放性,在参与讨论的人群里彼此的陌生性,社会压力和群体压力要比在现实环境下小得多,沉默的螺旋理论在网络传播中会得到削弱,甚至不会起任何作用,如果一个网民在某个社区里得不到承认,他采取的往往不是消极的从众行为以保护自己,而很可能是转向另一个社区,去积极争取获得其他交往对象的认同。网络为多元化的思维、思想、观念相互碰撞提供了平台,从众的心理明显减弱,一些边缘化的群体和观点可以在网络中驰骋,找到属于自己的心理预期的目标。例如,在现实生活中,同性恋由于和人们主流的恋爱价值观念不一致,常常被边缘化,他们的声音在现实生活中变得越来越小,可是网络为他们提供了展示自己内心真实情感的平台,这类群体可以在相应的社区里交流情感、倾诉烦恼,听取医学专家对相关知识的介绍,懂得相关的卫生知识等。

2. 议程设置理论受到挑战的受众心理

议程设置理论是 1972 年由美国学者麦思韦尔·麦考姆斯与唐纳德·肖提出的。他们认为"大众传播具有一种为公众设置议事日程的功能",大众媒体对某些问题"给予的强调越多,公众对于该问题的重视程度也就越高"。其核心内容是大众传播媒介不能决定公众怎么想,但能决定公众想什么,美国新闻评论家李普曼对此有一个"探照灯"的比喻:灯照到哪里,人们就关注到哪里。

在网络平台下,议程设置仍明显存在,但是与传统媒介的议程设置有很大的区别。传统媒体有严格的把关制度,传播者有自己的报道框架,议题的内容受政治制度、经济资本等多种因素的制约,不符合主流媒体价值观及报道方针有失偏颇的,都不适宜报道;同时传统媒体受技术、版面、时段等因素制约只能从现实生活中选择他们认为重要的、显著的、有趣味性的信息进行加工报道,致使一些边缘信息或者敏感信息被忽略。而在网络平台下,网络虽然也有不同层次的把关人,但是网络把关人是分散的,数量庞大、参与积极的网

---

① 解释指出,夫妻一方婚前签订不动产买卖合同,以个人财产支付首付款并在银行贷款,婚后用夫妻共同财产还贷,不动产登记于首付款支付方名下的,离婚时该不动产由双方协议处理。不能达成协议的,人民法院可以判决该不动产归产权登记一方。

民成为事件传播的主体,网民通过对网络中的帖文进行推送首页、置顶、聚合和组织引导等方式,选择和凸显某些事件和意见来进行议程设置,只要该议题有意义又能引起公众的关注,就会在网络上形成舆论进而引起媒介间议题的设置。

以 2009 年发生在杭州的胡某飙车撞人事件为例。2009 年 5 月 7 日 20 时 5 分,肇事者胡某驾驶经过改装的三菱跑车,在杭州文二西路撞上行走在人行横道上的浙江大学毕业生谭卓,使谭卓当场死亡。当晚 21 时 20 分,杭州的网络媒体 19 楼论坛上贴出了"文二西路车祸—红色三菱斑马线撞死行人"的主题帖,网友们纷纷发帖悼念逝去的生命,谴责肇事者。之后一篇题为《富家子弟把马路当 F1 赛道,无辜路人被撞起 5 米高》的帖子出现在网上,发帖者随时更新事件的最新动态,引来大批网民发表对飙车族的留言。地方媒体杭州网刊发《文二西路紫桂花园门口飙车夺命案》,同时被新浪等门户转载。网络社区中网民对此事件讨论日趋热烈,引发全国媒体关注,最后有关政府部门出面回应。该议题的传播路径:地方论坛发帖→网友质疑、评论→门户网站报道→网友人肉搜索→地方媒体关注→全国媒体关注→杭州公安局发布调查结果→网友对于部分事实存在质疑,网民在网上进行讨论,"欺实马"成为网络流行词→杭州公安局再一次发布调查结果→网民对胡某是否找替身进行讨论→司法部门发布处理结果→网民对此事进行深入探讨。从中可以看出,在整个事件中,网民的舆论力量非常大,可以说步步都无法摆脱网络民意的影响,网民借助网络媒体的平台在议程设置方面起了很大的作用。

由此可见,网络媒介中议程设置的主体是多样的,可以是主流媒体的网站,也可能是某个论坛、某个虚拟社区,从而摆脱了以前只有官方才能进行议程设置的局面。在网络中,无论你的职业、年龄、所处的阶层情况如何,只要你提出的问题能引起网络受众的讨论和兴趣,能引导社会的舆论,你就是一个成功的议程设置者,同时还可以对传统媒介的议程设置提出挑战,甚至可以反过来影响主流传统媒体的议程设置。比如关于"山东济宁副市长下跪"的议题,最先就是网民在各种论坛上进行热烈的讨论,但主流媒体一直保持沉默,想通过设置其他的议题来回避这个议题,后来网上对这个话题的关注度越来越高,并且各种猜测和谣言更加泛滥。最终,《南方周末》等多家主流媒体对此进行了全方位、多角度的报道,这可以说是网民的议程设置影响传统媒体议程设置的一个典型例子。①

3.4 广告心理学理论

心理活动是对现实外界刺激作用的反应,是对外界信息进行加工的过程。人是社会化的人,在不同社会文化背景下,心理活动的特点也会不一样。心理学通过研究和分析人的行为来解释人的内心活动规律。心理活动多种多样,主要分为心理过程和个性心理两个方面。

1. 心理过程

心理过程包括认知、情感、意志三个方面。

---

① 王磊. 网络传播的受众心理特征及其引导. http://media.people.com.cn/GB/22114/44110/44111/3494714.html.

认知是人的大脑对客观事物的表面属性和内在联系进行反应的心理过程,它涉及感觉、知觉、记忆、想象和思维等活动,这些活动的过程统称为认知过程。

情感是客观事物满足人的主观需要产生的内部体验过程,比如,接触某则广告后产生的喜、怒、哀、乐等感受。

意志是确定目的并选择手段以克服困难、达到预定目的的心理过程,其外部表现是语言和行动。意志是人脑独有的产物,是人的意识能动作用的表现。人在认识客观事物规律性的基础上,通过自己的行为改变客观世界来满足自己的要求,实现自己的意志。

意志和认知过程、情感过程、行为过程的联系十分密切,认知过程是意志产生的前提,意志调节认知过程。情感可以成为意志的动力,意志对情感起控制作用。行动是意志的反映,意志则对行动起调节作用。

2. 个性心理

个性心理特征指人在认识和改造事物的过程中,由于个人不同特点构成的心理上的差异。个性心理特征主要体现在能力、气质和性格上。

能力是使个体在完成某种活动方面具有潜在可能性的特征,比如数学才能等。

心理学的气质概念有别于日常生活中所说的气质,指心理活动的强度、速度、稳定性和灵活性上的差异,是高级神经活动在人的行为上的表现。

性格是指人在对社会、集体、家庭、个人和事物的态度以及相应行为方式上所表现出来的心理特点,比如,内向、外向等。

个性心理特征向上受人的需要、动机、兴趣、信念和世界观等个性倾向性制约,向下又制约和影响着心理过程的进行。同时,个性倾向性和个性心理特征又都通过心理过程形成和发展着。

广告心理学是研究消费者与广告活动相互作用过程中产生的心理现象及其心理活动规律的科学,它的基本内容如下:传播心理、说服心理、相关环境影响因素和广告心理效果的测定。广告过程可以看成商品信息的传播过程,传播心理包括广告的吸引注意策略、理解广告信息的知觉基础、提高记忆率的广告心理策略等。广告的说服心理包括广告诉求的需要基础、情感诉求和理性诉求、广告说服理论等。受众总是处在由文化、地区、阶层、群体等构成的某一特定的环境中,不同的环境下的受众对同一则广告的反应不同,受众对广告的反应首先表现在心理效果上。[①]

3.4.1 注意理论及其在网络广告中的运用

著名的诺贝尔经济学奖获得者郝伯特·西蒙说:"随着信息的发展,有价值的不是信息,而是注意力。"当今社会是信息社会,人们每天从起床打开电视机开始就被大量的信息充斥,人们走在路上,目光所及之处,也能接受到各种不同的信息,其中包括广告、产品、社会新闻等各类信息。在这种信息膨胀的大环境中,信息繁多、产品丰富,人们的需求也更加多样化、个性化,人们的注意力就因此成为人类生活中的稀缺品。众多企业,也就是我们的广告主要脱颖而出,就必须最大可能地吸引消费者(潜在消费者)的注意力,因此,如

---

① 林升梁. 网络广告原理与实务[M]. 厦门:厦门大学出版社,2007:89-90.

何占有消费者注意力成为广告主最为关注的问题,消费者注意力的投放量也成为网络广告成功与否的第一个关键点。

1. 广告受众的注意力

注意,是心理或意识活动对一定对象的指向和集中,是一种普通的心理现象,而注意力,从心理学上看,就是指人们关注一个主题、一个事件、一种行为和多种信息的持久程度。随着互联网的出现和信息时代的到来,注意力资源显得愈发稀缺,在广告主之间的争夺战中,谁抢夺了更多的注意力,谁就占领了更大的消费者市场。由此,在广告市场中产生了"注意力经济"。

最早正式提出"注意力经济"这一概念的是美国的迈克尔·戈德海伯,他在1997年发表的一篇题为《注意力购买者》的文章中指出,目前有关信息经济的提法是不妥当的,因为按照经济学的理论,其研究的主要课题应该是如何利用稀缺资源。对于信息社会中的稀缺资源,他认为,当今社会是一个信息极大丰富甚至泛滥的社会,而互联网的出现,加快了这一进程,信息非但不是稀缺资源,相反是过剩的,而相对于过剩的信息,只有一种资源是稀缺的,那就是人们的注意力。

在当今的社会生活中,广告可以说是随处可见。在城市,只要有人活动的地方,基本都可以看到广告的踪迹。在网络与人们的生活紧密联系的今天,只要我们浏览网页、查阅信息,也可以看到网络广告的踪迹。我们可以这样说,广告已经成为人们生活中必定存在的一种信息传播形式,它填充了生活的每一个角落。但是,大部分消费者对待广告的态度却是漠然的,也就是说对广告既不关心也不逃避,偶尔遇到自己感兴趣的广告内容就多留意一下,而对于与自己不太相关的广告便不予理睬。因而,广告,无论是户外广告、电视广告,还是网络广告,首先要解决的问题就是抓住那些与广告内容相关的人的注意力,使其关注广告内容,并使广告内容在其头脑中留下一定的印记,以促成今后的消费行为。

那么,如何才能做到吸引消费者的眼球呢?最好的办法就是使广告的内容和形式具有创意,当消费者遇到意料之外的广告形式和宣传方式时,往往会花更多的时间去关注它,了解它。

2. 注意的特点

在广告活动中,注意是广告的受众对广告本体的指向和集中,它是人的心理现象和意识活动,但它并不是一个独立的心理过程,也不属于个性心理特征,它是表现在感觉、知觉、记忆、思维等心理过程之中的一种共同特性。

注意有两个基本特征。一个是指向性,是指心理活动有选择地反映一些对象而离开其余对象。二是集中性,是指心理活动停留在被选择对象上的强度或紧张程度。指向性表现为对出现在同一时间的许多刺激的选择,集中性表现为对干扰刺激的抑制。指向性和集中性是相互联系不可分割的,指向性是集中性的前提条件,集中性是指向性的体现和深化。只有在广告受众对广告本体有所指向时,集中性才可能发生,也只有产生了集中性,指向性在广告传播过程中才能体现应有的意义。从人的感知和心理感受上来说,当人的注意力从一个物体转移到另一个物体时,指向性将会突出地显示,而当人的注意力从感知阶段转移到思维阶段,集中性便会占主导。

3. 注意的分类

心理学中根据产生和保持注意时有无目的以及抑制努力程度的不同,将注意分为无意注意、有意注意和有意后注意三种。抑制努力程度是指注意的努力水平,注意的迁移或集中都需要人作出一定的意志努力。最高努力水平上的注意,表现出积极主动寻求信息,例如询问亲朋挚友的想法,或者从很不起眼的刊物中去寻找信息。中等努力水平上的注意,表现为从现有信息源中去寻找信息。最低努力水平上的注意则表现为被动地或随机地接受信息。

(1) 无意注意

无意注意是指事先没有预定的目的,也不需要作意志努力的注意。引起无意注意的原因是:刺激物的特点和人本身状态。无意注意虽然带有一定程度的随机性,但在通常情况下,无意注意是由刺激物的特点和感兴趣的事物所引起的。凡是具有以下特点的事物都容易引起我们的无意注意。

① 相对强烈的刺激:例如鲜艳的颜色、突然发出的响声、突然的运动,都会立刻引起我们的注意。这时对注意起决定作用的不是刺激的绝对强度,而是刺激的相对强度,也就是突显物与其他物体之间的差异显现。例如,在一群灰色的建筑中突然出现的彩色广告画面,就会立即引起人们的注意。

② 突然发生变化的刺激:使人产生感官上的对比,也会引起人们的注意。例如,在连贯影像画面中的慢速播放。

③ 不断变化的刺激:动态的形象尤其容易引起人们的注意。例如,在网络广告中,动态的画面一定比静止的画面更加容易引起注意。

(2) 有意注意

有意注意是指有自觉的目的、需要作一定意志努力的注意,其特点是消费者首先应有内在的需要,并根据自己的需要去选择性地将注意力投放在某个广告上。例如,有意要购买手机的消费者会被手机类广告所吸引,且更容易产生有意注意的行为。若此类广告出现在网络上,那么该消费者会对广告进行点击,以了解详情。按照消费者接受网络广告的心理活动来分析,当广告受众无意注意到广告之后,会由于自己的兴趣所致而产生有意注意,随后根据广告内容选择是否进行更深一步的了解,如果广告受众选择了对该广告商品进行更进一步的了解,则会进行网络搜索,综合了解该广告商品,此时,潜在购买动机便产生了。

有意注意是主动的、受个人意志驱使的注意,它也受到意志的调节和支配。引起我们有意注意的事物常常是我们感兴趣的事物。因此,根据有意注意的原理,广告主应该将广告投放在尽可能准确的目标群体当中,在网络广告的发布中也应当如此,我们可以根据各种统计数据查出较为准确的广告目标群体活动的范围,从而定位于此范围内发布广告,这样既可以节省费用也可以使广告更有效地传送给广告目标消费者,而作为广告的受众,他们也更加乐于接受与自己联系较为密切的广告内容。

当然,无意注意和有意注意在一定条件下也是可以互相转化的,无意注意有时也可以在一定条件下转化为有意注意。例如,我们在无意观看到了的电视广告中发现了让自己感兴趣的产品,而为了更加详细地了解到该产品的信息,便会较仔细地观看广告画面及相关说明。

3) 有意后注意

有意后注意就是事前有预定目的、不需作意志努力的注意。它是由有意注意转化而来的一种特殊形态的注意,这种注意既不同于一般的无意注意,又不同于一般的有意注意,有意后注意兼有两种注意的部分特点,是一种高级状态的注意。例如,广告工作者对具体广告的注意常常会处于有意后注意的状态,因为广告工作者会从个人兴趣和工作角度出发,对广告进行更为主观的、有目的的注意。当然,也如我们前面所列举的例子,本已拟定要购买手机的消费者在接受到某个手机广告后,如果恰好和自己所拟定要购买的手机在各项指标上都比较接近,那么他便会从对广告的无意注意过渡到有意注意,进而有可能达到有意后注意的状态,也就是主动地去查找与此广告相关的信息,以达到自己对该产品有一定程度了解的目的。我们在广告的发布中,特别是网络广告的发布中,必须重视潜在消费者的有意后注意,因为当潜在消费者对某产品产生了有意注意之后,他若对此产品表示出极大的兴趣,便会自觉地在网络上进行搜索和查阅,有了潜在消费者的有意后注意,那么该商品销售的可能性会大大提高。

4. 注意的品质

注意的品质包括注意的广度、注意的稳定性、注意的分配、注意的转移四个方面。

(1) 注意的广度

注意的广度,是指广告受众在同一时间内能清楚把握到的广告信息数量。心理学家很早就开始研究注意的广度,1830年,威廉·哈密顿做了这样一个实验,他在地上撒了一把石子,发现人们很不容易立刻看到6个以上石子,而如果把石子两个、三个或五个一堆,人们能看到的堆数和单个的数目几乎一样多,因为人们会把一堆看作一个单位。如果用速视器测定,在十分之一秒时间内,成人一般能注意到8~9个黑色的圆点、4~6个没有联系的外文字母或3~4个几何图形。由此我们也可以得出这样一个结论:在广告的一个画面中,传达给广告受众的视觉信息量最多不应该超过6个。

影响注意的广度有以下几个因素。

① 知觉对象的特点。如果知觉对象形态相似、排列整齐、颜色大小相同、能构成彼此有联系的整体,注意的范围就大些。反之,注意的范围就小一些。

② 受众的知识背景。由于每个广告所面向的消费群体不一样,因此,同一广告对于不同知识背景的人来说,广告被注意的广度也是不一样的。越是对广告内容较为熟悉的受众,注意的广度越大,相反,对于对广告内容毫不了解的广告受众,其广告注意的广度也就显得非常小了。

③ 受众对广告的态度。对广告持有的不同态度,也会影响到广告注意的广度。如果该广告接收者对汽车这一实物非常感兴趣,那么汽车广告将是他所乐于接收的广告种类,因此,汽车类广告对该广告接收者所造成的注意广度将会远远高于那些对汽车以及汽车广告不甚感兴趣的广告接收者。

(2) 注意的稳定性

注意的稳定性,是指注意保持在某种对象上的时间长短,其标志是在某一段时间内注意的高度集中。注意的稳定性有狭义和广义之分,狭义的注意稳定性是指将注意维持在固定的某一对象上,广义的注意的稳定性是指注意维持在某一活动过程中。注意的稳定性与注意的起伏是相统一的,所谓注意起伏,就是指人的感受性不能长时间地保持固定的状态,而是间歇地加强和减弱。因此,我们在实际运用中不仅要了解注意的稳定性,同时也要了解注意的起伏特性。人在感知一件事物的时候,很难保持较长时间的注意,但如果所感知的对象不是静止的单一事物,而是具有运动性、系统连贯性等,那么,注意保持的时间将会相对较长一些。一般说来,注意的起伏,大约1秒钟转换1次。如果坚持不动,注意也只能维持5秒,更长的时间就有困难了。研究表明,在1~5秒中的注意起伏不会影响对复杂而有趣的活动的完成,但经过15~20分钟的注意起伏,便会导致注意不随意地离开客体。因此,在广告的运用中,尤其是网络广告的运用中,可以重复利用注意的稳定性和起伏特征。当静态的、单一的广告画面不足以使广告的受众长时间地关注时,那么可以采用动态的,甚至是有较强参与性的广告形式,这样既具有亲和力,也更有利于广告受众注意的稳定。

在广告中传播过程中,影响注意稳定性的因素有以下几种。

① 广告本体的特点。广告本体的内容丰富,信息含量大,注意就容易稳定。反之,那些内容贫乏、单调和静止的广告,就难以吸引受众的注意。例如,我们看一个单调静止的广告画面时所耗费的时间远不如看内容丰富多变的影像类广告那样长。

② 广告内容及形式。如果广告画面较为复杂,需要传递的信息较多,就可以适当地变化一下广告的内容以及发布的形式。例如,将广告分作若干个相互关联的画面,或者采用动态的形式发布,这些处理方式在网络广告中是比较容易做到的。

③ 广告受众的状态。每个人注意的稳定性存在一定的差异,有的人意志强、善于控制自己,并能对所感知的对象抱有积极态度,便能抵抗干扰,保持稳定的注意。而有的人意志薄弱,对感知的对象缺乏兴趣,或身体不适,其注意的稳定就会受到影响。

(3) 注意的分配

注意的分配,是指把注意同时指向两种及两种以上不同对象或活动。例如,一边走路一边听收音机,一边吃饭一边看电视等。但在一般情况下,当同一时间内作用于同一感知器官的事物或活动有两种或两种以上时,就会出现注意分配的困难。有人做过这样的实验,通过耳机同时给被试者的双耳分别播放不同的内容:给右耳播放一篇民间故事,给左耳播放一则新闻报道,要求被试听完后大声复述两耳听到的内容,结果被试者对那则新闻报道几乎是一无所知。由此可见,注意的分配常常是不均衡的,人们为同时进入感官的不同事物分配了不同比例的注意。我们可以利用人们的注意分配,在不影响人们正常进行某一连贯性活动的同时,加入广告信息。例如,我们的户外广告即是利用了人们注意的分配,当人们行走在路上,目光随意地朝四周张望时,便很容易被四周的广告所吸引,但却并不会影响到自己原本的行走活动。

(4) 注意的转移

注意的转移,是指根据新任务的要求,有目的地、主动地把注意从一个对象转移到另一个对象上。例如,消费者在注意A商品后,又根据自己的选择,将注意力转移到B商品,这就是注意的转移。

注意的转移可分为两种:一种叫完全的转移,指彻底从A对象转移到B对象上;另一种叫不完全的转移,也就是指当注意力从 A 对象转移到 B 对象后,在思想意识中依然保持着对 A 对象的思考。在注意不完全转移的情况下,作为消费者来说,他其实正在对多件商品进行分析和比较,也是他做出购买决定前的重要一步。

影响人们注意的转移有以下几个因素。

① 注意的紧张程度。如果在原来的活动中保持注意的紧张状态,那么其注意力就会相对稳定而不容易被转移。

② 对注意对象的理解程度。如果对引起注意转移的新事物具有较为深刻的理解,那么即使原来的活动吸引力很强,也能顺利地、较快地实行转移。

③ 个人神经的灵活程度。每个人的神经反应过程的灵活程度决定了各自注意转移的快慢。

特别要指出的是,注意力具有一定的延续性,也就是说当受众正在专注某一事物时,不容易马上将注意力调离此事物,而是有个减弱的过程。我们在广告发布的过程中可以利用受众注意力延续性的特征,例如,在热播的电视节目中插播广告,此时,由于观众的注意力和思绪依然停留在刚才播放的电视节目中,目光很难马上离开电视画面,因此就会惯性般地继续欣赏电视中播放的广告内容。而此时的广告效果也是最佳的。

(5) 注意的紧张性

注意的紧张性,是指心理活动对一定对象的高度集中的程度,是注意的强度特征。人在紧张注意的情况下,会在思维中排斥周围的其他事物。浓厚的兴趣和爱好都能引起一个人高度紧张的注意,而厌倦、疲劳则会削弱注意的紧张性,我们在发布广告的时候也应该考虑如何提高广告受众在关注广告信息时的紧张性。

5. 注意规律及其广告运用

我们已经知道了注意在整个广告传播中具有十分重要的作用,那么,我们在具体的广告实践中,应该如何把握注意的规律并将其运用到广告之中呢?根据广告受众注意产生的原因及特点,我们可以用如下方式吸引和维持消费者的注意。

(1) 增强广告的强度

根据心理学原理,刺激需要达到一定的强度才能引起有机体的反应。在一定强度范围之内,强度增加反应也随之增加。广告的强度可以通过能够引起受众关注的多个方面来控制:广告幅面的大小、色彩的鲜艳程度、音响效果、运动强弱等。

(2) 增加广告各元素的对比度

从人的感知器官的反应来说,具有显著对比的事物更能引起人们的注意。对比是利用差异化来突显形象的方式,我们在广告中利用对比的艺术处理,更能使广告信息的发布强度扩大,得到更好的传播效果。

在广告的制作与发布中常常利用的对比有以下几种。

① 颜色对比。具有较强颜色对比的画面更能吸引人的注意。

② 大小对比。为了突出主题,或者需要在最短的时间内传播广告的信息,大小对比是非常有效的一种方式。我们可以在广告画面中放大关键信息的字眼,让人们一眼望过去就能了解该广告的主题是什么,如图 3-3 所示。我们也可以利用声音的大小对比,制造某种紧张感,使广告的受众更加容易关注到该声音信息的广告。

图 3-3　大小对比

③ 动静对比。动静对比既包括广告同周围事物之间的动静对比,也包括广告本身设计处理的动静关系。在当今的网络广告中,动静对比是运用较多,且具有良好广告效果的一种处理方式。我们既可以在周围物体处在相对静止的环境中突显广告主体的运动感,也可以在周围物体处在相对运动的环境中突显广告主体的静止感,只要达到动与静之间的对比强度就可以更容易引起广告受众的关注。如图 3-4 所示。

（3）加强广告的创意性

几乎所有的人都容易被新颖独特、出乎意料的事物所吸引,因此,在广告中加入更多的创意就更容易引起人们的关注,如图 3-5 所示的指甲艺术广告,极具个性化色彩的指甲艺术创意无疑更能吸引人的眼球。但是广告的求新求异也不能过度,过度了容易丢失广告本身内容的传递,结果得不偿失。

图 3-4　似动图（数一数图中黑点的数量）　　图 3-5　加强广告的创意（铆钉水晶光疗全上阵——让人眼花缭乱的指甲艺术）

（4）在广告中加入悬念

广告中悬念的使用容易吸引广告受众的关注,并且有利于增强广告受众的参与动机。广告受众在悬念广告的指引下不自觉地将被动状态转化为主动状态,并积极地加入自己的想象,构想广告的后续部分,同时也会对广告的后续篇章抱以期待。因此,在广告中加入悬念的设计会加深广告受众对广告的理解。图 3-6 是 2016 年 9 月 3 日刊登在《厦门晚报》封面版的整版广告,广告的出彩之处在于偌大的版面只有寥寥数字和一个简单的二维码图,在温情脉脉的引导之后,并没有给你一个直白的结果,而是留下一个充满未知的二维码,在几乎人手一把智能手机的今天,扫一下二维码其实并不费多少功夫,简短文字制造的悬念是不是足以激起人们轻轻一扫的欲望?

图 3-6　富有悬念的广告

(5) 增加广告的趣味性

富于趣味的广告会让受众更乐于接受。如果生硬地将广告内容灌输给受众,那么受众会觉得接收广告信息是一种折磨,在心理上也会对广告有所排斥,而具有趣味性的广告会让受众十分轻松且愉快地接受广告,并在头脑中留下印象。图3-7中的三幅广告作品是为某个品牌的新产品做的广告,意在传达薯片所采用的原料都是纯天然的,而且调配美味,如辣椒味、番茄味、鸡腿味,在画面组合时,成了公主、皇后、皇帝,说明搭配绝美。拟人画面的传达,让人明白主旨的同时,发出会心的一笑,拉近了与受众的距离。

图3-7 富有趣味性的广告

(6) 加强广告的参与性

使广告受众在自我参与的过程中逐渐接收广告信息,是广告信息准确到达目标消费群的良好方式。参与性的广告可以出现在电视广告、广播广告、印刷广告等广告中,更可以出现在网络广告中。由于网络本身的互动性,使得广告可能更有效地使潜在消费者参与到广告的整个讲述过程中,而参与者也能更详细、深入地了解广告产品。

3.4.2 知觉理论及其在网络广告中的运用

一个成功的广告,不仅能吸引消费者的注意力,而且还能准确地知晓消费者是如何被吸引的。只有做到充分了解消费者在接收广告过程中的知觉行为,才能更加准确地进行广告的制作与投放。消费者是通过什么来接收广告信息的呢?当然是用感知器官:眼睛、耳朵等,但仅仅通过感官触摸到了广告还不行,还必须在感知了广告信息之后对其作出一定的判断。因此,广告要得到良好的知觉效果,就应该紧紧把握消费者的感知规律,从而更加准确地设计和发布广告。

1. 感觉

感觉是人们从外部世界(也可以从身体内部)获取信息的第一步,刺激作用于感觉器官,在大脑中对特定对象个别属性的直接反应就是感觉。人们对客观事物的认识是从感觉开始的,它是人类认识客观事物最简单、最基本的形式。感觉分外部感觉和内部感觉两种。外部感觉就是外部感官对客观事物的感受,有视觉、听觉、嗅觉、味觉和触觉五种;内部感觉是反映机体本身各个部分或内部器官发生的变化,有运动觉、平衡觉和机体觉三种。广告受众接受广告主要靠的是外部感觉,感觉是心理活动产生的前提条件,广告投放以及广告效果分析必须在掌握受众感觉特征的基础上进行。

感觉器官对一般刺激的感觉能力叫感受性,人的感受性并不是一成不变的,它会受到内外条件的影响,例如,适应、对比、感官之间的相互作用、生活需要和训练等都能导致相应的感受性发生变化。当人的感觉器官长时间接受某一刺激时,其感受性会降低,这种现象叫作感觉的适应。由于感觉具有适应性的特点,在广告传播过程中,我们就应该设法调整广告信息对受众的刺激程度,例如,增大刺激值或变换广告的表现形式,以继续吸引受众的注意。

感受性的强度是由感觉阈限的大小来度量的。感觉阈限,是用于测量感觉系统感受性大小的指标,用刚能引起感觉的刺激量来表示,可分为绝对感觉阈限和差别感觉阈限两类。绝对感觉阈限测量感觉系统的绝对感受性,刚能引起感觉的最小刺激量称为刺激阈限或感觉的下绝对阈限。当引起感觉的刺激量继续增加,并超过一定限度时,就会使该感觉受到破坏,引起痛觉。能够引起感觉的最大刺激量称为上绝对阈限。从下绝对阈限到上绝对阈限之间的距离是有关感受性的整个范围。在已有感觉的基础上,为引起一个差别感觉,刺激必须增加或减少到一定的数量。不同感觉通道或不同人之间,对差别的感觉能力是不同的,而刚能引起差别感觉的刺激的最小变化量称为差别感觉阈限或辨别阈限。

心理物理学的研究表明,刺激从原有强度上变化至最小可觉差是一个恒定的比例常数,而不是绝对的差数。这个比例常数可以表达为:$\Delta S/S$,S 是原有刺激值,ΔS 是最小可觉差。该比例常数亦称韦伯分数。表 3-1 列出了不同感觉的韦伯分数。

表 3-1 不同感觉的韦伯分数[①]

刺 激 类 型	韦伯分数	刺 激 类 型	韦伯分数
音高(在 2000 赫兹时)	0.003	响度(在 1 000 赫兹,100 分贝时)	0.088
重压(在 400 克时)	0.013	橡皮气味(在 200 嗅单位时)	0.104
视明度(在 1 000 光量子时)	0.016	皮肤压觉(在每平方毫米 5 克重时)	0.136
提重(300 克时)	0.019	咸味(在每升 3 摩尔量时)	0.200

如果广告信息给受众的感觉刺激太弱或者太强而超过了人的感受性的范围,那么广告信息的传播就起不到应有的效果。例如,在网络中,如果某一广告闪过的速度过快,它在人的感知系统中并没有留下明晰的痕迹,那么这则广告的广告效果可以说是微乎其微的。又如,网页中某一浮动广告以明亮和动态的效果出现,那么它过度的刺激可能让人产生不适的感觉,进而也不会让人产生继续注视它的欲望。在具体的广告制作和投放过程中,可以利用人们的差别感觉阈限,如对原有的商品的特性进行改变,并使这个改变被消费者能感受到,就可以将改变的部分在广告信息中以差异化的方式呈现出来。例如,软件的不断更新,用产品数字代码的不断增大来体现,就是利用了人的差别感觉阈限,使受众对信息的感知超过差别感觉阈限,以达到引人注意的目的。当然,并不是商品中所有的改

---

① 马谋超. 广告心理学[M]. 北京:中国市场出版社,2008:37.

变都希望被消费者察觉,因此在有些时候商家会尽量减弱信息变化的强度。例如,食品饮料等价格的增长,为了使消费者察觉不到价格的增长,商家有可能将商品的重量降低而价格却保持不变。由于消费者在购买商品时更多关注的是商品的价格而不是重量,因此商家此举也就达到了隐形涨价的目的。

在广告中,我们还常常会运用到联觉。联觉也叫通觉,就是一种已经产生的感觉引起另一种感觉的心理现象。例如,我们看到黄色灯光,便会感到温暖。联觉现象遍及所有感觉,但是个体之间的差异却很大:有人明显,有人不明显。在网络广告中,应用最多的是视觉上的联觉,视觉上感知到的颜色、图形、动态等会使人产生不同的联觉。例如,在康师傅香辣牛肉方便面的广告中,画面以红色为主,并使画面呈现出较为激烈的动态,让人感到食品"辣"的特性。

2．知觉

知觉是在感觉的基础上产生的,将感觉从复杂的环境中分离出来并加以组织,并根据过去的经验作出解释。在知觉过程中还有思维、记忆等的参与,知觉对事物的反应要比感觉更深入、完整。知觉通过选择、组织和解释客观刺激,使之成为一个有意义的、连贯的现实映像的过程。解释的整个过程还会受到个体的个性、动机、学习、态度的影响,因而表现出明显的主观性。图 3-8 所示为知觉过程图示。①

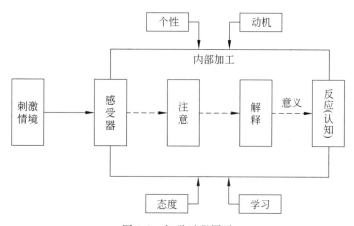

图 3-8　知觉过程图示

刺激情境是作用于感觉器官的各种各样的刺激。人体有感受各种刺激的感受器,以形成视觉、听觉、味觉、嗅觉和触觉等。有些刺激因为超过阈限而没有被人感觉到,能够被人感觉到的,有些因为注意的选择性又被忽略。解释意指包括把注意范围内的感觉信息组织成有意义的模式,再将它同过去的经验比较,从中推得意义。

从对知觉的解释可以看出,知觉是积极、能动的认知过程。人的知觉的能动性主要体现为知觉的选择性,即当多个事物同时作用于人的感觉器官时,由于认知资源的限制,只能对其中一个或几个事物有较为清晰的知觉。被选择的事物成为知觉的对象,而其他事物则成为知觉对象的背景。因此,我们在广告中要做的,就是如何将需要传递的广告信息

---

① 马谋超. 广告心理学[M]. 北京:中国市场出版社,2008:40.

尽量区别于其他信息,使主体信息得到充分的传播。

除了知觉的选择性,我们还应该把握住知觉的整体性。知觉的对象往往具有多种属性,并由多个部分组成,但我们并不是将它们感知成彼此无关的部分或属性;相反,这些不同属性和不同部分将以整体的姿态被感知。

人们在对客观事物进行知觉时,总会结合自己已有的知识背景和经验对信息对象进行理解和解释。由于每个人的知识背景和经验不完全相同,因而面对同一个客观刺激,不同的人可能会产生不同的知觉结果。为了提高广告效果,在广告的创意制作和传播中,应充分考虑目标消费者的群体特征,尤其是群体的知识背景和生活经验。当然,除了知识背景和经验因素之外,还需要考虑广告受众的情绪、态度、周围环境等因素,这些也会影响到广告的最终效果。

知觉还具有恒常性的特征。知觉的恒常性就是指在照度、距离和位置等发生变化的条件下,人对物体的知觉结果仍旧保持不变。常见的知觉恒常性有形状恒常性、大小恒常性、明度恒常性、颜色恒常性、对比恒常性等,这是由于人们在实际生活中建立了大小、距离、形状与角度的联系,当观察条件变化时,利用已建立的这些联系,就能保持对客观世界较稳定的知觉。例如,球场上的足球不会因为它所处的位置而产生透视规律中"近大远小"的形态而被认为是乒乓球或别的什么事物。

知觉恒常性的特征对广告的设计具有积极意义。例如,我们可以在把握大小恒常性规律的情况下更好地把握广告与周围事物的关系,通过它们之间适当的比例,使整个画面更加协调,更好地诠释广告的内涵。

3．理解

广告作用于人首先是通过人的感觉,然后是知觉,但此时广告的信息并不一定都完整地传达给了广告受众,也就是说,此时还没有在知觉的基础上对广告进行正确的理解,而只有对广告有了正确的理解之后,广告的传播过程才能算完成了。理解,就是运用已有的知识和经验来认识客观对象的思维活动。理解和感觉、知觉的不同之处在于它需要借助大脑的思维,是思维的产物。

在网络广告中,单纯地将图像、颜色、声音等信息传递给广告受众还是不够的,只有增强受众对广告的理解力,才能完成广告的传播。增强受众对网络广告理解力的方法有以下几种。

(1) 将信息视觉化,增强广告信息的生动性。我们知道,网络广告所依赖的感知器官主要为视觉和听觉,而其中视觉又占有先导位置,因此将广告信息尽可能地用较为生动的视觉图像来表达,达到让受众一目了然的效果,这无疑有助于受众在有限的时间内更好地理解广告的内容。

(2) 在广告信息与受众之间建立熟悉感。现代心理学中指出,人的认知结构是在感知和认识客观事物的基础上,在头脑中形成的一种心理结构,它主要由过去的知识和经验组成。因此,我们应该尽可能传递人们较为熟悉的信息,这样有利于促进受众对广告的理解。广告中可以通过熟悉感的建立,如熟悉的人物形象、熟悉的生活场景等,以拉近受众与广告商品的距离,如图 3-9 所示。

(3) 信息的简化。网络本身就是信息的海洋,人们可以在网络上寻找到各种信息。

图 3-9　让人有熟悉感的广告

每个网页也容纳了大量的信息。因此要想让广告在众多信息中脱颖而出,就必须将关键信息简化。简化的目的是让广告的主要信息在最短的时间内被受众理解。①

4. 态度与说服

态度就是个体以特定方式对待人、物、思想观念的倾向性。归纳起来,态度有如下几个特性。

第一,态度不是与生俱来的,而是后天习得的。

第二,态度必有对象,它可以是具体的人、物、事件,也可以是抽象的思想、理论等。

第三,态度一旦形成,将持续相当长的时间。

第四,态度有结构,由认知、情感和行为倾向性构成,彼此间协调一致。

第五,态度是内在的体验,只有通过言语、行为间接地推测。

第六,态度有方向、强度和信任度。情感上好恶的极性,表征出态度的方向;好恶的程度表明态度的强度;而表达特定对象的确信水平,便是它的信任度。

受众在接受广告信息的过程中会对产品和服务形成态度,这种态度决定受众对企业及其提供的服务的接受程度,影响他们的购买行为。在广告心理中,态度的行为倾向性是受众看过广告之后产生的购买意向。

所谓说服,就是给予消费者刺激,使其产生动机,进而改变态度或意见,并依照说服者预定意图采取行动。完成说服必须具备以下条件:

第一,受众对诉求产生共鸣或关心;

第二,受者与说服者采取同一步骤或行动;

第三,使受者赞成说服者的意见或行动;

第四,使受者重视说服者的立场和信念。

广告的心理功效就是说服消费者产生购买行为,广告的主要作用实际上是说服引导目标受众的态度和行为趋于说服者预定的方向。增加广告的说服力可以用以下方法。

第一,提高信源的可信度。消费者认为信源高度可靠时,营销活动比较容易影响消费

---

① 涂伟,白雪. 网络广告学[M]. 武汉:武汉大学出版社,2010:54-68.

者的态度。

第二，提供双面信息。广告中通常只展现单方面信息，这对巩固已有态度比较有效，对于改变已有的强烈态度，双面信息比单面信息更有效果。

第三，给受众积极的情感体验。情感作用可以直接减少广告的强加印象，容易获得目标受众的好感，使其对广告产生积极的态度。[①]

3.4.3 记忆理论在网络广告中的运用

任何一个广告主都希望自己的广告能在受众脑海中留下深刻的印象，因此，如何让受众将广告要传递的信息准确地记忆下来，也就成为广告传播过程中需要思考的一个重要问题。

记忆是在头脑中积累和保存个体经验的心理过程。记忆过程是通过识记、保持和重现三个环节来完成的。识记，就是通过感觉器官将外界信息留在大脑中。保持，是将识记下来的信息，短期或长期地留在大脑中，使其暂时不遗忘或者长久不遗忘。重现，包括两种情况，凡是识记过的事物，当其重新出现在自己面前时，有一种似曾相识的熟悉之感，甚至能明确地把它辨认出来，称作再认；凡是识记过的事物不在自己面前，仍能将它表现出来，称作再现。因此，重现就是指人们需要时，能把已识记的材料从大脑里重新分辨并提取出来的过程。记忆的三个环节是相互联系、相互制约的。

人的记忆系统分为感觉记忆（保持时间短于 1 秒钟）、短时记忆（保持时间短于 1 分钟）和长时记忆。米勒（Miller. G. A）的实验研究表明，短时记忆的容量为 (7 ± 2) 个。意思是在短暂呈现的条件下，大脑能接受的数量至少有 5 个，多至 9 个，平均为 7 个。也就是说，当刺激的数目超过 7 个时，大脑短时所接受的量一般是 7 个。

一项有关消费者的品牌记忆数量的调查，获得了一份统计结果，见表 3-2。

表 3-2 品牌记忆量的分布

品牌数	0	1	2	3	4	5	6	7 个以上	样本数
酒店业	4	12	26	37	15	7	1	0	102
方便面	0	0	5	34	26	31	2	0	98
电冰箱	0	0	11	42	49	7	0	0	100
香 烟	0	0	6	39	41	17	1	0	104
火腿肠	0	9	22	13	5	3	0	0	52
合计	4	21	70	165	136	65	4	0	456

还有资料说，广告标题在 6 个字以下，读者的回忆率为 34%；6 个字以上，则只有 13%。短时记忆的具体数可能会因具体情况而不同，但是有一点可以肯定，即消费者在短暂中接受的信息是很有限的。彼得森（Peterson. L. R 和 Peterson. M. J）的研究还指

[①] 林升梁. 网络广告原理与实务[M]. 厦门：厦门大学出版社，2007：94.

出,短时记忆保持的时间也是很有限的,在他的实验中,回忆间隔至 18 秒时几乎完全遗忘。[①]

在三种类型的记忆中,真正能使广告受众产生购买动机的是长时记忆。广告受众在多数情况下,只有在接受广告或长或短的一段时间之后,才会发生购买行为,因而进入长时记忆的广告信息更能有效地影响广告受众的购买。在感觉记忆、短时记忆和长时记忆三个过程中,遗忘是必然要发生的心理现象,遗忘是指对识记过的材料不能再认或再现,或者错误地再认或再现。遗忘分为暂时性遗忘和永久性遗忘,前者指在适宜条件下还可能恢复记忆的遗忘,后者指不经重新学习就不可能恢复记忆的遗忘。

如何使广告给受众留下尽可能深刻的印象,减少遗忘的发生呢?除了广告本身的创意和设计之外,我们通常从以下几方面来进行考虑。

1. 发布的时间

同一个广告在不同的时间段发布具有不同的效果。在大众广告媒介中,电视媒介、广播媒介最为注重广告的发布时间,而且在不同时间段内发布的广告所收取的广告费也是具有较大差异的。同样,作为网络广告来说,广告发布的时间也是至关重要的一环。现在许多大型门户网站的广告位置在一天、一周或一月当中并不是被一个广告主所购买,网站将该位置的占用时间分为几个时间段,供不同的广告主所使用。因此,我们在发布广告的时候一定要先了解目标顾客的上网习惯,然后在他们最可能上网的时间段内发布自己的广告。例如许多公司白领的上网时间是工作时间:9:00~18:00,而许多学生的上网时间恰好和公司白领相反,是在 18:00 之后。同样,一周内不同职业的人群的上网时间段也是不同的,周一至周五的上网人群和周六周日的上网人群也不一样,这些时间上的细节是我们广告发布需要注意的关键点。只有掌握了不同人群的上网规律,才能使广告有的放矢,让看到广告的目标消费者对广告信息有兴趣从而加深记忆。

2. 发布的形式

在网络上,同样的广告内容可以用不同的形式进行发布,其中包括纯文字、图片、动画、视频等。在不同的网站环境中,可以选择不同的形式进行发布。例如,在论坛中做广告,可以选择文字链接的方式,将文字链接放置在每个发帖和回帖的末端,这种方式能使广告得到较高的覆盖率,并且有效到达数量也较大。如果是在门户网站发布广告,为了抢占网民的眼球,可以用强制性的动画方式,这样,凡是进入该网站相应页面的人,都会注意到广告,虽然并不是所有的人都会将该广告认真地看完,但是此种广告的发布形式也使得更多的人记住该广告的产品信息。

3. 发布的位置

网络广告基本上是属于平面广告,人们是在一个整体平面中查看和接受广告的,广告出现在不同的位置会产生不同的关注程度,因此广告的位置在整个页面中的位置,以及在哪个板块中呈现也就成了网络广告发布的一个关键点。

从人的视觉习惯来看,人们总是从上往下看,且在开头和结尾的地方停留的时间最长,因此我们可以利用人的这种阅读习惯将广告放置在页面的开头和结尾。除了开头和

[①] 马谋超. 广告心理学[M]. 中国市场出版社,2008:76-77.

结尾,其他的地方也可以发布广告。由于网络广告的独特性,我们可以将广告放置在网页中的任何一个位置,也可以让广告在页面中随着屏幕显示的变化而进行浮游,同时还可以将广告制作成弹出形式,覆盖页面的一部分。

4. 发布的频率

德国著名心理学家赫尔曼·艾宾浩斯对记忆遗忘规律进行了较为深入的研究,他在研究中指出了遗忘的时间规律:遗忘在学习(认知)后立即开始,遗忘的过程最初发展得很快,以后逐渐缓慢。赫尔曼还描绘出揭示遗忘规律的曲线,曲线中竖轴表示记住的信息,即信息的保持率,横轴表示时间,曲线表示记忆量的变化,如图3-10所示。

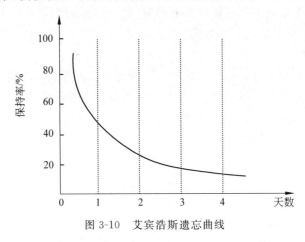

图 3-10 艾宾浩斯遗忘曲线

根据赫尔曼·艾宾浩斯对遗忘规律的研究可知,在网络广告的发布中,虽然有些方式可以让受众立即接收到广告信息,但这并不表示广告信息会在受众的记忆中留下深刻的印记,因此也依然要从人的遗忘规律出发,合理地安排广告发布的时长和频率,让广告真正深入人心[①]。

3.5 网络广告心理效果模型

广告心理效果是指广告内容经过特定的媒介传播后,对消费者心理活动的影响程度。网络媒体使用环境、网络广告传播特性和网民接触广告的情境等使网民形成独特的广告接受心理效应,表现出有别于传统广告的行为习惯。只有遵循心理学的法则才能科学、有效地进行广告的策划和传播。

3.5.1 传统媒体广告心理效果模式

当消费者接受广告信息后,会产生一系列的心理效应,最终付诸购买行动。而广告对消费者的影响是多层次、多侧面的,广告研究者对此进行了广泛的研究,至今形成一系列形形色色的广告心理效果模式,但影响较大、得到广告界认可的主要有以下几种模式:

---

① 涂伟,白雪. 网络广告学[M]. 武汉:武汉大学出版社,2010:74-75.

1. DAGMAR 模式

1961年,美国广告学家R.H.科利(Russell H. Colley)认为,判断广告的成败与否,应视它是否能有效地把想要传达的信息与态度在正确的时候花费正确的成本、传达给正确的人。为此他在著名的《为衡量广告效果而确定广告目标》一书中提出"制定广告目标以测定广告效果"(defining advertising goals for measured advertising results)的方法,我们称其为DAGMAR模式(达格玛模式),也称科利法。

科利依据广告所执行的只是传播任务的认识,极力说服广告主以传播效果衡量广告效果是合理的为基础,建立起广告传播的效果层级模式,主张每一阶段都必须确立能够加以科学测定的量化指标,以便最后测定和衡量广告传播效果。

这一基本模式及理论成为现代广告理论的基础,DAGMAR广告效果模式如图3-11所示。

图3-11 DAGMAR模式

知名(awareness):潜在顾客首先一定要知晓某品牌或公司的存在。

理解(comprehension):潜在顾客一定要了解这个品牌或企业的存在,以及这个产品能为他做什么。

信服(conviction):潜在顾客一定要达到这一心理倾向并想去购买这种产品。

行动(action):潜在顾客在了解、信服的基础上经过最后的激励产生购买行为。

2. 李维奇(R.J.Lavidge)与斯坦纳(G.A.Steiner)的层级效果模式

1961年,李维奇和斯坦纳借鉴态度理论的三相心理模型,提出广告作用六阶梯模型,如图3-12所示。

图3-12 李维奇与斯坦纳六阶梯模型

李维奇和斯坦纳认为,消费者对广告的反应由三个部分组成,即认知反应、情感反应和意向反应。认知反应包括知晓和了解,知晓是指消费者发觉产品的存在,它发生于消费者与广告接触之际,了解是消费者对产品性能、效用、品质等各方面特点的认识。情感反应包括喜欢和偏好,喜欢是消费者对产品的良好态度,偏好是消费者对产品的良好态度扩大到其他方面。意向反应包括信服和购买,由于偏好,消费者产生购买欲望,而且认为购买该产品是明智的,这就是信服,购买是由态度转变为实际的行为反应。

广告影响消费者的认知、情感和意向,这一作用过程是直线、顺序发展的。但实际上很多情况下,消费者从觉察广告到进行购买,并不总是按如此的逻辑,有时不需要获得全部的必要信息,也不必经历所有阶段。

3. AIDA 模式

这一理论模式又称广告因果理论或有效广告理论,是由美国广告顾问白德尔(Clyde Bedell)提出来的,他认为广告作用于消费者要经历以下的心理过程。

A(attention)：引起消费者注意，使得消费者的心理活动在周围众多事物中指向和集中于该广告；

I(interest)：在对广告内容作一系列信息加工后，对广告内容发生兴趣；

D(desire)：消费者对该商品产生购买的欲望；

A(action)：促成购买商品的行动。

后来，人们注意到广告效果的累积性，特别是迟效性和延续性的特点：消费者的购买行为在许多情况下不是广告暴露后立即进行，而是在之后的某个情境中，受一定刺激后才发生的。在此过程中，消费者对广告的记忆是产生迟效和延续的心理基础，于是在 AIDA 基础上，加进了 memory（记忆）因素，这样，广告的心理历程就成为 AIDMA：注意→兴趣→欲望→记忆→行动。

3.5.2 网络广告心理效果模型

1. AISAS 模型

互联网时代，用户的购买行为深受互联网社区中其他用户关于产品言论的影响。在 AIDMA 模型的基础上，日本电通广告公司结合网络与无线应用时代消费者生活形态的变化，提出了一种全新的受众接受广告信息的过程：关注（attention）→兴趣（interest）→搜索（search）→购买（action）→分享（share）。相比之下，AIDMA 模式的欲望和记忆环节被 AISAS 模式中的搜索取代了，购买环节之后，增加了分享环节。AISAS 模型反映了网络时代中人们行为的独特性，它十分明确地指出了网络时代中搜索（search）和分享（share）的重要性，这两个环节是网络广告受众积极性和主动性的表现，搜索代表了广告受众主动地接受信息，分享则意味着广告受众主动地传播信息。受众的分享行为具有革命性的意义——广告受众不但是广告信息的消费者，更是广告信息的传播者和生产者。

在此基础上，日本电通片平秀贵还提出了一个"以消费者生成媒体（consumer generated media，CGM）为前提的消费者广告信息处理模型即 AIDEES 模式"，如图 3-13 所示。该模式将行动（action）环节和分享（share）环节独立放大出来概括成为体验（experience）和热情（enthusiasm）环节。正是对产品和服务及其广告的体验激发了消费者传播的热情，进而到网络上与他人分享，引发社群内部的讨论和其他消费者的消费行为。

图 3-13　在 CGM 环境下口碑影响消费者行为的六阶段 AIDEES 模型

2. 修正的精细加工可能性模型

20 世纪 80 年代，在态度改变理论的研究领域里，心理学家佩蒂（Petty）、卡西窝波（Cacioppo）和休曼（Schumann）提出了一种精细加工可能性模型（the elaboration likelihood model，ELM）。该理论把态度改变归纳为两个基本的路径：中枢的和边缘的。中枢说服路径把态度改变看成消费者认真考虑和综合信息的结果。边缘说服路径的看法与中枢的相反,认为消费者对客体的态度改变不在于考虑对象本身的特性或证据,而是将该对象同诸多线索联系起来。这些线索可能是肯定的,也可能是否定的。ELM模型的基本原则是:不同的说服方法依赖于对传播信息作精细加工的可能性高低。当精细加工的可能性高时,说服的中枢路径特别有效;而当这种可能性低时,则边缘的路径有效。两条说服路径的效果有两点重要的区别:中枢路径所引起的态度变化比边缘路径的要持久,中枢路径所形成的态度可能比边缘路径预测后来的行为更好。[①] ELM模型如图3-14所示。

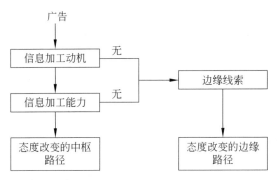

图3-14 态度改变的ELM模型

Cho 和 Leckenby(1999)认为,因网络是一种全新的互动媒体,其双向性传播方式显然具有区别于单向性的传统媒体的诸多特点,故 ELM 需要进行调整才能正确解释与预测网络广告的传播效果。修正的精细加工可能性模型(modified elaboration likelihood model)的主要内容如下。

(1) 媒体呈现阶段

在原 ELM 中,并没有将广告呈现与媒体呈现分离,原因可能在于当受众选择了某一传统媒体时便会被动地接受到其中的广告,而网络广告的接受则还受到使用者对网页及网页部位选择的影响。

(2) 非自愿接受广告阶段

当某一网页打开时,网民能否有机会加工该页面上的广告,仍会受到网络下载速度、网络广告所处网页位置等诸多因素的影响。

(3) 点击广告阶段

当接触到广告后,网民会有两种选择:点击或避开广告。Cho 等认为,这主要取决于个人卷入与产品卷入度[②]的高低。

当卷入度高时,消费者加工产品信息的动机强,驱使他们通过点击广告来获得更为详细的品牌细节。Cho 等称之为中枢路径的自愿呈现。

当卷入度低时,消费者主动点击广告的可能性小,但会受到某些边缘线索(如较大的广告版面、艳丽的色彩、广告元素的运动变化等)的诱导而打开广告链接。

除了卷入度外,Cho 等还认为,诸如广告与其主网页相关性、消费者对网络媒体及其

---

① 百度百科,"精细加工可能性模型"。
② 产品卷入度是指消费者对产品的重视程度或产品对个人的重要性。

广告的总体态度也会影响到广告是否会被点击。

(4) 广告信息的认知加工阶段

当广告页顺利下载后,便进入广告信息的认知加工阶段,因受众是通过主动点击进入广告页的,这种加工往往比对传统媒体广告的加工要更为积极主动,但与ELM相似,修正模型同样认为,受众卷入状态的差异会激活两类不同的说服路径:中枢路径和边缘路径。

当卷入度高时,且消费者具备加工该广告信息的能力时,中枢路径启动,积极主动的加工过程得以进行,并直接影响态度的形成。若加工能力不足以完成对广告信息的处理,边缘路径激活,消费者会将注意力转移到广告的边缘信息,如代言人的魅力、背景音乐、幽默、图片元素等。

当卷入度低时,消费者主要启动边缘路径,关注广告中的边缘信息,不会对广告信息进行深度加工。若这类信息不够诱人,他们便会迅速离开广告页。

(5) 态度改变阶段

说服路径不同,则态度改变各异。一般地,基于中枢路径(对广告信息的深度加工)的态度改变往往稳定性和预测力均强于源自边缘路径(对边缘信息的加工)的态度,至少表现出更有可能:点击广告的相关链接以获取更多品牌信息;对广告上提出的反馈要求作出回应;收藏广告页以备日后参考。

3. 互动广告模型

互动广告模型(the interactive advertising model,IAM)是罗杰斯(Rodgers)和索尔森(Thorson)于2000年提出的。他们指出,舍弃传统的广告模型而构建新模型的理由在于:其一,消费者的上网动机与浏览传统媒体的动机有别;其二,网络具有区别于广播电视或纸质媒体等传统媒介的独有特点,即互动性和虚拟现实性。而这两方面正是理解和预测网络广告效果不可或缺的。互动广告模型由以下几部分组成,见图3-15。

(1) 消费者控制因素

互动广告模型认为,在传统媒体环境中,尽管消费者能选择是否关注、重视或忽视其中的广告,但他们何时、何地、以何种方式接触广告往往由广告人所控制。网络广告则与之迥然不同,消费者比广告人更具有控制力。该模型将消费者控制因素分为既独立起作用又相互影响的三个部分:功能(functions)、信息加工(information processes)、反应(response)等。

① 功能。在网络环境中,对广告信息的加工和反应均源于个体的需求或目标,即网络行为是有目标指向的。因此,其模型结构的起点为动机——上网的原因,并将相关动机分为四个基本类别:研究、人际交流、冲浪游戏、购物。同时,上网动机还存在不同的强度,在该模型中用"模式"(mode)表示。动机强度直接影响随后的信息加工及行为反应方式:在强动机模式下,个体倾向于更为认真、更关注相关事件的未来走向,并投入更多的心理资源对相关信息(包括与目标相关的网络广告)进行认知加工,而对无关事件(如无关的广告)则较少关注;而当动机较弱时,个体上网动机则表现为好玩性、寻求愉悦等,更多关注眼前的享受,不会对信息进行深度的加工。

② 信息加工。消费者对他们所关注的广告信息予以搜集、理解、与记忆中的信息建

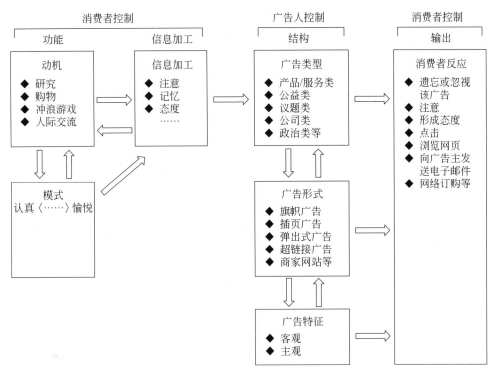

图 3-15 互动广告模型

立联想、进行评价,形成态度与购买意向。

③ 反应。网络广告是否有效,需由消费者的行为反应来获得证实。互动广告模型认为,检测传统媒体广告效果的众多手段均适用于网络广告,如眼动技术、回忆、再认、态度及购买意向测量等。同时,也存在诸多适应互动媒体的新方法,如网页停留时间、点击率、网络订购或试用、搜索行为等。

(2) 广告人控制因素

互动广告模型认为,这类变量绝大多数为结构性因素,如广告类型、格式、特征等,且与消费者控制因素交互作用,共同影响广告的传播效果。

① 广告类型。广告一般可分为五种类型,即产品/服务类(product/service)、公益类(public service announcement)、议题类(issue)、公司类(corporate)和政治类(political)。广告类型往往与上网动机、模式等变量产生交互作用,共同影响消费者对广告的反应。

② 广告格式。即广告的表现形式。相对传统媒体,网络广告的格式更为丰富。格式的差异也是影响消费者反应的重要因素,如商家网站比弹出式广告所提供的商品信息更为丰富,这为消费者对信息的深度加工提供了更好的机会。

③ 广告特征。互动广告模型将广告特征区分为客观(object)和主观(subject)两大类。客观特征如广告页面大小、动态或静态、字体、颜色等均可能影响广告的传播效果,这与传统媒体广告有着较大的相似性。而网络的互动性为广告人实时选择、修改广告的形式与内容提供了可能,即网络广告具有区别于传统广告的主观特征。如广告人可将广告页的主色调更改为其喜好的颜色、调整其布局、设置动画的不同运动轨迹等,这些主观特

征同样会不同程度地影响消费者对广告的反应。

4. 网络广告心理效果模式

依据广告发布这种信息传播的一般心理效应，结合网络广告独特的心理效果，江波(2001)提出了网络广告心理效果模式，如图 3-16 所示。

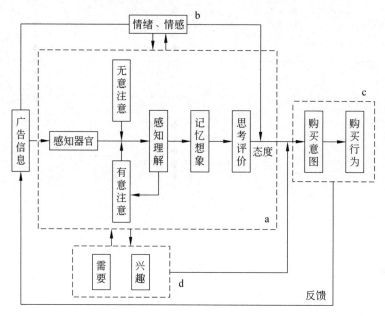

图 3-16　网络广告心理效果模式
a—认知过程；b—情感过程；c—意志过程；d—交互过程

该模式认为，网络广告对消费者产生心理效果包括认知过程、情感过程、意志过程及交互过程四个部分。网络广告先于消费者的感觉器官，经过无意注意或有意注意被感知，进而通过辨别、理解，产生记忆，发生想象，进行思考评价。伴随着认知过程，消费者会对广告或宣传的商品产生各种情绪、情感体验，同时这种情绪、情感反过来又影响着消费者对广告的认知。另外，在认知过程中，还受到消费者的需要、兴趣等个性心理特征的交互作用。在认知过程、情感过程、交互过程的基础上，消费者形成对广告及所宣传商品的态度，然后对是否购买广告产品作出决策，形成购买意图，最后点击鼠标产生购买行为。

第 4 章

网络广告的创意

在现代经济中,广告营销传播的作用是至关重要的。任何一种商品和服务,不管多么优秀,如果没有良好的营销传播,也很难在市场上取得成功。在广告营销传播活动中,为了充分地传播品牌理念、阐释广告主题,创意显得尤其关键。据美国研究公司 Dynamic Logic 的一项研究显示,广告创意对广告有效性的影响要比网络营销人员所认为的更为重要。在某些方面,它甚至是比广告定位和广告位置更为重要的广告指标。创意是连接品牌与消费者的物质形式,是引起消费者注意、激发消费者购买欲望的驱动力。

4.1 网络广告创意概述

创意,即创造意识或创新意识的简称,是对传统的叛逆,是打破常规的哲学,是破旧立新的创造与毁灭的循环,是思维的碰撞、智慧的对接,是具有新颖性和创造性的想法,是不同于寻常的解决方法。

广告创意是介于广告策划与广告表现制作之间的艺术构思活动,它不仅是一种表面的设计构成形式,而且是以正确的品牌理念和传播策略为指导的表现形式,广告创意的形式永远是为内容服务的。

网络广告创意也不例外,企业将广告投放于信息海量的互联网上,对广告创意提出了更高的要求。在互联网时代,人人都可以既是信息的制造者,又是信息的传播者。媒体的界限已经模糊,信息传播是双向的、交互的。因此,互联网广告创意人员要了解消费者的上网行为模式,想消费者所想,才能创造出他们喜欢并且乐于参与传播的广告。根据日本电通公司的调查,一般的网络旗帜广告在没有创意的情况下,其点击率只有 $0.1\% \sim 0.3\%$,而富有创意的旗帜广告的点击率可以达到 30%。同时,互联网技术的日新月异,为广告创意开辟了一个又一个全新的表达空间,创意本身在技术的支持下,不断创造着新的表现形式,使广告创意、品牌塑造的能量有常新的发挥余地和传播渠道。

因此,我们可以将网络广告创意概括为根据广告所要表现的主题,经过精心思考和策划,运用艺术手段和网络工具将所掌握的材料进行创造性的组合以塑造具体的、可感知的形象的过程。

4.1.1 网络广告创意的特点

传统广告效果所依赖的强制性、单向性的传播,以及对渠道的强调和重视,在互联网的环境中已经发生变化。在互联网的环境中,信息的海量化、传播渠道的密集化、信息发布主体的复杂化,已经使如何争夺用户的注意力,引起用户的关注,并进行互动沟通成为信息传播的核心问题。信息的发布很容易,但要产生效果却越来越难。没有创意就等于没有传播。建立在互联网渠道上的网络广告,其所使用的解决方案通常是综合性的,创意已经渗透到传播的各个环节中,其创意具有与传统广告不同的特点。

1. 跃动性

广告创意不可避免地要受到表现形式的制约,因此必须符合媒体的表现特点。网络广告出现在屏幕上,但又不可能像电视那样展现一个生活场景,或是表现一段生动的故事情节,它是一条平板的条幅或标语,但却又可以跃动,不仅条幅中的景、物、文字可以动,整个条幅也可以动,这就使它比报刊广告更富于动感。因此,跃动性是网络广告表现的特点,也是网络广告创意的特点。

2. 链接性

具有链接功能是网络区别于传统媒体的一个重要特点,网络广告要充分发挥这一优势。在进行网络广告创意时,无论图、文,都必须考虑到这一层与下一层(或更多层)之间的关系。厘清这一层面表现什么,下一层表现什么,它们之间如何衔接等,将每一层面相互联系并融为一个整体,让链接这一网络特有的属性在网络广告中发挥到极致。

3. 多样性

网络广告有很多种形式,每种形式又有各自的特点。所以,一个企业要想在网上树立自身的形象,光在一个网站上做一种形式的广告是难以奏效的,它必须整合多种形式的网络广告(当然还要与传统媒体相结合)。这就要求网络广告在创意时注意多样性的特点,抓住不同网络广告形式的不同特点,在保持内在一致性的前提下充分展示不同形式的网络广告优势。

4. 互动性

网络广告可以有效地吸引受众的参与、反馈,这种参与有在线参与、线上线下结合的参与两种形式。就在线参与而言,通过 Java、Flash 等技术手段,可以编制一定的程序。如可以将一个 banner 制作成一个小游戏,或是在大幅广告内加入跟随鼠标移动的数字符号,或是有奖问答等,使目标受众参与到广告本身的互动中来,甚至产生在线购买行为。就线上线下结合的参与而言,可以先在线下取得某种标识再上网抽奖(或摇奖),如饮料易拉罐拉环内有一个号码,用户得到这个号码后登录相应的网站,输入号码就可以得到一次现场摇奖的机会;也可以先在线上得到某种提示,再在线下进行交互活动。如麦当劳在邮件广告中鼓励人们"转发麦当劳的球迷优惠券",网民在线上可以转发优惠券,在线下又可以凭着优惠券享受优惠。创意时可以充分发掘、利用网络广告的互动性特点。

4.1.2 网络广告创意的原则

进行网络广告创意时应该遵循一般广告创意的原则和要求。广告的基本功能就是传递信息,我们只有做到将广告信息清晰有效地传递,才能完成广告的使命。广告信息作用于受众的感知器官,如眼睛、耳朵等,并通过感知器官进而作用于受众的心理,形成一定的心理反应。因此,我们在进行网络广告创意的时候,首先要关注的是如何吸引受众的注意力,也就是如何通过颜色、图案、声音等信息诱导受众从无意到有意关注广告。网络广告创意要达到引起受众注意并且不违背相关商业伦理规则的目的,一般应坚持如下几项原则。

1. **真实性原则**

所谓真实性原则,就是要具有一定的事实,规避网络上虚假广告的情形。

2. **简洁性原则**

所谓简洁性原则,就是指不仅要在广告画面中做到重点突出、主次分明,而且在创意中要做到表达关键思想。只有将需要传递的信息尽可能地简单化,才能更加容易被广告受众接受和理解。人们在每天的工作和学习过程中,会接触到各种各样的信息,有些信息过于复杂,有些信息离受众的背景知识相去甚远,因此都不能进入受众的信息解析流程,而我们在广告创意中所要达到的目的是让受众能在收到广告信息后较为容易地对其进行信息解析,从而达到理解信息的目的。如果我们的信息表述得过于繁杂,在广告画面中所包含的信息量过多,那么就算受众看到了广告,也不能很好地理解广告的内容,更谈不上促成受众的购买行为,这就需要创意人员既要了解商品,也要了解市场。

3. **独创性原则**

所谓独创性原则,就是指我们在广告创意中应尽量做到创新,给受众新的视觉信息和新的信息传递方式、画面形象等。独创性原则反对在广告设计过程中因循守旧、墨守成规的保守作风,一个新颖的、具有独创性的广告创意往往会更加吸引受众的注意力。

4. **文化适应性原则**

不同的国家、地区,不同的民族,不同的受教育程度等都会造成广告受众不同的文化背景,因此,在广告创意中,应该考虑所面对的广告受众具有怎样的文化背景,否则,再新颖独特的创意也未必能达到良好的广告传播效果。只有那些顺应了受众文化背景,能够与受众的接受程度、兴趣爱好相匹配的广告才能够成为优秀的广告。此外,广告创意应力求贴近消费者,用坦诚与友好加强对消费者的感染力,由此将广告目的贯彻到消费者心中。

5. **系列变化性原则**

现实生活中广告信息量过大,网络上的广告信息也日趋增多,因此靠单独的一个广告很难达到预期的效果,如果将同一个广告重复展示,必定引起受众的逆反心理。同时,同一广告在对同一受众群体长时间"传播"下,广告信息的传递效果也会一定程度地减弱。因此,可以采用系列变化的方式来不断引起潜在消费者的注意,设计具有一致主题的系列广告,广告在画面效果、展示方式等方面作出一些变化,这样既可以不断吸引受众的注意力,也可以最大限度地避免受众的审美疲劳,加深受众对广告的印象。

6. **效益性原则**

为了保持与客户的良好工作关系,应站在客户的立场,尽量节省成本,即在费用上该花才花,尽量少花。

4.2 网络广告创意产生的方法和过程

4.2.1 网络广告创意产生的方法

一个优秀的网络广告创意并不是靠偶然的突发奇想,而是在进行多次广告创意的过程中结合科学合理的创意方法来实现的。在具体的广告创意中,我们常常会运用到以下几种方法。

1. 头脑风暴法

头脑风暴法又称集体思考法或智力激荡法,它由现代创造学的创始人——美国学者阿历克斯·奥斯本于1938年首次提出。头脑风暴法原指精神病患者头脑中短时间出现的思维紊乱现象,奥斯本借用这个概念来比喻思维高度活跃、打破常规的思维方式,从而产生大量创造性设想的状况。头脑风暴法的特点是让与会者敞开思想,使各种设想在相互碰撞中激起创造性风暴。它可分为直接头脑风暴法和质疑头脑风暴法。前者是在专家群体决策的基础上尽可能激发创造性,产生尽可能多的设想的方法;后者则是对前者提出的设想、方案逐一质疑,发现其现实可行性的方法。头脑风暴法是一种集体开发创造性思维的方法,是当今网络广告创意过程中最常使用的思考方式之一。

奥斯本认为,创造过程包括两个步骤:观点的产生和观点的评价点的产生,或者分为发现事实和发现观点。头脑风暴法力图通过一定的讨论程序与规则来保障创造性讨论的有效性,由此,讨论程序成为头脑风暴法能否有效实施的关键因素。从讨论程序来说,组织实施头脑风暴法关键要注意以下几个环节。

(1) 确定议题

一个好的头脑风暴法从对问题的准确阐明开始,因此,必须在开会前确定一个目标,使与会者明确通过这次会议需要解决什么问题,同时不要限制可能的解决方案的范围。一般而言,比较具体的议题能使与会者较快产生设想,主持人也较容易掌握,比较抽象和宏观的议题引发设想的时间较长,但设想的创造性也可能较强。

(2) 会前准备

为了使头脑风暴畅谈会的效率较高、效果较好,可在会前做一点准备工作,如收集一些资料预先给大家参考,以便与会者了解与议题有关的背景材料和外界动态。就参与者而言,在开会之前对于要解决的问题一定要有所了解。同时,会场可作适当布置,座位排成圆环形的环境往往比教室式的环境更为有利。此外,在头脑风暴会正式开始前还可以出一些创造力测验题供大家思考,以便活跃气氛,促进思维。

(3) 确定人选

头脑风暴畅谈会一般以8~12人为宜,也可略有增减(5~15人)。与会者人数太少不利于交流信息、激发思维,而人数太多则不容易掌控,并且每个人发言的机会相对减少,也会影响会场气氛。只有在特殊情况下,与会者的人数可不受上述限制。

(4) 明确分工

要推定1名主持人,1~2名记录员。主持人的作用是在头脑风暴畅谈会开始时重申讨论的议题和纪律,在会议进程中启发引导,掌握进程。如通报会议进展情况,归纳某些发言的核心内容,提出自己的设想,活跃会场气氛,或者让大家安静下来认真思索片刻再组织下一个发言高潮等。记录员应将与会者的所有设想都及时编号,简要记录,最好写在黑板等醒目处,让与会者能够看清。记录员也应随时提出自己的设想,切忌持旁观态度。

（5）规定纪律

根据头脑风暴法的原则，可规定几条纪律，要求与会者遵守。如要集中注意力积极投入，不消极旁观，不私下议论，以免影响他人的思考；发言要针对目标，开门见山，无须客套，也不必做过多的解释；与会者之间相互尊重，平等相待，切忌相互褒贬，等等。

（6）掌握时间

会议时间由主持人掌握，不宜在会前定死。一般来说，以几十分钟为宜。时间太短与会者难以畅所欲言，时间太长则容易产生疲劳感，影响会议效果。经验表明，创造性较强的设想一般会在会议开始10~15分钟后逐渐产生。美国创造学家帕内斯指出，会议时间最好安排在30~45分钟。倘若需要更长时间，就应把议题分解成几个小问题分别进行专题讨论。

头脑风暴法是促使创意产生的好方法，在实施头脑风暴法的时候，也应该遵守其相应的要求。一次成功的头脑风暴畅谈会除了在程序上的要求之外，更为关键的是在探讨方式、心态上的转变，也就是说，要充分、非评价性、无偏见地交流。具体而言，可归纳为以下几点。

① 自由畅谈。与会者不应该受任何条条框框限制，放松思想，让思维自由驰骋，从不同角度、不同层次、不同方位，大胆地展开想象，尽可能地标新立异、与众不同，提出独创性的想法。

② 延迟评判。头脑风暴畅谈会必须坚持当场不对任何设想作出评价的原则，既不能肯定某个设想，又不能否定某个设想，也不能对某个设想发表评论性的意见，一切评价和判断都要延迟到会议结束以后再进行。这样做一方面是为了防止评判约束与会者的积极思维，破坏自由畅谈的有利气氛；另一方面是为了集中精力先开发设想，避免把应该在下阶段做的工作提前进行，影响创造性设想的大量产生。

③ 禁止批评。绝对禁止批评是头脑风暴法应该遵循的一个重要原则。参加头脑风暴畅谈会的每个人都不得对别人的设想提出批评意见，因为批评对创造性思维无疑会产生抑制作用。同时，发言人的自我批评也在禁止之列，有些人习惯于用一些自谦之词，这些自我批评性质的说辞同样会破坏会场气氛，影响自由畅想。

④ 追求数量。头脑风暴畅谈会的目标是获得尽可能多的设想，追求数量是它的首要任务。参加会议的每个人都要抓紧时间多思考，多提设想。至于设想的质量问题，自可留到会后的设想处理阶段去解决。在某种意义上，设想的质量和数量密切相关，产生的设想越多，其中的创造性设想就可能越多。

在进行头脑风暴畅谈会后，需要对大家提出的想法进行整理。整理也是进一步提炼创意精髓的过程。通过组织头脑风暴畅谈会，往往能获得大量与议题有关的设想，至此任务只完成了一半，更重要的是对已获得的设想进行整理、分析，以便选出有价值的创造性设想来加以开发实施，这个工作就是设想处理。

头脑风暴法的设想处理通常安排在头脑风暴畅谈会的次日进行。在此以前，主持人或记录员应设法收集与会者在会后产生的新设想，以便一并进行评价处理。

设想处理的方式有两种：一种是专家评审，可聘请有关专家及畅谈会与会者代表若干人（5人左右为宜）承担这项工作；另一种是二次会议评审，即由头脑风暴畅谈会的与会者共同举行第二次会议,集体进行设想的评价处理工作。

头脑风暴是一种方式,一种技能,一种艺术。头脑风暴的技能需要不断提高,如果想使头脑风暴保持高的绩效,必须每个月进行不止一次的头脑风暴。

有活力的头脑风暴畅谈会倾向于遵循一系列陡峭的"智能"曲线,开始时动量缓慢地积聚,然后非常快,接着又开始进入平缓的时期。头脑风暴主持人应该懂得通过小心地提及并培育一个正在出现的话题,让创意在陡峭的"智能"曲线阶段自由形成。

头脑风暴法提供了一种有效的就特定主题集中注意力与思想进行创造性沟通的方式,无论是对于学术主题探讨或日常事务的解决,都不失为一种可资借鉴的途径。唯需谨记的是使用者切不可拘泥于特定的形式,因为头脑风暴法是一种生动灵活的技法,应用这一技法的时候,完全可以并且应该根据与会者的情况以及时间、地点、条件和主题的变化而有所变化、有所创新。

2．垂直思维法和水平思维法

垂直思维法和水平思维法是英国心理学家爱德华·戴勃诺博士所倡导的广告创意方法,因此,此方法通常又被称作戴勃诺理论。垂直思维法又称直接思维法、逻辑思维法,即按照一定的方向和路线,运用逻辑思维的方式,对问题进行一定范围内的纵深挖掘,它是生活中最为常用的思维方式。这种思维模式最根本的特点是:根据前提一步一步地推导,既不能逾越,也不允许出现步骤上的错误,它当然有合理之处,如归纳与演绎等,都是非常重要的思维方法,但如果一个人只会运用垂直思维一种方法,他就不可能有创造性。垂直思维法是传统的逻辑分析的思维方式,它偏重于借用已有的知识、经验和模式,按照特定的思路在固定的范围内进行直线运动,这种方法在收集材料、总结经验等方面具有较强的实用性。

【案例 4-1】

美国陆军部的"征兵广告"

如果是打传统的常规战争的话,不用担心你当了兵就会死。当了兵有两种可能:一个是留在后方,一个是送到前方。留在后方没有什么好担心的,送到前方又有两种可能:一个是受伤,一个是没有受伤。没有受伤不用担心,受了伤的话也有两种可能:一个是轻伤,一个是重伤。轻伤没有什么可担心的,重伤也有两种可能:一个是能治好,一个是治不好。能治好就不用担心了,治不好也有两种可能:一个是不会死,一个是会死。不会死的话,不用担心,死了嘛……也好,因为他已经死了,还有什么好担心的呢。

水平思维法是指在思考问题时摆脱已有知识和旧的经验约束,冲破常规,提出富有创造性的见解、观点和方案。这种方法的运用,一般是基于人的发散性思维,故又把这种方法称为发散式思维法。水平思维法是相对垂直思维(逻辑思维)法而言的,它不会过多地考虑事物的确定性,而是考虑多种选择的可能性;关心的不是完善旧观点,而是如何提出新观点;不会一味地追求正确性,而是追求丰富性。水平思维法是一种促使创意产生的创造性思维方法,此方法摆脱某种事物的固有模式,从多角度、多侧面去观察和思考一件事情,善于捕捉偶然发生的构想,从而产生意料不到的创意。

【案例 4-2】

俄罗斯《消息报》的"征订广告"

亲爱的读者：从 9 月 1 日开始收订《消息报》。遗憾的是明年的订户将不得不增加负担，全年订费为 22 卢布 56 戈。订费是涨了。在纸张涨价、销售劳务费提高的新形势下，我们的报纸将生存下去，我们别无出路。而你们有办法，你们完全有权拒绝订阅《消息报》，将 22 卢布 56 戈比的订费用在急需的地方。《消息报》一年的订费可用来：在莫斯科的市场购买 924 克猪肉，或在列宁格勒购买 102 克牛肉，或在车里亚宾斯克购买 1 500 克蜂蜜，或在各地购买一包美国香烟，或购买一瓶好的白兰地酒。这样的"或者"还可以写上许多。但任何一种"或者"只有一次享用，而您选择《消息报》——将全年享用。事情就是这样，亲爱的读者。

垂直思维与水平思维相比，戴勃诺认为两者有以下差别。

① 垂直思维是选择性的，水平思维是生生不息的。

② 垂直思维的移动，只有在一个方向上移动；水平思维是朝着多个方向移动，而移动的目的是找到一个最为合适的方向。

③ 垂直思维是分析性的，水平思维是激发性的。

④ 垂直思维是按部就班的，水平思维是灵活多样的。

⑤ 垂直思维要求每一步都必须正确，水平思维则没有此要求。

⑥ 垂直思维要求阻绝错误途径，水平思维则不需否定各种途径。

⑦ 垂直思维要求排除无关项目，水平思维则相反。

⑧ 垂直思维的种属和类别均被固定，水平思维在此方面则更加灵活。

⑨ 垂直思维遵循最有可能的途径，水平思维则探索最不可能的途径。

⑩ 垂直思维是线性的过程，水平思维则与或然率有关。

垂直思维在完善、发展已有的知识体系和推导性分析中具有重要的作用，但在提出新思路、新观点等具有创造性、开发性的问题中却有着许多束缚。因此，我们既要把握已有知识的规律性，运用垂直思维的方式对发展方向进行把握，又要充分发挥水平思维，在同一个平面中进行多角度、多方向的思维探索，以达到在网络广告创意中新想法、新观念的诞生。我们不能放弃两种思维中的任何一种，而是应该将两种思维有机地结合，以获得最具独创性和市场性的创意。

4.2.2 网络广告创意产生的过程

广告创意是一个极其复杂的思维过程。创意的产生既不是闭门造车、空穴来风般的主观臆想，也不是在某种技巧的指导下就可以轻松获得的结果。广告创意是建立在周密的市场调查基础上，将广告素材、创作资料以及广告创作人员的一般社会知识重新组合后所产生的成果。美国当代广告大师詹姆斯·韦伯·扬在其著作《产生创意的技巧》中阐述了有关创意产生的技巧，但其中也并没有提供关于创意的灵丹妙药，我们并不能像掌握某种技术那样对广告创意的产生表现出十足的信心，不过詹姆斯·韦伯·扬还是告诉了我们有关创意产生的五个阶段，这五个阶段被认为是确实有效的一个激发创意产生的方式，因此沿用至今。

1. 收集资料阶段

收集资料是广告创意产生的基础,对网络广告创意的产生来说,收集资料也必然是产生优秀广告创意的第一步。广告创意不是单纯地依靠灵感的作用,而是在进行深入的市场调查研究后综合各类信息的基础上构思出来的。广告创作人员需要积累生活经验和文化知识,需要深入调查研究,去为每一个创意收集所需要的依据和内容。新颖、独特的广告创意是在周密调查、充分掌握信息的基础上产生的,因此,要产生一个优秀的广告创意,首先就应该做好调查研究工作,其中包括对互联网特征的深入了解,对产品特征的掌握,对消费市场、竞争对手信息的掌握。相关信息资料掌握得越多,对构思创意也就越有好处,越能触发创意灵感的产生。

进行广告创意,必须收集的资料包括两部分:特定资料和一般资料。

特定资料就是指与广告产品和劳务直接相关的信息,以及有关目标消费者的所有资料。特定资料是和广告创意密切相关的资料,创意者必须对特定资料有全面和详细的了解,并在此基础上发现产品或服务与目标消费者之间所存在的某种特殊关联。只有掌握目标消费者与产品之间的联系,才能为广告创意的产生打下基础。

一般性资料是指网络广告创意人员必须具备的知识和掌握的与广告相关的信息。一般资料的收集是一个长期的过程,它伴随着广告创意人员的整个生活。网络广告创意的过程,实际就是创意者在运用自己拥有的一切知识和信息,并结合刻意收集的特定资料进行组合和使用的过程。在这里,创意者的素质直接影响着广告创意的优劣。为了不断提高广告创意的水平,创意者必须做生活的有心人,随时随地注意观察和收集生活中的一切信息,以备创意时厚积薄发。

曾为万宝路香烟策划出牛仔形象的著名广告大师李奥·贝纳在谈到他的广告创意时说,创意的秘诀就在其文件夹和资料剪贴簿内。他说:"我有一个大夹子,我称之为'Corny Language'(不足称道的语言),无论何时何地,只要我听到一个使我感动的只言片语,特别是适合表现一个构思,或者能使此构思活灵活现、增色添香,或者表示任何种类的构想——我就把它收进文件夹内。""我另有一个档案簿,鼓鼓囊囊的一大包,里面都是值得保留的广告,我拥有它已经25年了,我每个星期都查阅杂志,每天早晨看《纽约时报》以及芝加哥的《华尔街时报》,我把吸引我的广告撕下来,因为它们都作了有效的传播,或是在表现的态度上,或是在标题上,或是其他的原因。""大约每年有两次,我会很快地将那个档案翻一遍,并不是有意要在上面抄任何东西,而是想激发出某种能够适用到我们现在做的工作上的东西来。"

由此可见,广告大师的绝妙创意也并不是凭空构想出来的,必须不断地收集信息和经验积累,为自己建造一座创意的"水库",源源不断的创意便从这里喷涌而出。

2. 分析阶段

分析阶段主要是对获得的资料进行分析,找出商品最能够吸引消费者的地方,发现能够打动消费者的关键点,也就是广告的主要诉求点。可以通过以下几种方法找到广告的诉求点。

① 找出广告产品与同类产品所具有的共同属性。如产品的设计、生产工艺,以及产

品自身的适用性、耐久性、造型、使用难易程度等方面有哪些相同之处。

② 找出广告产品与竞争产品相比较所具有的特殊属性,通过分析,找出广告产品的竞争优势。

③ 明确广告产品正处于生命周期的哪个阶段。

④ 列出广告产品的竞争优势会给消费者带来的种种便利。

⑤ 找出消费者最关心的问题和最迫切需要解决的问题,抓住了这一关键点,就抓住了创意的突破口。

詹姆斯·韦伯·扬说:"真正的广告创作,眼光应该放在人性方面,从商品、消费者及人性的组合去发展思路。"也就是说,创意的产生要从人的需求和产品特质的关联处入手,而不能简单地从产品本身出发。

3．酝酿阶段

酝酿阶段是网络广告创意产生的潜伏阶段。在这一阶段中,主要是对已形成的广告概念进行时间上的孵化,此时应该以较为轻松的思想状态等待创意的产生。在酝酿阶段,将广告概念全部放开,不需要十分专注地去思考它,而应将它置于潜意识的心智中,让思维进入"无所为"的状态中。这种状态下,由于各种干扰信号的消失,思维较为松弛,比紧张时能更好地进行创造性思考。一旦有信息偶尔进入,就会使人猛然顿悟,产生灵感,擦出思想的火花。

4．开发阶段

开发阶段是指抓住灵感的阶段。经过收集资料、分析、酝酿几个阶段后,就可以等待灵感的到来了。有时候我们会同时产生多个灵感,或者说出现多个思想的火花,这个时候,我们要对每一个突然产生的想法进行开发,让它们逐步完整起来,并和我们的广告产品取得更大的联系。

5．评价决定阶段

在前一阶段中,可能会产生多个创意,这些创意往往具有不同的特点,我们不能错过每一个创意,要对创意进行分析、讨论和筛选,最终决定一个最为优秀的创意。在评价过程中,要对每个创意的优劣进行评价,比如是新奇还是平庸,是否有采用的可能性等。要注意从几个方面加以考虑:所提出来的创意与广告目标是否吻合?是否符合诉求对象及将要选用的媒体特点?与竞争产品的广告相比是否具有独特性?经过认真的研究探讨后,再确定选用哪一个创意雏形,然后将其深化和完善。

4.3 网络广告创意的要求和注意事项

4.3.1 网络广告创意的要求

进行网络广告创意时,必须达到它的一般要求和特殊要求。

1．网络广告创意的一般要求

(1) 熟悉网络

从事广告创意的人员,如果对网络媒体不熟悉,不了解网络广告的特点,那么创作出来的网络广告因为不符合网上受众的心理特点,可能会不适合在网上发布,也难以取得很好的广告效果。因此,进行网络广告创意,第一个要求就是要熟悉网络,了解网络广告的特点,从而有效地进行网络广告创意。

(2) 了解广告

从事网络工作的人员大部分是技术人员,他们对网络很精通,对各种软件能操纵自如,有的还能自己编程写软件,但他们对广告并不是很了解,或者以为广告发布出来就应当有效,或者不会去对网络受众进行细分等,这都无法进行良好的广告创意。因此,进行网络广告创意,还应该了解广告,知道什么产品的广告该如何做,该对谁说,如何说,在哪个页面上发布效果最好,等等。

(3) 懂得创意

网络广告是一种新的广告形式,如何进行网络广告创意是一门新的学问。从事网络广告创意的人员除了熟悉网络、了解广告之外,还必须掌握广告创意的方法、技巧,并进一步了解网络广告创意的特点,这是因为网络广告具有与其他媒体广告的不同特点,其创意也具有自身的特点,只有具备以上条件,才有可能创作出好的网络广告作品。

2. 网络广告创意的特殊要求

(1) 运用多媒体技术,增强网络广告的吸引力

网络广告具有自身的先天不足,但也有自身的优势,比如含有比传统媒体广告更多的技术成分,我们在进行网络广告创意时,要善于利用它。网络广告应该成为实时、动态、交互的多媒体世界,呈现出一幅丰富多彩的画面,使得广告具有文字、声音、图片、色彩、动画、音乐、电影、三维空间、虚拟视觉等所有网络媒体的功能,增强广告的吸引力,满足人们求新、求变的心理,充分调动网络受众的兴趣,使他们在畅游网络世界时,在网络广告的指引下,充分享受网上购物的乐趣。

(2) 区分不同产品,针对不同页面

网络广告要克服只注重出现在首页的广告创意,对在更深页面展示的广告创意不够重视的毛病。事实上,从许多网站的经验来看,除了一些大众消费品适合在网站首页发布广告之外,对一些比较专业的产品来说,流量越大的页面,点击率越低,流量越小的页面,点击率越高。因为,越往深处,内容越专业,虽然暴露次数少,但都是有价值的暴露。例如,一家经营摄影器材的客户在新浪网上投放广告,开始在首页上做,结果点击率只有0.5%,最后换到更深的专业页面去做,结果点击率达到20%,是首页上的40倍。

因此,在进行网络广告创意时,要区分不同产品,针对不同页面。也就是说,不同产品的广告信息适合在不同页面发布,广告创意也要针对不同页面来进行。大众消费品适应面广,适合在网站的首页发布,创意时要根据产品的特点、网站的特点来选择适当的广告形式。而那些专业化程度比较高的产品,则适合在专业网页(或网站)上发布,在创意时,除了要考虑专业网页的特点,还要考虑专业网民(即经常浏览这一网页的网民)的心理特点,他们的爱好和需求,广告信息也可以适当地专业化。

(3) 争取受众反馈,促成网上购买

网络广告能达到的目标大体可分为两种:一是推广产品信息,树立品牌形象,这点与传统媒体广告相同;二是获得受众的直接反馈,这是网络广告与传统媒体广告的最大不

同。我们在进行网络广告创意时,一定要努力做到能使受众反馈,最后促成购买。因为网络是唯一能够把广告 AIDA(注意、兴趣、欲望、行动)四个步骤一气呵成的媒体,随着市场环境的成熟和网络技术的进步,网络营销会逐步发展、成熟。另外,消费者对购买方便性的需求也要求网络广告与网络营销相结合。一部分工作压力较大、高度紧张的消费者会以购物的方便性为目标,追求时间、精力等劳动成本的最小化,特别是对于需求和品牌选择都相对稳定的日常消费品,这一点尤为突出。如果这些人在看到网上自己喜欢的产品广告后,能立即购买的话,就会大大方便消费者,大大提高广告的促销效果。

4.3.2 网络广告创意的注意事项

在进行网络广告创意时,要注意以下要点。

1. 标题要明确有力

据统计,在一个网络广告页面上所花的注意力其持续时间不会超过 5 秒钟。因此,一定要在这段时间内以明确有力的广告标题吸引网民进入目标网页,并树立良好的品牌形象。

2. 广告信息要简洁

强烈清晰的文案比制作复杂的影音文件更能吸引受众点选,网络广告应确保出现的速度足够快,网络广告信息在发布时应力求简洁,多采用文字信息。

3. 语言要简洁生动

由于各网站对广告尺寸有一定限制,而且网络媒体也不适合长时间阅读,因而简洁、生动的网络广告文案才会有较高的注意率。至于深入的信息传播,可以通过吸引受众点击、链接到企业主页实现。

4. 注意语言与画面的配合

动画技术的运用为网络广告增强了不少吸引力,因而在一般的网络广告中,语言更应服务于画面,起到画龙点睛的作用。

5. 注意语言风格的适应性

由于网络可以根据不同兴趣爱好,把受众高度细分化,因而在针对目标受众诉求时,应注意运用他们所熟悉的语气、词汇,增强认同感。

6. 注意语言形式的变化

虽然网络无国界,但受众还是会受到语言的限制,因而要根据企业的传播目标选择站点,决定运用何种语言。

7. 发展互动性

随着网络技术的开发,网络广告的互动性增强,这是网络广告最强有力的优势。如在网络广告上增加游戏活动功能,将会大大提高上网者对广告的阅读兴趣。

8. 合理安排发布时间

合理安排网络广告的时间包括对网络广告时限、频率、时序及发布时间的考虑。时限是广告从开始到结束的时间长度,即企业的广告打算持续多久,这是广告稳定性和新颖性的综合反映。频率即在一定时间内广告的播放次数,网络广告的频率主要用在 e-mail 广告形式上。时序是指各种广告形式在投放顺序上的安排。发布时间是指广告发布是在产品投放市场之前还是之后。根据调查,消费者上网活动的时间多在晚上和节假日,针对这一特点,可以更好地进行广告的时间安排。网络广告的时间策略形式可分为持续式、间断式、实时式。网络广告时间策略的确定,除了要结合目标受众群体的特点外,还要结合企业的产品策略和企业在传统媒体上的广告策略。

9. 确定网络广告费用预算

对大部分企业而言,互联网上的网络广告仅仅是其整体营销沟通计划的一部分。公司首先要确定整体促销预算,再确定用于网络广告的预算。整体促销预算可以运用财务能力法、销售百分比法、竞争对等法或目标任务法来确定。而用于网络广告的预算则可依据目标群体情况及企业所要达到的广告目标来确定,既要有足够的力度,也要以够用为度。

10. 设计好网络广告的测试方案

在网络广告策略策划中,根据广告活动所要选择的形式、内容、表现、创意、具体投放网站、受众终端机等方面的情况,设计一个全方位的测试方案是至关重要的。在广告发布前,要先测试广告在客户终端机上的显示效果,测试广告信息容量是否太大而影响其在网络中的传输速度,测试广告设计所用的语言、格式在服务器上能否正常显示,以避免最后的广告效果受到影响。

4.4 网络广告的创意策略和创意设计

4.4.1 网络广告的创意策略

网络广告创意有以下几种策略。

1. USP 策略

罗素·瑞夫斯提出的 USP 策略是指广告要有独特的销售主题(unique selling proposition),只有当广告能指出产品的独特之处时才能行之有效,即应在传达内容时发现和发展自己的独特销售主题。USP 有以下三部分特点。

第一,必须包含特定的产品效用,即每一则广告都要向消费者提出一个销售主张,给予消费者一个明确的利益承诺,即产品效用。

第二,必须是独特的、唯一的,该主张必须是竞争对手所不能或未曾提出的,是其他同类竞争产品不具有或没有宣传过的主张。

第三,必须有利于促进销售,即这一主张一定要强有力到能招来数百万计的大众。

由于科学技术急速发展,人类社会不断向前推动,单靠一般化、模式化的广告创意和表现已不能引起大众的注意和兴趣,必须在产品中寻找并在广告中陈述产品的独特之处,即实施独特的销售主题。这一新的广告创意策略一经问世便立即在广告界引起热烈响应,并在 20 世纪五六十年代得到广泛推广。

2. 品牌形象理论

该理论产生在第二次世界大战后的美国,由大卫·奥格威提出。"二战"后,伴随着西方经济发达国家生产力的迅速发展,新产品不断涌现,产品的同质化现象也越来越严重,从而使寻求产品的"独特卖点"越来越难。大卫·奥格威认为,在产品完全同质的基础上,谁更有独特气质,谁就能脱颖而出,因此,为品牌产品赋予一个独特的个性对一个广告运作的成功是非常重要的,企业必须为品牌树立一个形象(image),即个性。广告不仅要挖掘产品本身的卖点,同时还要赋予产品人格化的形象,即一个产品就像一个人,要有自己的个性,就是这个形象决定了在市场营销中是成功还是失败。

在关于如何树立形象的问题上,大卫·奥格威认为,广告不是娱乐,而是要提供信息,促使顾客购买的不是广告的形式,而是广告的内容。这个广告内容是什么呢?按照形象理论看法,这个内容就是包含着创意(creative)的个性形象。所以,形象论认为,一个好的广告应该让人们感觉这不是一个广告,不强卖,而应该让顾客在无意识下去购买你的产品。

罗杰·瑞夫斯对 USP 理论与品牌形象理论的关系做过一段评价。USP 和品牌形象之间的关系是:一个演讲者的穿戴、气质、说服力就是品牌形象,演讲内容是 USP,并主张将二者结合起来,认为纯粹的 USP 和纯粹的品牌形象都不可取。换句话说,USP 是内核,而品牌形象是外壳,因此说 USP 仍然是一个广告的关键,USP 理论并不会随着时间的推移而暗淡无光。

3. 定位理论

定位(positioning)是由著名的美国营销专家艾尔·莫瑞斯(AlRies)与杰克·特劳特(Jack Trout)于 20 世纪 70 年代早期提出来的。定位理论的产生源于信息爆炸造成的人类各种信息传播渠道的拥挤和阻塞,几乎把消费者推到了无所适从的境地,想在信息过多的社会中成功,公司必须在其潜在顾客的心智中创造一个位置。

定位的对象从产品开始,可以是一件商品、一项服务、一家公司、一个机构,甚至是一个人,也可能是你自己。定位并不是要你对产品做什么事情,而是要将你的产品在潜在顾客的脑海里确定一个合理的位置。也就是说,定位要针对潜在顾客的心理采取行动。因此,定位是对顾客的头脑进行争夺,其目的是在潜在顾客心中建立有利的地位。定位的真谛就是"攻心为上",消费者的心灵才是营销的终极战场。要抓住消费者的心,必须了解他们的思考模式,这是进行定位的前提。《新定位》一书列出了消费者的五大思考模式。

模式一:消费者只能接收有限的信息。在超载的信息中,消费者会按照个人的经验、喜好、兴趣甚至情绪,选择接受哪些信息,记忆哪些信息。因此,较能引起兴趣的产品种类和品牌,就拥有打入消费者记忆的先天优势。

模式二:消费者喜欢简单,讨厌复杂。在各种媒体广告的狂轰滥炸下,消费者最需要简单明了的信息。广告传播信息简化的诀窍就是不要长篇大论,而是集中力量将一个重点清楚地打入消费者心中,突破人们复杂的心理屏障。

模式三:消费者缺乏安全感。由于缺乏安全感,消费者会买跟别人一样的东西,免除花冤枉钱或被朋友批评的危险。所以,人们在购买商品前(尤其是耐用消费品),都要经过缜密的商品调查,而广告定位传达给消费者简单而又易引起兴趣的信息,正好使自己的品牌易于在消费者中传播。

模式四:消费者对品牌的印象不会轻易改变。虽然一般认为新品牌有新鲜感,较能引人注目,但是消费者真能记到脑子里的信息,还是耳熟能详的东西。

模式五:消费者的想法容易失去焦点。虽然盛行一时的多元化、扩张生产线增加了品牌多元性,但是却使消费者模糊了原有的品牌印象。美国舒洁公司在纸业的定位就是一例。舒洁以生产舒洁卫生纸起家,后来,它把自己的品牌拓展到舒洁纸面巾、舒洁纸餐巾以及其他纸产品,以至于在数十亿美元的市场中,拥有了最大的市场占有率。然而,正是这些盲目延伸的品牌,使消费者失去了对其注意的焦点,最终让宝洁公司乘虚而入。难怪一位营销专家以美国人的幽默方式发问:舒洁餐巾纸,舒洁卫生纸,到底哪个产品是为鼻子而设计的呢?

产品广告定位主要有以下两大类。

第一,实体定位,就是在广告宣传中突出产品的新价值,强调本品牌与同类产品的不同之处及能够给消费者带来的更大利益。实体定位又分为市场定位、品名定位、品质定位、价格定位和功效定位。

第二,观念定位,是指在广告中突出宣传品牌产品新的意义和新的价值取向,打破消费者的心理定式,重塑消费者的习惯心理,树立新的价值观念,引导市场消费的变化或发展趋势。观念定位在具体应用上分为逆向定位和是非定位。

4.共鸣理论

这种理论要求创作人员对目标受众的世界——包括他们的经历和情感在内有较深的理解。运用这种理论的广告并不强调产品说明或品牌形象,而是设计情景或渲染感情,以激发受众对记忆的积极联想。如1998年下半年,雕牌洗衣粉曾全面退市,1999年年初,又以全新的包装切入洗衣粉市场,获得二次创业的成功。此次出击的雕牌大打情感牌,借助"下岗潮"的出现,其不失时机地抓住这一引起社会普遍关注的资源,借势进行品牌的打造与传播。雕牌洗衣粉的情感诉求比较成功,其创造的"下岗篇",就是其中比较好的情感宣传方式。妈妈下岗了,家庭生活日显拮据,并随着妈妈找工作的画面把情感推向了高潮,片中小主角的真情表白:妈妈说,雕牌洗衣粉,只用一点点,就能洗好多好多衣服,可省钱了。妈妈,我能帮您干活了。这一宣传引起了消费者内心深处的震撼以及强烈的情感共鸣,品牌迅速得到认同与提升。

4.4.2 网络广告的创意设计

网络广告的创意设计主要包括展示型设计和互动型设计两类。展示型包括:直白型设计、解剖型设计、强大资讯型设计;互动型包括:试用型设计、现场演示型设计。

1. 展示型设计

(1) 直白型设计

广告的作用主要是告知,用浅白明确的语言传递产品的功能和服务的项目信息,使消费者一目了然。如竞拍广告,非常简单明了地展示了所拍卖的产品类型,属于典型的直白型设计广告。

(2) 解剖型设计

网络技术的发展为网络广告的设计提供了更大的创意空间,在以推广产品为目的的产品广告(如电子产品广告)中,解剖型设计为广告设计者提供了一个新思路。如SONY

产品的网络广告,将产品的各个部分解剖给消费者看,使消费者能更清楚地了解到他们所想要了解的各部分的结构构造,一方面更好地展现了自己的产品,另一方面也体现了与消费者的交互性沟通的企业信念,达到了传统广告所不能达到的效果。

(3) 强大资讯型设计

在传统广告中,广告的空间是有限的,比如要将一个产品一段时间内的一些具体情况逐一向消费者介绍,需花费相当大的成本。而在网络广告中则不然,网络巨大的虚拟空间为强大资讯型设计提供了低成本便利。当消费者想要全面了解一种产品的时候,网络无论从纵向上还是横向上都能给予广阔的延伸空间,充分满足了消费者对广告信息的渴求。如人头马寰盛洋酒股份有限公司推出的一款人头马洋酒利用强大的资讯,将该系列的酒按年代的顺序非常完整地介绍出来,给予消费者充分的信息满足。

2. 互动型设计

(1) 试用型设计

试用型设计能够保持一种与消费者的互动,使其通过网络参与到产品的试用过程中,真实地体验与感受产品的各种功能。这样的网络广告比起传统广告长篇累牍地讲述产品功能如何全面、使用如何方便更具真实性,更容易使消费者产生信赖感。

(2) 现场演示型设计

由于消费者与企业之间是通过网络进行沟通的,企业的产品究竟如何是消费者最关注的问题。因此不仅要让消费者明确产品的功能,更应该使其感受到产品运用于现实的真切效果,现场演示型设计就能满足这样的要求。

【案例】 网络广告创意鉴赏

一、杜蕾斯的经典创意文案

论借势营销,估计微博上真没人玩儿得过杜蕾斯。北京大雨、光大银行乌龙等事件的发生都被杜蕾斯策划团队敏锐地加以借势,其把握热点之准、反响之快、创意之巧妙,实在令人拍案叫绝。

2011年,北京一场大雨淹没京城。杜蕾斯想出将避孕套套在鞋子上防雨的创意。该微博一经发出,一个小时内转发过万,成为当年经典的营销案例。

2012年奥运会,刘翔旧伤复发,跨栏摔倒,但坚持走完全程。杜蕾斯对此发出如下微博:最快的男人并不是最好的,坚持到底才是真正强大的男人!

乍一看感觉一般,但结合刘翔因伤失利却仍旧坚持比赛的事件来说,显得合情合理又充满人文关怀,而且关键人家是做避孕套的,"最快""坚持到底",简单的话里内涵十足。

2013年,光大银行出了一则乌龙事件,杜蕾斯借势发挥,天才般创作了"光大是不行的"。

2014年,李娜宣布退役,杜蕾斯速度反应,配了如图4-1所示图案,并说:一路有李,娜就很好。此次借势营销是众多品牌中反应最快、文案最恰当的。

同年,文章出轨,马伊琍发表声明称"婚姻不易,且行且珍惜"。杜蕾斯说:有我,且行且安全。并配上了如图 4-2 所示图案。

图 4-1　杜蕾斯创意文案之李娜退役　　　图 4-2　杜蕾斯创意文案之文章出轨

（资料来源：史上最全杜蕾斯文案. http://www.siilu.com/20150106/120434.shtml.）

二、富媒体创意广告

网络互动富媒体广告的出现给网络广告的设计，带来了新的发展空间，Flash 技术的应用，让广告的展示形式有了新的活力，可以充分容纳更多的创意。现在互联网上较为成熟的互动广告也多以 Flash 和 Java Script 为主要展现形式。

1. 自动播放

不需要鼠标交互，即可完成动画的播放，这种方式被大量应用在 Flash 广告中。如图 4-3 所示。

图 4-3　奔驰汽车的互动广告

图 4-3 所示广告中没有文案，画面就一个时钟，每过一秒钟，就有一辆汽车开出去，用画面的意境体现：还等什么，"Let's Talk！"

2. 单击交互

点击鼠标，触发广告交互。如图 4-4 所示。

整个广告以视频播放为创意，点击播放后，一辆大众汽车快速驶过，快到受众根本无法看到车是什么样子，吸引受众去拖曳进度条回放来慢慢观看。

图 4-5 是 Super Lub 润滑剂广告。广告一开始就是一个小女孩不停地荡秋千，秋千发出刺耳的摩擦声，当你关掉左上角的声音时，产品出现。广告形式简单，瞬间产品的特性就表现得淋漓尽致！

图 4-4　大众汽车广告

图 4-5　Super Lub 润滑剂广告

3．拖曳交互

按住鼠标拖曳，享受拖曳时画面变化的快感。

图 4-6 所示为安全套创意广告。一开始是一个禁止符号，用鼠标向下拖曳，瞬间变成了一个女性符号，广告创意意味深长。

图 4-6　安全套创意广告

图 4-7 所示为 Puma 运动鞋互动广告。画面上有一根鞋带提醒你去拖曳，使用鼠标拖曳的时候，会拖出一双运动鞋，形象地说明了，Puma 的运动鞋是如此的轻薄。

4．鼠标跟踪交互

当鼠标晃来晃去的时候，画面就像被施了魔法一样，你怎么操控，它就怎样播放。

图 4-8 是一个数字电话的互动广告，用户在 banner 上左右滑动鼠标，画面上的耳朵就会不停地跟着手机跑来跑去，当追到后就开心地放出心形。

图 4-9 所示为雪佛兰汽车广告。鼠标晃动，会画出汽车行驶的路线，汽车跟随鼠标来行驶。

图 4-7　Puma 运动鞋互动广告

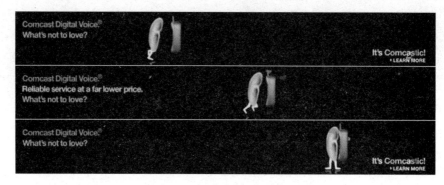

图 4-8　数字电话的互动广告

图 4-9　雪佛兰汽车广告

5．鼠标事件交互

通过对事件的选择，交互时会变化出不停的结果，娱乐十足。

图 4-10 为 iPod nano 创意广告。当你选择一个 nano 后，在背景上点住鼠标晃动，即可看到 nano 所放射出的光辉，与电视广告相得益彰。

图 4-11 所示为环保公益广告。地球向左转回复到绿色的世界，地球向右转城市变荒漠。

（资料来源：有创意的网络广告．http：//blog．sina．com．cn/s/blog_5375566a0101358h．html．）

第 4 章 网络广告的创意

图 4-10　iPod nano 创意广告

图 4-11　环保公益广告

第 5 章

网络广告策划

与传统广告一样,网络广告的广告主也希望网络广告能够帮助他们卖出产品或服务,为了更好地达到这个目的,他们(或者他们委托的机构和个人)也需要通过一系列的策划、创意和发布的运作来保证传播目标的实现。网络广告策划是整个网络广告工作的核心,对于确定网络广告的方向、提高网络广告的效果具有重要作用。

5.1 网络广告策划概述

网络广告策划是对网络广告运作制订一个执行计划方案的过程以及经由这一过程最后确定的执行计划方案。经由网络广告策划所提出的广告运作执行计划方案或简明扼要,或者周密详尽,它的主要任务是根据企业的传播战略和特定目标受众的结构特征,为网络广告的运作设定广告目标和广告预算,挖掘和分析为了保证广告目标的实现而应采取的内容沟通和发布实施的策略。

5.1.1 网络广告策划的定义

网络广告策划,顾名思义,就是对网络广告进行的运筹与谋划,是在符合企业总体广告战略的前提下,以充分的市场调查和信息研究分析为基础,经过广告主和网络广告经营单位的共同努力,科学合理地制定网络广告总体策略,控制广告的实施,以达到广告宣传效果最大化而进行的创造性谋划过程。

网络广告策划包括的内容多、范围广。例如,网络广告主题的安排,网络广告对象的确定,网络广告文案的制定,网络广告方式的选择,网络广告时机的选择,网络广告效果的评估,等等。网络广告的策划是一个动态的过程,在整个策划活动过程中,可能需要多次修改策划的方案。策划方案一旦得到客户的认可,就成为网络广告的蓝图,网络广告经营单位将严格按照网络广告策划书进行网络广告制作。如果遇到特殊情况需要调整方案,须及时与客户进行协商,并得到客户的认可后方可对原有策划书进行修改。客户应定期检查网络广告经营单位对网络广告策划书的实施情况。

与传统广告相同,网络广告的核心依然是广告策划。就市场调查、信息搜索以及广告制作、发布、预算、评估等环节来说,网络广告与传统广告没有本质的区别,但网络广告使用互联网这种特殊的媒介形式,其策划具有新的特点。

5.1.2 网络广告策划的特点

网络广告策划与传统广告策划一样,具有以下三个方面典型的特点。

1. **事前性**

事前性是指网络广告策划是具体广告进行正式投放运行之前的准备,是在具体广告实施之前的"演习",是对广告的各个环节,如制作、投放、评估等进行的具体事前安排,是在整个广告活动开始之前,对即将开始具体实施的广告的计划、谋略和安排。一个广告成功与否的因素虽然多种多样,但没有良好有效、独特新颖的策划方案是很难吸引顾客的。有效的广告策划来自设计者的匠心独具和事先的种种周密布置以及对信息的充分利用。

2. **全局性**

全局性是指广告策划不仅要直接利用广告信息调查得来的种种有用信息,而且更重要的是要在这些信息的基础上设计出具体的广告,这就要求对广告产生过程中的每一个环节都要有所考虑。广告策划常常是使广告这一活动体现为组合型或系列化活动,它所做的工作要贯穿到整个广告活动的全部业务中去。这一过程中的全局性还体现在它常常与企业的实体运作相关联,比如企业的产品特点、产品性质、企业文化等,在进行广告策划时,它所要达到的目标一定要与这些因素联系在一起,甚至本企业与周围社会环境的关系也要考虑进去。因此,广告策划在某种意义上来说是对企业与企业产品相关联的所有信息的排列组合,以达到全面规划的目的。在广告界存在"整体广告策划"的说法,认为在广告专业化水平下,整体广告策划是广告发展的趋势和必然。对网络广告来说,这种全局性也是广告操作中的必要环节,本质上与传统广告是相同的。

3. **指导性**

指导性是指广告策划的过程就是为广告的具体制作、实施提供一个蓝图,后者要以此为依据。在广告运作中,常常要分成不同的步骤,比如广告创意、广告制作、广告发布、广告媒介选择等,这样分开有一定的好处,它有利于各种专业化的操作,但这种分开的步骤必须在最终得到整合加工,这就是广告策划的任务,它的指导性就体现在对各个子环节进行取舍修正上。

网络广告策划与传统广告策划也有不同的特点。网络广告的活动基础是网络,与传统广告经常使用的媒介组合方式相比,网络广告常常以独立的媒介传播存在。虽然网络广告也会将网络媒介同其他媒介相结合,但它具有更大的独立性。网络广告策划既要服务于企业整体广告策划的安排和布置,也要考虑如何在网络这个虚拟的世界中做好特殊的策划活动。

5.1.3 网络广告策划的原则

网络广告策划与传统广告策划在本质上没有太大的区别,综合传统广告策划的原则,在进行网络广告策划时,重点应该遵循以下几个方面的原则。

1. **整合性原则**

整合性是指网络广告策划必须考虑各种广告媒体之间的相互搭配,即整合多种媒体进行全方位广告宣传。网络媒介作为一种新型的媒介,它不可能在短时间内取代传统媒介,同时,也由于它的"年轻性",消费者对网络广告的信任度相对于传统广告来说要略低一些,因此,网络广告在具体投放中应该做到同传统媒介进行整合,以便弥补网络媒介本身的不足。

全方位、整体地投放广告将获得最佳的广告效果。当然,在资金投入的限制下,并不是所有的网络广告都会选用整合传统广告媒介的方式来对其产品进行宣传,但整合性原则依然是网络广告策划中较为常用且能收到良好效果的原则。

2. 创新性原则

所有的广告都应该尽量做到创新,创新性对网络广告来说,尤为重要。在信息涵盖量极为庞大的网络体系中,只有创新才能使广告更容易受到目标消费者的注意,才能达到广告的目的。网络广告必须出奇制胜,寻求独特的广告语言、广告表现形式等,从而实现网络广告活动的创新。

不论是单纯的文字广告还是图像广告,也不论是网幅广告还是插页式广告,都应该尽量突出创新性。

3. 经济性原则

网络广告策划必须以经济效益为核心,网络广告策划的经济效益,是指策划所带来的经济收益与策划方案实施成本之间的差额。成功的网络广告策划,应当是在策划方案实施成本既定的情况下取得最大的经济收益,或花费最小的策划方案实施成本取得目标经济收益。

虽然所有的广告策划方案都应该遵循经济性原则,但网络广告策划在经济性方面尤为重要,其原因主要是与网络广告的计费方式有关,我们必须准确地核定该广告投放后预计消耗的资金数量,这样才能完整地部署其广告实施的各个环节。

5.2　网络广告策划程序与内容

5.2.1　网络广告策划一般程序

广告策划是经过严密计划、有明确目标的营销组合活动。决策要经历循序渐进的过程:①提出问题、分析问题、找到问题的关节点,确定决策目标,收集情报资料;②拟订行动方案(计划),方案评估、优化,决定最佳方案;③贯彻实施,反馈调节。以市场营销中的广告战略策划为例,首先要分析市场,寻找市场机会,结合企业目标制定营销目标,其次是围绕目标制定出营销战略,并将战略细化为具体的计划——营销组合,最后是执行报告与评估结果。所有广告策划都要经历这些基本步骤,但具体细节不同。

1. 调查分析阶段

网络广告策划需要信息的调查涉及产品、顾客和市场,甚至网络媒介的方方面面,比如企业状况、顾客收入、消费偏好、宗教文化等。具体来说,包括市场调查和广告传播调查,前者又包括市场环境调查、竞争状况调查、消费者调查、产品调查等;后者又包括广告概念调查、广告创意调查、广告媒介调查和广告效果调查。将前期调查获得的信息加以分析综合,确立网络广告策划的目标,划定策划范围,厘清细节,同时也为广告后期的实施提供依据。可以说,围绕广告策划的前期调查分析,在相当程度上决定着广告策划及广告实施的效果和成败。

2. 拟订计划阶段

拟订计划阶段是广告策划的实质性阶段。由于广告策划本身是一个创造性的过程,不同的策划人员，不同的环境，使用不同的分析方法，有可能得出不同的结论，因此，在此阶段，需要从多方面、多角度对整个广告的策略进行分析，综合各种观点，尽可能降低广告实施过程中的风险。

在经过分析与整合后，就会形成一个较为具体的"纲要"，其内容包括广告目标、预算设定、广告媒介、广告形式、广告语言、广告时间、广告地域、广告对象等问题。这一过程既是对前一过程的归纳和总结，也是后一过程行动的基础。因此，在形成"纲要"的过程中，应该尽量避免失误，否则将影响到后来的一系列实施计划。

在"纲要"的形成过程中，不仅应该有广告设计人员参与其中，而且还应该有产品的设计者、生产代表、企业经营者、企业决策层等参与其中，以便能将产品的各个方面考虑周全。随后，应从各个方面对"纲要"进行充实，形成一个纲领性的计划书。纲领性的计划书一旦形成，广告策划的大致方案就已经确定下来了，但这并不表示广告策划就已经完成，在随后每一次扩充内容时，都可能对前面的计划进行调整和修改。一个成功的广告策划通常需要进行多次反复的修改才能最终成型。在具体的修改过程中，要考虑到各个因素的变化，包括时间的变化、社会状态的变化、经济背景的变化等，每一个突发的变化都可能使整个广告计划全线修正。在网络广告中，临时修正的情况更为突出，由于网络本身具有即时性、多变性的特征，因此为了适应网络的特征，网络广告也应该相应保持其新鲜度。

经过反复修正后的广告计划将进入正式制订阶段，在这一阶段中，要对广告宣传和投放的各个环节制订更为详细的方案，其中包括网站及网页的选择、经费的预算、广告播放时间和时长、广告播放频率、网络广告的发布形式等。

3．执行计划阶段

网络广告策划的执行阶段要完成两个任务——网络广告设计制作和网络广告实施、评估、反馈。

（1）网络广告设计制作

广告设计是广告创意的体现，广告创意都期望被完美诠释，取得最佳广告效果。网络广告设计有多种形式，可以根据策划的需求选择使用。需要告知时，应当使用信息丰富的文字形式；想要表现吸引力时，大面积的图文结合效果比较好。广告设计表现一定要符合广告创意策略的要求，要有吸引力，还要提供充分的广告信息。

（2）网络广告的实施、评估和反馈

网络广告的实施、评估和反馈十分重要，直接关系网络广告策划的成功，不能因为前期准备充分就掉以轻心，网络广告实施、评估和反馈还关系着下一次网络广告策划的开展。

① 实施。广告实施之前应再次分析有关市场调查、市场分析、市场预测的市场报告，核对广告目标，确保广告活动始终围绕广告目标，避免偏离。广告的目的是扩大品牌知名度、提升品牌形象，就应该关注广告到达的目标受众的范围和频次，可暂时不追求点选人数；促销等特定的广告活动应关注到特定页面上查看详细品牌信息的目标受众的数量，此时，点击率就非常重要。

广告实施中还应该核查发布广告的网站，保证广告的点击率。根据网站的种类选择适合的广告发布载体，从站点流量、点击率来预测广告点击率及广告目标的达成情况，通过了解网站的技术水平来保证广告到达受众,从页面的下载速度、使用是否方便和系统运行的情况来判断广告的表现力。根据广告目标、网页的内容等确定广告的表现形式,确保广告效果最大化。和广告发布网站保持沟通和了解,随时获知广告的到达情况、点选情况,修正和完善后续的广告活动。随时了解广告的发布情况,及时进行网上调查、受众情况分析,使策划紧跟网络广告的实施,保证广告活动与受众的及时互动。

② 评估。网络广告实施后必须进行评估。评估的目的在于分析活动中得到的数据,与之前的市场调查、市场分析、市场预测结果比对,通过定量和定性分析,找出偏差,完善和指导以后的活动方案。在定量评估中,尽量比较计划和执行在量上的区别;在质的评估上,要研究广告实施过程中广告效果的呈现以及广告的衰竭曲线。

进行网络广告效果评估要遵守两个原则,这两个原则应贯穿于整个工作过程。

第一,相关性原则。网络广告效果测定的内容必须与广告主追求的目的相关,DAGMAR法很好地体现了这一原则。举例来说,倘若广告的目的是推出新产品或改进原有产品,广告评估应针对广告受众对品牌的印象,如果广告的目的是要扩大销售,则应将评估的重点放在受众的购买行为上。

第二,有效性原则。评估工作必须达到测定广告效果的目的,评估要用具体的、科学的数据,不能使用虚假的数据。掺了水分的高点击率等统计数字对于网络广告的效果评估毫无意义。应使用多种评估方法,多方面综合考察,得出更准确的评估结论。①

③ 反馈。传播学上的反馈是指受传者对接受到的讯息的反应或回应,也是受传者对传播者的反作用。反馈体现了现代社会传播的双向性和互动性,是传播过程不可或缺的要素。信息的反馈能使传播者及时了解传播对象对信息的需求、希望或评价等,传播者据此对传播的内容或形式进行调整,使之更符合传播对象的口味和需要。

对反馈信息的态度直接影响策划活动。对于反馈,要遵循反指导性原则,评估结论要对整个网络广告活动起到"反"指导作用。网络广告效果评估是这次广告活动的完结,又是下次网络广告活动的开端。

网络广告策划的一般程序如图 5-1 所示。

5.2.2　网络广告策划书内容与格式

策划书内容包括市场环境分析、竞争对手分析、网上消费者行为分析、产品分析、优势/劣势/机会/挑战分析、广告目标与主题、定位与瞄准、与传统广告的整合、网络广告创意与互动方案、网络媒介方案、网上促销与公关的配合、测试与评估方案等,事先进行周密的策划,才能保证广告活动有条不紊地顺利实施。

完整的网络广告策划书包括以下要件。

1. 项目概述

对于项目的名称应该选取容易记忆、以描述为主的项目名称,以方便讨论、记录与提案。对于项目的描述尽量用简短的文字来描述广告项目——活动的目的是什么,采用什么形式,做了哪些工作,对这个项目的期望有多高,尽可能清楚、准确地描述这些问题,便

---

① 详见本书第 7 章。

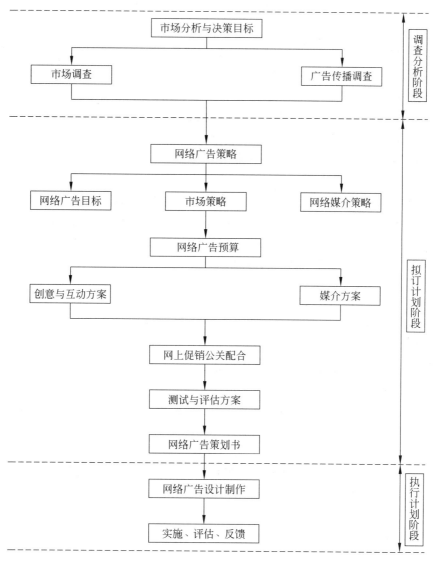

图 5-1 网络广告策划的一般程序

于具体执行。

2．市场分析

市场分析是网络广告策划的基础,主要包括市场环境分析、竞争对手分析、网上消费者行为分析和产品分析。

(1) 市场环境分析

市场环境分析主要分析网上目标市场的潜力、企业竞争对手最近的动态、干预政策等。具体的广告策划要受各种市场环境因素的影响,这些市场环境包括自然环境、国际环境、国内政治环境、行业环境、技术环境、企业环境等,策划前应尽量收集、掌握产品、企业、销售渠道、企业以往的广告活动情况等企业内部资料,还应收集相关政策、网民人口构成、网上消费行为、市场供需、电子商务发展情况等企业外部资料,得出具体的市场环境分析报告,为广告策划奠定基础。

(2) 竞争对手分析

竞争对手分析主要是弄清本企业、本产品直接竞争对手和间接竞争对手的整体营销情况,比较各自的长短。了解竞争对手的网上广告活动——广告传播量、在哪些网站上投放了广告、选择了什么样的网络广告形式、费用大小及网上广告诉求等。重点弄清楚下列问题:哪些竞争对手在做类似的工作;是否正和别人竞争,并准备使用类似的战术;这个项目什么地方比对手做得更好;从竞争对手那里可以学到什么;竞争对手是否已取得成功;能否超过竞争对手;竞争对手是否失败过,想做得更好吗?

(3) 网上消费者行为分析

网上消费者行为分析主要是分析网上消费者的消费情况,充分了解目标消费者的特性。比如,网络用户多有猎奇心理,对网页的吸引力的要求较高,网页广告和内容如果不吸引人,就不会引起他们的关注,广告设计时应针对这一心理,提供简洁的广告信息。网络用户具有较高的教育水平,这一特征有助于企业开发有影响力和购买力的潜在消费群体。消费者分析的重要内容是:上网的人口有哪些,他们整体的人口统计特征与心理特征是什么,谁是这个项目的目标对象。使用人口统计特征(地理、年龄、收入等)、社会观点(环境保护主义、体育迷、政治团体、时髦、开放等)、历史消费记录,通过大数据的整合和挖掘等方法构建目标群体模型,描绘出对这个项目产生反应的理想目标群体,通过这一模型可以了解目标消费对象的需求爱好,为开发企业的潜在目标市场做好准备。

(4) 产品分析

网络广告的目的是推介产品,只有对产品有全面深入的了解,才能准确把握产品的卖点,进行有针对性的广告宣传。对产品的分析首先要了解产品的特征,掌握产品的性能、质量、生产材质、生产工艺以及与同类产品的比较等;其次要了解产品的生命周期,在产品的不同生命周期阶段,营销的策略和手段都是不同的,必须弄清楚产品目前处于什么样的生命周期,才能更好地进行广告的创意与策划;最后是要明确产品的品牌形象和市场定位,这对于媒介的选择和目标消费群体的确定都是至关重要的。

3. 网络广告策略

网络广告策略包括以下几个方面的内容。

(1) 网络广告目标

网络广告目标的描述可以是定性的传播效果,也可以是定量的相关响应指标数。在传播效果上既可以是品牌形象的建立,也可以是产品功能特性的认知。在相关响应指标上,既可以是网民的点击率、响应率,也可以是实际的销售数。

(2) 目标市场策略

任何一个企业的任何一种产品,都不可能满足现代社会所有人的需要,这就要求企业必须认定自身产品的销售范围、销售对象,这个被认定销售对象,就是产品的目标市场,也就是网络广告宣传的目标市场。比如婴幼儿洗发液的目标市场是年轻的父母。有的产品的目标市场可能有多个,比如书架的目标市场有图书馆、学校、机关、知识分子家庭等。

认定目标市场的依据有二:一是网络广告产品自身的功效,即网络广告产品能满足消费者某一种或几种需要的功效;二是市场需求情报,即市场上哪个地区或哪个阶层的人需要这种产品。

（3）产品定位策略

广告的最终目的在于促进产品销售，产品能否对消费者产生吸引力，主要在于产品的个性与特色所产生的魅力，而产品的个性与特色不仅存在于产品实体中，也存在于产品的附加值中。网络广告对产品的宣传策略，关键是造成产品的差别化，这是网络广告策划中的灵魂。

广告产品定位策略首先要运用市场细分的方法，把产品定位在最恰当的位置上，突出产品的差别化，使消费者在接受产品的过程中得到某种需要的满足，产品的定位策略主要有以下几种类型：市场定位、功能定位、质量定位、价格定位、品名定位。

（4）广告诉求策略

广告的诉求是要解决向目标对象"说什么"和"怎么说"的问题，即包括诉求点和诉求形式，因此，从本质上讲，广告的诉求策略就是广告的说服策略。广告能否达到说明的目的取决于三个层面的问题：一是广告是否针对本身需要说服的那部分目标消费者；二是广告内容是否刚好符合那部分消费者的需求或喜好；三是诉求所采用的方式是否是他们所愿意接受的，是否有效。

所以，广告要达到有效诉求的目的，必须具备三个条件：正确的诉求对象、正确的诉求重点、正确的诉求方式。如在新宝来的广告诉求策略中：

诉求对象：公务员或事业单位员工，具有接送孩子上学需求的中青年女性；或自由职业、收入中上，可支配时间较多，具有经常外出购物，拜访亲友等需求的中年家庭。

诉求重点：广告诉求强调驾驭自己事业的同时，也知道怎么享受生活。突出新宝来作为社会中产阶级的身份代表，是对未来生活充满希望、热情的标志，大力宣传拥有了新宝来就意味着拥有了幸福生活。

诉求方式：情感诉求策略，通过温情策略，凭借新宝来优越的操控性能，良好的驾驶乘坐感觉以及出色的安全保障，可以让家庭生活变得更加甜蜜美满。

（5）广告表现策略

广告的表现策略主要体现在广告的主题和广告的创意上。

广告主题是广告的中心思想，是广告内容和目的的集中体现与概括，是广告诉求的基本点，也是广告创意的基石。广告主题在很大程度上决定着广告作品的格调与价值，它是广告策划、设计人员经过对企业目标的理解，对产品个性特征的认识，以及对市场和消费者需求的观察、分析、思考而提炼出的诉求重点。广告主题必须是真实的、可靠的，必须服务于广告目标，必须蕴含商品和服务的信息，必须保证消费者的利益，必须鲜明而具体，使人一目了然。广告主题有三个基本组成部分：广告目标、信息个性和消费心理，三者相辅相成。广告主题是广告的核心与灵魂，所以广告主题要深刻、独特、鲜明、统一，要防止广告主题同一化、扩散化、共有化。如李宁广告的主题"一切皆有可能"。

广告创意就是将企业的广告诉求以有创造力的形式表达出来，制造与众不同的视听效果，最大限度地吸引消费者，从而达到品牌传播与产品营销的目的，是广告表现的重要载体。此外，广告表现的风格、各种媒介的广告表现和广告表现的材质都承载着一个广告表现的内涵。

（6）网络媒介策略

网络媒介策略是一种对广告媒介进行选择和组合的策略。由于不同的媒介有不同的定位，其受众也有差别，收费标准也不一样，因此，正确选择媒介对于广告的成功有着至关重要的作用。

网络媒介的选择可以参考该媒介之前所做广告的曝光次数、点击次数、点击率、转化次数、转化率等指标，此外，广告产品应符合媒介的定位，即广告应该投放到其受众为产品潜在消费者的频道或网页。只有定位一致才能将广告传达给特定的目标消费者。

网络广告媒介的组合可以考虑以下三种策略：一是不同网络媒介类型的组合，网络媒介主要包括网站、自媒体、邮件列表、终端软件等，不同的媒体各有优势和不足，不同类型的媒体组合后能互相取长补短，最大限度地覆盖网络广告受众，有效发挥各种广告的强势效果；二是不同网络广告形式的组合，单一的广告形式只能满足一部分人的浏览习惯，广告形式的单一势必会流失很大一部分受众，动态的画面、含有互动游戏的广告比较能打动青少年网民，而旗帜型等大幅面的页面内嵌广告更容易吸引那些上网寻找信息的中青年网民；三是网络媒介与传统媒介的组合，网络媒介不可能完全取代传统媒介，两者有效的结合必将产生惊人的效果，在网络上投放广告的同时，要注意利用平面广告进行复合和交叉媒介宣传，以提高广告站点和公司站点的知名度。

4. **广告计划**

这里讲的广告计划是指狭义的广告计划，具体包括广告目标、广告地区、广告时间、广告对象、发布计划和广告费用预算。

5. **广告活动的效果测试和监控**

广告效果测试主要包括：①广告主题测试：考察广告文案是否将广告主想要传播的信息告知目标消费者，是否真正满足他们的需求；②广告创意测试：是对广告主题、广告构思进行测评，评估广告主题和构思是否符合消费者需求，是否符合产品定位，是否对消费者产生冲击力等，确立适合的广告创意，确定最优广告创意；③广告文案测试：要在广告作品发布之前检测广告作品定位是否准确，广告创意是否引人入胜，广告作品是否有冲击力和感染力，广告能否满足目标消费者的需要，激发消费者的购买欲望；④广告作品测试：测试广告的文字、图案、声像等对人的视觉、听觉以及心理的影响和广告作品主要信息或突出部分能否在瞬间被受测者捕捉到。

广告效果监控主要包括：①广告媒介发布的监控：在广告播出后，不定期地通过问卷、座谈会、媒介反馈的数据分析等方法进行广告效果测定，并及时进行方案的调整与修改；②广告效果的测定：考察企业开发的广告是否成功，广告费是否有效运用，产品/品牌形象是否得到有效提升，销售量是否有所提高。[①]

5.2.3 网络广告策划的一些建议

要想从广告的汪洋大海中脱颖而出，网络广告策划可以在以下方面多下功夫。

第一，充分了解用户信息和娱乐方面的需求。"内容是互联网上的货币"，人们上网最

---

① 广告效果及监测. http://www.docin.com/p-1000304090.html.

主要的目的是获取信息以及娱乐，人们接触这些媒体时并不准备购买任何商品，他们受媒体刊登或播放的内容吸引，继而看到广告。网络广告首先要向用户提供有价值的信息或娱乐，吸引他们的注意，促使他们主动了解更多详细情况。对比仅仅宣传产品的方式，这样获取企业产品信息的网络用户会对企业和产品有更深刻的印象。在这方面，互联网技术独特的互动特点是电视等传统媒体无法比拟的。

第二，根据产品特点，确定合适的广告活动主题。确定广告活动的主题就是确定广告的卖点，给目标消费群体最恰当的理由来点选广告，从而购买广告产品，达到预期的广告效果。

第三，选择流量大且访问者覆盖企业目标消费群体的网站。流量大的网站相当于繁华的商业街，人气旺，企业的广告自然会受到更多人的关注。吸引的访问者应覆盖企业的目标市场，在目标市场中成功划分出自己的细分市场。

第四，分析并选定网站中能取得最大广告效果的广告形式。每一种媒体都包括多种广告形式，不同的网络广告形式，不同的投放位置，广告效果不同，应当根据自己的实际需要和广告预算合理选择。为达到最好的广告效果，还必须针对待定的广告形式和投放位置设计专门的广告形式。大面积的旗帜广告、流媒体、移动图标、大图标以及邮箱过渡页面、邮箱内大面积广告、广告邮件、弹出窗口、画中画和软文等，都是经实践证明有效的广告形式，具体应用可视企业需求和网站而定。

第五，设计有吸引力的广告文案和插图。广告表现形式是吸引受众注意的关键，广告必须传递最能吸引受众、易于理解的单一的"信息点"，促使受众产生进一步了解的兴趣，在网络广告中诱发传统广告中的"AIDA"原则[①]。标题是最重要的广告文案组成部分，如果标题不能吸引受众，广告其他部分的作用也将大大削弱。

第六，收集访问者的电子邮件地址。根据国际互联网消费者行为的统计数据，访客平均要重复访问网站7次才会转化为该网站的固定用户，此统计结果与人们的消费行为相吻合。收集访问者信息建立数据库，可以积累雄厚的客户资源，确保数据库在产品营销时拥有需要的广告目标群体。

第七，与受众保持紧密联系。及时发布正确的销售信息。和受众建立和保持良好关系，可以保证企业在后续广告活动中及时了解受众的心态和兴趣爱好，有针对性地调整销售策略。

以上工作应该始终贯穿于整个网络广告策划之中。

5.3　网络广告文案

网络广告文案与传统广告文案在本质上没有区别，都是为产品能够打动消费者内心，甚至打开消费者钱包而写下的文字，是通过广告语言、形象和其他因素，对既定的广告主题、广告创意所进行的具体表现。广告文案是由标题、正文、广告词和随文组成的。它是广告内容的文字化表现。在广告设计中，文案与图案图形同等重要，图形具有前期的冲击

---

① 即 AIDA 模式。详见本书第 3 章 3.5.1 部分。

力,广告文案具有较深的影响力。广义的广告文案是指广告作品的全部,它不仅包括语言文字部分,还包括图画等部分。狭义的广告文案仅指广告作品的语言文字部分。

5.3.1 网络广告文案的基本构成

网络广告文案主要由以下几部分构成。

1．广告标题

它是广告文案的主题,往往也是广告内容的诉求重点。它的作用在于吸引人们对广告的注目,留下印象,引起人们对广告产生兴趣。只有当受众对标语(题)产生兴趣时,才会阅读正文。标题通常具有醒目的文字形式和多变的句型结构。可以说有一个好的广告标题,广告文案就成功了一半。广告史上广为传颂的广告,大多数都有醒目的标题。不少受众常常以广告的标题来推测广告全文的蕴意,从而决定看不看广告全文。

广告标题撰写时要语言简明扼要、易懂易记、传递清楚、个性新颖,句子中的文字数量一般掌握在 12 个字以内为宜。

2．广告副标题

它不是广告文案的必需,可以作为广告文案的补充,起到一个点睛的作用,主要表现在对标题的补充上,目的在于点破广告诉求,让对前面内容不甚明了的人,产生一种豁然开朗的感觉。

3．广告正文

广告正文是对产品及服务,以客观的事实、具体的说明,来增加消费者的了解与认识,以理服人。广告正文撰写要求实事求是、通俗易懂。不论采用何种题材式样,都要抓住主要的信息来叙述,言简意赅。

4．广告口号

广告口号也称广告语,是战略性的语言,目的是经过反复和相同的表现,以便明白它与其他企业精神的不同,使消费者掌握商品或服务的个性。这已成为推广商品不可或缺的要素。广告口号常有的形式:联想式、比喻式、许诺式、推理式、赞扬式、命令式。广告口号的撰写要简洁明了、语言明确、独创有趣、便于记忆、易读上口。[①]

5．插图

插图主要是根据企业文化、企业性质来量身定做,以达到画龙点睛的效果。

6．标志

标志有商品标志和品牌形象标志两类。标志设计是受众借以识别商品或企业的主要符号。在广告设计中,标志不是广告版面的装饰物,而是重要的构成要素。在整个广告版面中,标志造型最单纯、最简洁,其视觉效果最强烈,让受众在一瞬间就能识别,并留下深刻的印象。

7．公司名称

一般都放置在广告版面下方次要的位置,也可以和标志设计配置在一起。

从整体上说,有时为了塑造更集中、更强烈、更单纯的广告形象,以加深受众的认知程

---

① 百度百科,"广告文案"。

度，可针对具体情况，对上述某一个或几个要素进行夸张和强调。此外，优秀的文案要有灵魂，那就是创意，一篇有创意的文案才会引起大家的共鸣，产生更好的广告效果。

在广告中，广告标题和广告口号常常会被消费者混淆，实际上它们还是有区别的，主要表现在以下几个方面。

第一，功能不同。广告标题是为了使广告作品能得到受众的注意，吸引受众阅读广告正文而写作的，而广告口号是为加强企业、产品和服务的一贯的、长期的印象而写的。

第二，表现风格不同。广告标题的表现功能要求新颖、有特色、能吸引人，在广告中起提纲挈领的作用，更倾向于书面语言风格的运用。而广告口号因为着力于对受众的传播和波及效应的形成，在表现风格上立足于口头传播的特征，其语言表达风格要体现口语化特征，自然、生动、流畅，给人以朗朗上口的音韵节奏感；在语言的构造上，要体现平易、朴素，但富有号召力的遣词造句特点。

第三，运用时限、范围不同。广告标题是一则一题，在每则广告中，标题都是不同的，因此其运用时间短暂。而广告口号是广告主在广告的长期过程中一直在使用的，它在一个企业或商品的广告战略中被长期地运用，被广告运作过程中的每则广告作品所运用，是该企业在不同媒介中的广告作品的一部分。因此，广告口号的运用时间长，而广告标题运用的时间短；广告口号的运用范围广，而广告标题的运用范围窄。

第四，负载信息不同。广告口号所负载的信息一般是企业的特征、宗旨，产品和服务的特性等，是企业、产品和服务的观念与特征的体现。广告标题不一定负载这些信息，它为吸引消费者的注意，可以用广告口号中同样的信息负载，也可以负载与广告中的信息不相关的信息内容，在信息的负载面上，广告标题与广告口号各显特色。

总而言之，广告标题只是一个题目，广告口号延伸广告标题的含义，明确主题，加深主题。因此，广告口号是企业文化的象征，换广告时标题可以改，但广告口号最好不要改。

5.3.2 网络广告标题创作

在网络广告对语言信息要素的使用当中，广告标题（或者口号）是被讨论得最多的一个问题。一般认为，在传统的平面广告中，只读标题的目标受众是既读标题也读正文的受众的5倍，所以标题代表了80%的广告效果。而网络广告对标题的依赖性则更为苛刻，它在许多情形下只有依靠标题吸引目标受众的点击才能展开下一层面的正文，网络广告的标题代表了100%的广告效果，它的吸引力决定了打开"正文"的点击率，对产品和服务的销售量有很大的影响。

与传统广告一样，网络广告标题创作可以考虑从下面的角度展开。

1. 新闻式广告标题

新闻式广告标题是把广告商品或服务的领先优势直接以新闻报道的形式向目标受众进行"公布"。

新闻式标题可能是使用频率最高的广告标题，一方面，产品或服务的目标受众总在不断地寻找新特色、新产品和新服务，喜新厌旧也总是一种最容易激发受众共鸣的广告诉求；另一方面，企业市场竞争所要求的不断创新和突破也总在给新闻式标题提供发挥的机会。

新闻式广告标题可能是最没有风格的标题,它要求以非常具体的内容来推动企业传播目标和战略的实现,新闻标题的组句特点是朴实,这就要求制作人在广告创意酝酿阶段必须能够真正发掘到目标受众对广告商品或服务的关心点。例如,图 5-2 所示的"第十八届中国舟山国际沙雕节",简单明了,对于沙雕感兴趣的人来说,不需要更多的语言。

图 5-2　新闻式标题

2．实惠式广告标题

实惠式广告标题重点在突出利益诉求,向目标受众直接承诺选择广告的商品或服务将带来哪些利益。

如图 5-3 所示,"一直很贵 除了今天",这样的标题受众只要看上一眼就能明白广告的背后是厂商的优惠让利,对价格敏感、注重实惠的消费者一定会对广告的具体内容产生兴趣,诱发点击,从而实现广告信息的送达。

图 5-3　实惠式广告标题

与新闻式标题一样,实惠式广告标题也应避免过于花哨,以免让人感觉承诺的利益有水分。另外,实惠式广告也可以与某个流行的词汇相结合,以创造紧跟流行的广告效应。例如,唯品会创立时的广告词是"精选品牌、深度折扣、限时抢购",在周杰伦担任唯品会首席 CJO(首席惊喜官)之后,就将广告词改成为"都是傲娇的品牌,只卖呆萌的价格,上唯品会,不纠结"。修改之后的广告词,率性而且好玩,更容易被消费者接受。"傲娇""呆萌"这类词语一般在网络上使用,唯品会的主要消费对象基本都是年轻人,他们深受网络流行语的影响,这样的广告更容易吸引这些年轻消费者的注意。

3．建议式广告标题

网络广告的建议式标题对目标受众提出了一个对广告商品或服务(或者与广告商品或服务相关)的行动建议,它是一种排他式的劝慰,将说服直接指向行动而不是态度。

例如,图 5-4 中的"喝红茶就喝滇红茶",没有产品特色的渲染,也没有实惠的诱惑,以毋庸置疑的口吻彰显王者风范,如果再配以消费者心中偶像的代言,相信大多数人都愿意去尝试一下。

图 5-4　建议式广告标题

4．提问式广告标题

与建议式广告标题相近的是提问式广告标题,它"建议"目标受众去考虑一个问题,并且到广告正文当中寻找答案。

通常许多人都认为提问式广告标题很有用,它可以直接给消费者一个震撼性的冲击。提问式标题的问题可能是目标受众已经在想的问题,或者是目标受众还没有想到的问题,不管哪一种情形,设置巧妙而恰如其分的问题无疑能更好地吸引目标受众的眼球。例如,图 5-5 中的"正品你不要?"通过提问的方式将诉求集中在"正品"上,暗示所售商品保证是正品,解除消费者对网上名牌商品假货泛滥的担忧。

图 5-5　提问式广告标题

在使用提问式广告标题的时候,一方面要仔细考虑它是否是传达广告内容的最佳方式,另一方面还要注意避免问题过于直白。

5. 悬疑式广告标题

网络广告悬疑式标题通常是为了激发目标受众的好奇,"欺骗"目标受众的注意和兴趣。在某种意义上,网络广告悬疑式标题与提问式标题一样也是绕了弯子的广告标题,但悬疑式标题引发的好奇心不会落到某一个具体的问题上,也不会落到在广告或目标受众的环境中已经显而易见的一个事情之上,它要提炼出一个出乎意料的、可以让目标受众进行思考的"悬疑点"。

例如,图 5-6,超美的画面和简练的文字,大有让人一见倾心之感,但整个广告从文字到图像却让人丝毫看不出它想推销什么? 在感叹唯美设计的同时,你是否有对其想要传播什么内容感到一点好奇的念头? 此类悬疑式广告标题的弯子可能很大,它对目标受众的冲击力也可能会很强,要注意的是,必须把握可以确保目标受众回到战略关联性上来的一个限度。

图 5-6　悬疑广告标题

(图片来源:https://www.douban.com/group/topic/43286977/?type=like.)

网络广告标题千变万化,很多标题往往将数种风格融为一体,也常有不俗的效果。如某笔记本厂商的广告标题——"到底什么才算好? 2015 年中游戏本大横评",就是既有提问式又有新闻式的混合标题。

显然以上归纳的五种广告标题形式并不能涵盖所有的标题变化,它只是提供了一个标题生成的思考方向,好的标题不仅需要对产品或服务有深入的了解,也需要良好的语言文字基础和出类拔萃的创意。

在拟定一个广告标题之前,可以通过以下几点来审视标题。

第一,如果拿不准,就采用带点迷人利益的新闻式标题,这种结合绝对有力。找出你的产品所具有的新闻价值和最迷人的好处,它们的结合将极具爆发力而又不失机灵。记住:新闻和利益永远不会错,永远不会过时。

第二,一个好的标题不仅要具有表现力和促销力,还必须在整个广告中脱颖而出,具有举足轻重的地位,因而不可忽视标题字体的风格和大小。

第三,所展示的标题一定要让消费者轻松地领悟到要点、所提供的核心利益以及所要宣传的产品,能够迅速抓住消费者的心。标题的诉求是符合消费者心理和兴趣的。

第四,决定自己是否在标题中包含产品或者广告主的名称也是要十分慎重的,在标题中加入广告主名称可以提高广告的识别度和认知度,但是硬要把广告主塞进标题有时候会显得过于生硬,反而破坏了标题原有的含义。

第五,如果广告的投放是针对特定的细分市场,那么标题可以通过把握人口统计特征、心理特征等直接瞄准细分市场。[①]

5.3.3 网络广告正文制作

网络广告的标题或者图像往往只是突出了广告产品或服务最有说服力的卖点,当它已经足以吸引目标受众的兴趣和注意的时候,正文则应该被用来对内容的沟通进行补充或者总结,很多时候最重要的推动要依赖广告正文来完成,因此正文的制作对于营销的成功至关重要。

在制作正文时应该注意以下几点。

第一,最吸引人的应当先说,然后再将其他内容依次展开。或者说,把你的独特内容包裹成一个悬念,吸引人家注意。读者看一篇文章,前三段注意力最集中,如果这"寸土寸金"的前三段用不好,读者很可能因此失去耐心,放弃阅读后续的内容。

第二,措辞要讲究,适当使用形容词以及修辞手段,吸引力会更大。例如:"功能强大的新软件包将改变你的一生"和"新软件包真好"相比,是不是更吸引人?总之,要有一些想象力,花点心思,琢磨琢磨用怎样的文字,才能最大限度地激发广告受众的好奇心和注意力。

第三,要有亲和力,让受众喜闻乐见,使受众在思想上、在视觉上都产生愉悦感。你在写作时,要有个"群众"观念,就是说,你的网页可能会被成千上万的人浏览。如果你的内容让人家觉得是专门为他而写,那么,你的广告对他们的吸引力就会大得多。别自顾自地讲大道理,自得其乐,自我陶醉。实在点、直接点、轻松点,就像和你的一位好朋友面对面聊天一样,让人家看得下去。

第四,着笔要尽量简洁,让读者能在最短时间内了解你想呈现给人家的是什么,给人

---

① 唐志东. 网络广告学[M]. 北京:首都经济贸易大学出版社,2010:252-260.

家一幅清晰的画卷。要做到这一点不是很容易,"简洁是才能的姊妹"。如何抓取核心内容,如何清晰表达,如何尽可能缩减笔墨,如何适当使用修辞手法和形容词等都是问题。

第五,将受众置于第二人称。比方说,可以写"你一定很关注里约奥运会上我体育健儿的优异表现",也可以写"我体育健儿在里约奥运会上表现优异"。两者相比,从吸引注意力的目的出发,前者是不是更好些?因为它视受众为"你",营造出了较强的参与感,无形中拉近了与受众的距离,增加了吸引力。

第六,行文当开门见山,直截了当。大家都知道,与一般媒体的受众相比,网友的耐心尤其少。你提供的信息或许对他们有益,但如果要人家没完没了地找下去才能找到,恐怕极少有人有这份耐心。因此,"立片言以居要",让人直接了解你的目的何在,你要讲的主要意思是什么,这样会更好一点。

第七,句子越短越好。一个句子最好10来个字,最多别超过25个字,太长了,会让受众接不上气儿。段落要尽量简短,6~8句足矣。如果文字太多,屏幕上黑乎乎一片,人家眼睛先花了,屏幕上看东西本来就没有读书读报来得舒服,谁还会有耐心看下去?另外,也尽量别让一行文字的宽度横跨整个屏幕。否则,段落一多,一整行一整行地看起来很费劲,而且人家的浏览器还可能和你的差别很大,不得不拐来拐去地看,这样没几下就把人家的热情折腾光了。所以,每行文字最好别超过屏幕宽度的一半。

第八,正文主体部分的文字字体最好使用软件的默认值,这可以保证大多数人的阅读效果。为加强效果,文字大小可以时不时地变换一下,不过要适度、得体,别喧宾夺主,也别让人眼花缭乱。可以适度地使表现形式活跃起来,不过最好别用下画线,因为这容易和链接标识相混淆,误引来点击。可考虑颜色、粗体、斜体等手段。

第九,每页都得有个"栏头",就是页面最顶端出现的那行文字,英语为"title",国内翻译成"标题"。为了避免和正文内容的标题相混淆,还是翻译成"栏头"为好。有的人不知道这个"title"的重要性,随便写点或者根本就忘了写。要知道它和文本内容的标题一样,都是广告的一个路标,是绝对不能省的。[①]

【案例5-1】

红牛饮料平面广告文案

广告语:轻松能量 来自红牛

标　题:还在用这种方法提神

正　文:都新世纪了,还在用这一杯苦咖啡来提神?你知道吗,还有更好的方式来帮助你唤起精神。全新上市的强化型红牛功能饮料富含氨基酸、维生素等多种营养成分,更添加了8倍牛磺酸,能有效激活脑细胞,缓解视觉疲劳,不仅可以提神醒脑,更能加倍呵护你的身体,令你随时拥有敏锐的判断力,提高工作效率。

副标题:迅速抗疲劳 激活脑细胞

随　文:www.redbull.com.cn

---

① 杨坚争,等. 网络广告学[M]. 2版. 北京:电子工业出版社. 2008:115-117.

5.4 网络广告费用预算

网络广告的预期目标和费用投入始终是广告主对网络广告进行比较和选择的决定性因素。网络广告主在网络广告的运作中负责运作费用的投入,网络广告的预算来自企业营销组合的总预算,它可能是企业广告预算的一部分或者是全部。不管是广告预算的一部分还是全部,广告主对网络广告的投入都需要从产出与投入的角度和营销组合的其他传播策略进行比较和评估,以此作出最后的决定。没有一个企业会对网络广告的运作费用进行无限大的投入,一个网络广告也不可能仅仅是"艺术"的或者创意的策划。

5.4.1 网络广告预算需要考虑的因素

在现代企业经营中,通常都是在一开始就拟定了网络广告预算的大致范围,而且大多数是把这项预算设定为长期的固定性的预算,很少编制为可变动预算。企业通常把一定数额的资金作为广告预算,然后在这个总额范围内流动分配。在固定预算情况下,企业的业绩与预算的增减几乎没有什么关系,使用的是早已编制好的预算。这时,若不用完编制好的预算,就会导致下一期的预算减少,所以业务部门会很容易不顾企业的效益而用完预算。

流动预算是指根据企业业绩的增减而改变预算。按流动预算来编制广告预算,从企业管理注重投入产出比的层面来讲是恰当的,但从广告费的性质来看往往是做不到的,因为从广告性质来看,企业的业绩越不好就越要投入广告费来使业绩得到恢复。

如果把广告费定位为提前投资,那么广告预算就不应该只限于本次广告期的预算,而应该把它设定为包含下一个广告期在内的提前数年的预算。但是如果企业效益实在低迷,就很难做到这一点。

企业在运营时还可以把广告预算作为企业的战略预算来对待。可以考虑把广告预算分为用于长期战略需要的部分(如确立和提高企业形象等)和本期销售有关的、直接用于促销的部分。

此外,制定广告预算时还应该注意以下三点。

1. 在综合营销领域里考虑广告预算

如何开展市场营销因商品而异,大体上可以分为拉动战略和推动战略。营销战略的展开也需要随商品所处的阶段而有所不同,不能因产品价格低就单纯考虑采用拉动战略。在商品流通阶段,如果能预先估计是采用拉动战略好还是推动战略好,就可以减少失误。

如果在流通阶段采用的是以推动战略为主的营销战略,那么制定预算时就应该把重点放在如何帮助商家进行促销上;若采取的是鼓动消费者的拉动战略,则应该把预算的重点放在大众媒体上。

2. 在竞争环境下考虑广告预算

当今市场,每种商品所面临的竞争环境都很残酷,其范围已不限于国内,而常常涉及国际市场的竞争。我们从啤酒市场就可以清楚地看到,过去人们都认为国产啤酒与外国啤酒应分别属于不同的市场,如今它们之间的鸿沟已经消失,我们看到的已经是一个统一的啤酒市场。随着自贸区跨境电商的迅猛发展,会有更多的国外产品以与国内相关商品相当甚至更低的价格出现在国内广大消费者的面前,国产商品受到外国商品的冲击而不得不降价销售已不是什么新鲜事了。

企业的广告预算不仅应该考虑自身市场的拓展,还需要考虑能否有效地对抗竞争对手,是先于竞争对手、还是后于竞争对手在市场上推销产品,广告的预算额度将有所不同,采取的策略也会有所区别。

即使同样是后上市场,也要根据竞争对手的强弱而采取不同的策略。当后于竞争对手进入市场时,或者投入大量的费用,做豪华的广告使产品成为家喻户晓的热点话题;或者瞄准空隙做重点促销宣传以避开正面竞争,以此来编制合理的预算。

3. 从产品生命周期和企业发展战略考虑广告预算

对于处在成长期的产品,由于可以预见其未来具有广阔的市场,因此不论其现在市场的销量如何,都应该强化其广告,通过大量、持续的广告投入使之在不久之后能成为本企业的拳头产品。而对于成熟产品,可以适度减少广告投放的频率,这时广告的目的主要在于让消费者保持记忆,提醒购买,其广告预算也可以相应减少。对于属于衰退期的产品,广告的投放可以进一步减少甚至不做广告。

5.4.2 网络广告预算的方法

网络广告预算是网络广告策划的一个重要组成部分,计划的实施必须有预算的财力支持才能实现。广告预算总额要安排得合理,若广告预算过多,则可能产生浪费;过少,则会影响必要的网络广告宣传活动,从而达不到广告的预期目标,使企业失去竞争能力。

为了使广告预算符合广告计划的实际需要,在制定广告预算时,要树立正确的指导思想:必须树立对市场、消费者及竞争者进行预测的观点;树立广告效果、营销活动、广告媒体综合运用及各种广告活动密切配合、相互协调的观点;树立检查广告活动进度、发现问题并及时调整广告计划、有效控制广告费用的观点;还要树立合理使用广告费用、杜绝浪费、讲究效益的观点。

同时,网络广告与销售之间的关系是另外一个要特别注意的环节。网络广告费既是一项费用支出,也是一项投资。虽然不是直接参与销售,但它的投入可推动和促进销售活动的顺利进行。合理、有效的网络广告能使潜在消费者熟悉商品特征、性能,能提醒买主购买或使用商品,能提供新产品信息,能以产品潜在的吸引力提高产品的价值。因此,必须根据企业自身的负荷能力来安排必要的网络广告支出。

编制网络广告预算总额的具体方法很多,常用的主要有以下几种。

1. 销售额百分率法

这种方法是根据一定期间内产品的销售额,按一定比率计算出经费的方法。这种方法由于计算标准不同,又具体分为以下几种。

① 计划销售额百分率法:根据对下年度的预测销售额计算出网络广告预算额。

② 上年度销售额百分率法:根据上年度或过去数年的平均销售额计算出网络广告的预算额。

③ 平均折中销售额百分率法:折中上述两种方法,计算出网络广告预算额。

④ 计划期销售额增加百分率法：以上年度网络广告费为基础，再加上下年度计划销售额增加的百分比，计算出网络广告预算额。

销售额百分比法的计算公式为

网络广告预算费用＝（计划/上年度/平均）销售额×广告费用占销售总额的百分比

销售额百分率法在国内外是被比较广泛采用的一种计算网络广告预算总额的方法，它具有以下的优点：

① 计算简单方便，尤其适用于增长率较为稳定、受市场变化影响较小的一些产品。

② 易于管理预算分配。

但此方法也有一些明显的缺陷：

① 网络广告支出与销售额之间的线性关系可能成立，也可能不成立。如当产品已不再适应市场需求、走向产品生命周期的衰退期时，若依然依据上年度销售额制定网络广告预算并进行投入，依据产品生命周期的发展规律，产品销售额也不可能因此而增加。

② 方法比较呆板，应变能力较差，难于根据市场变化作出相应的变化。如当商品供不应求时，销售量扩大了，此时企业的主要任务是把资金投向生产，所以可适当地节约网络广告预算；反之，当出现激烈的市场竞争，商品销售量减少，为了促进销售，也可以增加广告预算，以加强广告宣传力度。

③ 方法不利于销售情况不好、生产新产品的部门。若企业以此方法确定下属各部门或分公司所需网络广告经费时，销售情况越好，产品处于成熟期的部门或公司就会得到越多的广告费，而对于一些销售情况虽不好，但通过网络广告促销结合其他措施完全可以重振雄风的部门，或产品处于投入期或成长期的部门，却得不到应有的预算经费，从而错过发展或重新发展的机会。这种预算方法无疑和实际需求脱节。

2．销售单位法

此方法首先为产品的每一个销售单位确定一定数量的网络广告费，再乘以计划销售数量，从而形成企业总的网络广告经费。

此方法的优点是：

① 预算计算方法简单。

② 计算产品的销售成本比较方便。

此方法不足之处是：

① 需要依赖历史资料及销售预测技术，若预测失误，可能造成网络广告费用不足而延误整个产品的销售计划。

② 不能适应市场的迅速变化，被动地被销售量所约束。

3．目标达成法

此方法是依据企业总的目标和销售目标，来具体确定网络广告的制作目标。再根据网络广告目标的要求确定采取何种广告策略，进而计算推行这些网络广告策略所需要的费用。这种方法比较科学，能适应市场营销变化而灵活地决定网络广告预算。

西方一些广告专家把广告目标分为知名—理解—信服—行动四个阶段。越走向高层次，越需要广告发挥较大的功能。如果以其中某一阶段为广告目标，就要为达到这一目标决定所必需的各项广告费用，包括广告活动的内容、范围、频率及时限等。如为了增加商品的知名度,就要扩大网络广告的投放量。假设网络广告目标设定要增加 1 000 名妇女看到这则网络广告,经调查计算出每增加 1 名妇女点击此网络广告,平均要花 1 元,一个月预计重复 10 次,则每月广告费为 1 万元。计算公式为

$$网络广告预算费用 = 目标人数 \times 人均广告到达成本 \times 网络广告频率$$

目标达成法是以计划来决定预算的,广告活动的目标明确,因而便于检验网络广告效果。但运用此法有一定难度,应注意在决定网络广告预算时,同销售额百分率法结合起来使用,使预算切实可行。

4. 竞争对抗法

竞争对抗法是根据竞争者的网络广告活动费来确定本企业的网络广告预算,又称为竞争对等法。在产品定位上对竞争对手采用紧逼定位策略的企业经常使用此法确定广告预算,此法整体思路和销售额百分率法及销售单位法不同。销售额百分率法和销售单位法是从企业自身出发确定广告费用的多少,对市场的迅速变化反应比较迟缓。而竞争对抗法则是依据市场竞争对手的广告费投放情况来确定应投入的网络广告费的多少,当竞争对手增加网络广告的费用时,本企业的网络广告费也要相应增加;反之,则减少。采取这种方法的都是财力雄厚的大企业,资金不足的中小企业使用这种方法具有很大的风险,这种方法的计算有以下几种。

1) 市场占有率法

市场占有率法先计算竞争对手的市场占有率和广告费用,求得单位市场占有率的广告费用后,在此基础上加码,乘以预计本企业市场占有率,即为本企业的广告预算。其计算公式为

$$网络广告预算费用 = \frac{主要竞争对手广告总额}{主要竞争对手市场占有率} \times 本企业预计市场占有率$$

2) 增减百分法

增减百分法以竞争对手本年度广告费用比上年度广告费增或减的百分率,作为本企业广告费增或减的百分率参考数。其计算公式为

$$网络广告预算费用 = (1 \pm 主要竞争对手广告费用增减率) \times 上年度网络广告费用$$

如竞争对手本年度广告费预计比上年度增加 10%,本企业也至少增加 10%。

竞争对抗法的主要缺点是比较盲目,可能造成较大的广告费用浪费,对财力有限的企业来说,一般不宜采用。而且,竞争对手广告支出资料不易取得,所收集资讯也不一定准确。所以,只有当市场竞争激烈,广告竞争也激烈,企业财力雄厚,并能及时、准确地掌握竞争对手的活动态势时,才可以使用此方法将自己的广告费用定得有竞争力,从而提高企业的整体竞争力。

5. 支出可能定额法

此法也称为全力投入法。这种方法是按照企业财政上可能支付的金额来确定广告经费的,符合"量入为出"的原则。所以,企业能拿出多少钱来就拿出多少钱做广告,从而在其有限的财务预算上尽可能地支出广告费,最大限度地发挥广告的促销作用,并可以根据市场情况的变化灵活地加以调整。这是一种较适应企业财政状况的方法。但由于此方法不是依据企业的营销目标来制定广告费用,所以具有一定的盲目性。

6. 任意增减额设定法

任意增减额设定法依据上年或前期广告费，将其任意增加或减少，以此设定预算。一般企业在设定广告预算之初，是任意决定的，但以后可以根据市场需要和企业财力的可能，逐渐加以修正，以达到一定的广告目标。这种方法虽不科学，但计算简便，非常适用于小型企业和临时广告开支。特别是经验丰富的决策者，这样决定广告预算就有可能使广告顺利开展；如果决策者不明形势、决策失误，就会影响广告活动的顺利开展或造成广告费的浪费。

7. 模拟定量计算法

模拟定量计算法是利用计算机通过若干模型对企业的整体营销活动做仿真，并配以数学模式，预测企业的广告活动及其所需要费用。如汉得利公司所发明的一个公式即可叙述广告费、市场占有率及利润三者之间的关系。利用这一公式，能计算出为了获取最佳利润应花多少广告费，以及为了得到最佳市场占有率应投入多少广告费。这一方法为广告预算的确定开辟了新途径，而且具有一定的科学性。一些广告费投入很大的大公司，采用太简单的计算方法已不能适应需要，而必须建立有关系统，选用大量参数，通过计算机及新型数学模型作出分析，从而得出精确的结论。

8. 任务法

此方法使广告预算者在决策上扮演重要角色。首先，明确企业的营销目标和广告目标；其次，为达到目标，企业下年度的广告工作应如何安排，如进行哪些具体的广告活动，地点、时间、方式如何，等等；最后，累计出每项广告活动所需总费用，并确定一定比例的机动经费，从而最终确定下年度的广告预算总额。此法的优点与缺点相互关联。如果企业准确地知道下年度需要什么程度的广告以完成某种任务，则此方法非常有效。然而，如果企业不能确定下年度具体的广告活动的话，则此方法就成为高度主观臆断，会影响预算的准确性。此外，即使企业能确定下年度的具体广告工作，但下年度中仍可能受多种因素的影响，而使预设情况发生较大的变动。机动经费的确定在很大程度上可以弥补此方法的不足。通过机动经费的预设，使企业可以应付下年度中由于市场变化等因素造成的预算失误，及时以机动经费应付新的、突发性广告需求，从而最终达成企业目标，完成广告活动的任务。

上述八种广告预算的确定方法，各有利弊，而且对于不同的企业、不同的市场状况，使用效果也不尽相同。企业在确定广告总预算时，可灵活选择其中适用的一种方法，或几种方法组合使用，从而制定出恰当、准确的广告经费，既不浪费，又能达到预期的目的。[①]

【案例】 2013年京东"双十一"网络广告策划案[②]

一、项目概述

京东在中国电商行业的领先地位无可争议，同时在网购促销活动的打造和推广上也

[①] 杨坚争，等. 网络广告学[M]. 2版. 北京：电子工业出版社. 2008：85-89.
[②] 陈璐. 2013年京东"双十一"整合营销传播策划案[D]. 浙江大学，2014.

不断推陈出新，成绩有目共睹。但从品牌知名度和销量上来看，京东与包括天猫在内的淘宝系电商平台相比仍存在一定的差距，京东需要把握机会做出更多努力。随着"双十一"网购狂欢节运作模式的成熟和营销优势的彰显，越来越多的电商以及传统企业加入"双十一"的竞争当中。作为一线电商品牌，京东需要在"双十一"网购狂欢节这一电商盛会中有力发声，获得更多声量，巩固其行业地位。因此，本次策划的主要目标在于为2013年京东"双十一"促销活动进行网络营销传播，彰显京东的特色和优势，为消费者和消费者愿景创造独特利益，将"京东'双十一'"打造成具有知名度和影响力的品牌活动。

二、市场分析

（一）市场环境分析

近几年，随着各类电商企业的涌现，电商领域的竞争日趋激烈。2012年8月15日，京东、苏宁易购和国美电器就大家电品类展开了声势浩大的价格战。2013年3月，聚美优品、乐蜂网、淘宝网等电商平台在化妆品领域竞相促销。随着电商行业的蓬勃发展以及众多电商企业对市场的激烈争夺，一直稳坐中国最大年销售额的淘宝，也日益感受到来自竞争者的威胁。传统的电商促销方式主要包括打折促销、赠品促销、积分促销、优惠券促销、限时限量促销等，但上述常规促销手段已无法与竞争对手形成鲜明的差异优势，为数不多的节假日也已无法满足电商企业的促销需求。因此，淘宝开始寻求新的营销方式，即通过人工造节营造网购氛围，激发消费者的购买热情和欲望。

2009年之前，11月11日还只是年轻人口中调侃的"光棍节"，但天猫（当时称为"淘宝商城"）却赋予了它全新的意义。从2009年开始，每年的11月11日，天猫都会精心举办一场大型促销活动，整合多种促销手段。11月11日正好处于"十一黄金周"和圣诞促销旺季中间的消费空档期，"光棍节"与生俱来的娱乐性和话题性，以及天猫作为品牌旗舰店聚集地的优质平台属性，都为"双十一"网购狂欢节创造了天时地利。从无到有再到成为固定的促销模式，从每年持续刷新的数据中，可以看到"双十一"网购狂欢节的成功：从2009年仅27个品牌至2012年仅天猫店铺就超过1万家，参与者越来越多；成交额从2009年的5200万元一路跃升至2012年的191亿元，成交额越来越高（见表5-1）。同时，2012年11月11日当天，淘宝系交易总额远超2011年美国"网购星期一"（Cyber Monday）的12.5亿美元（约合人民币78亿元）水平。通过4年的持续经营，天猫已经成功将每年的11月11日打造成为全民性的网购狂欢节。

表5-1 2009—2012年淘宝（天猫）"双十一"交易情况

年份	参 与 者	成 交 额	品牌交易规模
2009	27个品牌	天猫：5 200万元	杰克琼斯500万元
2010	150家店铺	天猫：19亿元	80多家店销售额破百万元，最高超过2 000万元
2011	2000家店铺	淘宝系：52亿元（天猫：33.6亿元）	497家销售额超过百万元，其中3家品牌店超过4 000万元，38家超过1 000万元

续表

年份	参　与　者	成　交　额	品牌交易规模
2012	天猫、淘宝、聚划算共同参与,仅天猫店铺就超1万家	淘宝系:191亿元(天猫:132亿元)	截至15时的品牌销售额:1家超过8 000万元,1家超过7 000万元,3家超6 000万元,6家超5 000万元

"双十一"网购狂欢节的战绩一年胜过一年,早已从天猫自设活动发展成为整个淘宝系的重点促销项目。天猫"造节"营销的成功也让其他知名电商陆续加入每年的"双十一"促销战中,不仅包括京东、当当、一号店等综合B2C电商平台,且唯品会、酒仙网、苏宁易购、优购网、梦芭莎、韩都衣舍等垂直B2C电商平台也在11月11日前后开展不同程度的促销活动。"双十一"网购狂欢节俨然成为电商争夺用户流量,提升销售业绩和巩固品牌知名度的新战场。

(二) 竞争分析

"双十一"网购狂欢节已经发展成为一年一度的行业集体行为和全民网购节日,消费者的行为和电商企业的表现会与日常网购有所不同,也就导致此时行业竞争结构的特殊性。

中国的电商产业发展至今,呈现出一片蓬勃生机,电商企业数量众多、种类多样。依据企业和消费者之间不同的交易模式,中国电商的模式主要包括:B2C(business to consumer)、B2B(business to business)、C2B(consumer to business)和C2C(consumer to consumer)。其中,B2C是目前竞争最为激烈的电商领域。互联网数据研究机构易观国际认为,目前中国电商格局呈现为:寡头综合平台电商占市场份额的75%,其他综合平台电商占10%,垂直电商占15%。每一种电商类型均有数量众多的电商品牌,同质化现象越来越明显,行业竞争已呈现日益激烈的趋势。

2012年的"双十一"网购狂欢节开展时,中国电商研究中心对参与活动的电商企业进行了问卷调查。调研结果显示,"双十一"促销活动已不再是淘宝系的独角戏,各类电商平台和传统品牌商都积极参与其中,很多品牌商家将其官网与第三方电商平台打通,众电商联手掀起了一场全民网购盛宴。各大电商企业对"双十一"的争夺战在2012年走向了高潮,展开了各式各样的促销活动和广告攻势(见表5-2)。

表5-2　2012年"双十一"期间典型电商企业促销概况

电商企业	起止时间	活动主题	促销活动
淘宝系(天猫、淘宝、聚划算)	11月1日至11月11日	11·11网购狂欢节	打出"全场五折"的促销口号。五大活动:"喵星球"顶级品牌赢红包、支付宝提前充值抽红包、淘宝嘉年华超值网购红包、天猫积分换红包、11月11日当天使用支付宝抽红包
京东	10月10日至11月12日	"沙漠风暴"让利活动	让利10亿元,送5 000万元礼券、五折封顶、满200减100等

续表

电商企业	起止时间	活动主题	促销活动
苏宁易购	11月9日至11月11日	超级0元购	300元以下商品均返现等额线上线下通用优惠券
国美电器	11月1日至11月30日	全网底价新坐标,低价大促尽情享受	价格直降、全场满减等
亚马逊	11月5日至11月11日	2012亚马逊Z省周七天欢乐购	数十万商品低价促销、光棍节秒杀、大品牌底价大促等
当当网	10月22日至11月4日	11·9惹火行动 13周年店庆	亿元礼券返不停、每日底价"惠"不同、全场满减等

随着"双十一"的网购狂欢氛围越来越浓厚,引得越来越多的电商企业都跃跃欲试,想借"双十一"的东风,在全民的网购盛宴中抢占一席之地。2013年的"双十一"促销还未正式启动,众多电商早已摩拳擦掌。除了具备参与经验的老牌电商平台之外,一些近两年迅速成长起来的电商新秀也欲加入促销的队伍之中。以美妆垂直电商平台为例,聚美优品、乐蜂网、天天网等都将成为潜在进入者,这些电商平台的专业优势将构成强有力的威胁。不仅是各类B2C电商平台,众多C2C商家也将在"双十一"期间借势开展促销活动,"小而美"电商品牌的竞争力亦不容小觑。

(三)消费者分析

1. 消费者的总体消费态势

截至2013年6月,我国网络购物用户规模为2.71亿人,网络购物使用率提升至45.9%。与2012年12底相比,半年网民增长2 889万,半年度增长率为11.9%。网购用户规模的快速扩张为网购市场的发展奠定良好的用户基础,释放着巨大的市场潜力。

服装鞋帽是网络购物市场最热门的销售品类,其购买人群占网购用户规模的75.6%。其次是日用百货和电脑、通信数码产品及配件,所占比例分别为45.1%和43.3%。

2. 京东商城的目标客户分析

① 从需求上分析:京东的主要客户是计算机、通信和消费类电子产品主流的消费人群。

② 从年龄上分析:京东的主要顾客为25~35岁之间的人群。

③ 从职业上分析:京东的主要顾客是公司白领、公务人员、在校大学生。其中每年走出大学校门的600万大学毕业生则是京东需要大力培养的目标消费群体。

(四)企业分析

京东于2004年正式涉足电商领域,现已发展成为中国最大的自营电商企业,京东商城致力于打造一站式综合购物平台,在线销售的商品包括家用电器、电脑、通信数码及配件;家居、厨具、家装;服装鞋帽、个护化妆;钟表首饰、礼品箱包;运动、户外;汽车、汽车用品;母婴、玩具、乐器;食品饮料、保健品;图书、音像;办公等全品类商品,品类逾10万种。

其中家用电器、手机数码、电脑及日用百货四大类超过3.6万种商品。凭借其在3C产品领域的深厚积淀,京东商城确立了中国B2C市场最大的3C产品网购专业平台的地位,在中国B2C网购网站交易规模市场格局中的地位仅次于天猫。2013年,其活跃用户数达到4 740万人,完成订单量3.233亿。

(1) 产品价格更低廉

京东商城的商品价格通常比其他电商平台要便宜10%左右,有些商品的价格会便宜到30%。

(2) 物流服务更快捷

2009年3月,京东商城成立了自有快递公司,物流配送速度、服务质量得以全面提升。目前,京东在全国建有6大物流中心和31个城市仓储中心,总体仓储面积超过100万平方米,每日的储备产能超过120万单。在全国1 232个区县城市建有自营配送站1 400多个、自提点300多个,拥有近2万名京东配送员,形成了较为完善的自营物流体系。同时,京东推出多种物流服务满足消费者在不同情境下的多种需求,包括211限时达、次日达、夜间配、定时达、隔日达、极速达和自提服务等。

(3) 在线服务更周全

京东商城在为消费者提供正品行货、机打发票、售后服务的同时,还推出了"价格保护""延保服务"等举措,最大限度地解决消费者的后顾之忧,保护了消费者的利益。京东商城用自身的诚信理念为中国电子商务企业树立了诚信经营的好榜样。

(4) 售后服务更全面

除了传统的售后服务外京东拥有自己的特色服务:商品拍卖、家电以旧换新、京东礼品卡、积分兑换、上门服务、延保服务、DIY装机等,满足了客户的不同需求。①

三、网络广告策略

(一) 广告目标

2013年京东"双十一"网络广告策划案的主要目标在于,为京东"双十一"促销活动进行整合营销传播,彰显京东的特色和优势,为消费者和消费者愿景创造独特利益点,将"京东'双十一'"打造成具有知名度和影响力的品牌活动,同时也旨在延续京东的品牌调性,借助"双十一"网购狂欢节的热度和影响力进一步传播京东的品牌形象,提升京东在消费者心中的品牌美誉度和品牌忠诚度。

(二) 目标市场策略

京东已经成为一个全品类的电商平台,但它的优势还是体现在3C产品上,因此京东的营销对象首先是全体网民,其次重点营销对象是年龄在25～35岁的白领、公务人员,这个群体的人员消费能力强,处在成家立业阶段,对3C产品的需求旺盛。同时,在校大学生也是京东需要大力培养的目标消费群体。

---

① 部分内容参考《京东商城案例分析报告》(阴周洋),百度文库。

（三）品牌定位策略

面对淘宝系的绝对优势和其他电商平台的强势竞争,京东必须找准自己的产品定位。作为电商平台,它不仅需要在消费者心中树立商城商品的形象,还要让消费者深谙平台的优势。

京东在B2C电商领域一直保持着行业第二的优势地位。2013年,其活跃用户数达到4 740万人,完成订单量达3.233亿。凭借其在3C产品领域的深厚积淀,本次活动将继续突出京东商城作为中国B2C市场最大的3C产品网购专业平台的地位。

基于消费者对于"双十一"活动期间物流的利益需求,结合京东在自营物流体系上的独特优势,将物流优势作为2013年京东"双十一"促销活动的另一品牌定位策略,并重点进行营销推介。

（四）广告诉求战略

本次广告活动将以"不光低价,快才痛快"作为广告口号,向消费者传递统一、鲜明且独特的利益承诺。

"不光低价"反应了"双十一"网购狂欢打折让利的活动宗旨,但在众多电商品牌的"全场5折""底价来袭"等口号形成泛滥的同质化竞争局面下,且不论低价折扣的成色如何,对于以3C产品为主打的京东来说,为了在价格上与竞争对手形成区隔而进行恶性竞争的做法并不明智,这时候,针对电商平台在"双十一"期间暴露出来的物流问题,提出"快才痛快"的口号,不仅符合京东一直倡导的功能利益诉求——"多·快·好·省",在强调价格优惠的同时更加凸显"物流快"这一重要的利益诉求点,不仅让热衷于"双十一"促销的目标消费者在低价之外享受多一重的功能利益,而且保证了一般消费者在这一促销特殊时期的基本消费权益,一举两得。

（五）广告表现策略

为了响亮打出"不光低价,快才痛快"的传播理念和广告口号,此次2013年京东"双十一"网络广告策划活动将以"SEET"作为传播原则,将其贯穿于整个网络营销过程中的广告表现。

S——Storytelling,即以故事化叙事的方式进行戏剧化的表达。故事叙述的目的在于运用视觉思维与消费者进行形象化沟通,借助视觉冲击力和整体感知力作用于受众的情感世界。

E——Engagement,即强调传播的互动性和创意的融入性。互动机制的构建不仅可以使消费者在主动状态下对品牌形成更深入的记忆点,而且能够激起消费者信息分享和主动传播的欲望,从而影响更多的消费者。

E——Entertainment,即为营销注入娱乐元素,提高传播的趣味性和感染力。

T——Topicality,即运用话题营销的力量点燃传播的热度、广度和深度。社交媒体的广泛应用使话题营销得到越来越多的重视,话题营销以软性方式切入到受众的互联网生活中,能够收到以点带面的传播效果。

"SEET"传播原则是一个有机整体,四个元素之间呈现相互渗透、相互作用的关系。同时为了与竞争对手的宣传实现区隔,此次广告活动的创意表现主要通过夸张、幽默的故事讲述快递慢带来的悲剧性结局,在适当的夸大渲染中形成令人印象深刻的记忆点。

(六)广告媒介策略

线上广告的类型主要分为两大类:一是效果型广告,投放在搜索引擎、导航网站、广告联盟等网络渠道,选择与目标受众相匹配的接触点进行传播,从而带来直接的用户流量和转化率;二是展示型广告,投放于主流门户网站、视频网站等大型网络平台,使品牌形象和活动信息获得尽可能大的曝光率。

四、网络广告实施计划

(一)广告目标

在2013年的"双十一"网购狂欢节中,京东首次以强势竞争者的姿态开展整合营销传播活动。这一市场定位决定了京东需要取得高曝光率,广告的目标在于与更多消费者进行更长效的对话。

(二)广告活动时间:2013年10月28日—2013年11月12日

(三)广告活动内容

1. 视频营销

截至2013年年底,中国网络视频用户规模达4.28亿,较2012年增长了15.2%,网络视频使用率上升至69.3%,网络视频的高用户率奠定了视频营销的受众基础。网络视频营销既继承了视频广告的视觉直观性和生动性,易被受众接受,又具备传播速度快、成本低廉、互动性强、效果可监测等优点。2013年京东"双十一"的网络营销由一系列趣味视频发起,通过视频营销在活动前期进行充分预热。

(1)主题电视广告网络推广

传播时间:2013年10月28日—2013年11月7日

传播内容:发布主题电视广告完整版视频,并配以视频关键帧截图或漫画模仿,使传播内容更加丰富有趣。

操作思路:①将主题电视广告发布于主流视频门户网站,并分享到各类社交媒体。②截取主题电视广告的关键帧画面展现故事梗概,突出结尾处的字幕画面"双十一怎能用慢递",建立并强化此类传播的视觉联系。将主题电视广告完整版视频与故事梗概截图相结合,在社交媒体上进行广泛传播。③以网络流行的漫画或动画体裁对主题电视广告进行模仿创作,例如暴走漫画风格,多次传播主题电视广告故事内容的同时,进一步夸张讲述"双十一"期间快递慢带来的悲剧后果。

(2)趣味病毒视频传播

传播时间:2013年10月30日—2013年11月8日

传播内容：对经典影视剧片段进行改编，继续传达"双十一怎能用慢递"的内容，并恰当地隐射竞争对手，以期形成网络事件。

操作思路：①《猫狗大战》病毒视频：以"双十一"和快递慢为主题，改编电影《猫狗大战》的经典片段，制成趣味短视频，投放于主流视频网站和社交媒体。同时，对病毒视频的关键帧进行截取，通过更改对话内容或重新编排剧情，使内容不断更新成长，在社交媒体上进行反复传播。②《慢话喵喵》病毒视频：选取多个影视剧的经典片段作为原型，将"双十一怎能用慢递"的内容诉求嫁接其中，制作多个故事版本在视频网站和社交媒体上进行传播。③天猫广告恶搞视频系列：对天猫的"双十一"视频广告进行趣味改编，直击其物流慢的痛点，在与竞争对手的正面交锋中制造网络话题，吸引受众的注意力。④吐槽"双十一"Flash动画：制作Flash动画短片，以网购消费者的身份讲述"双十一"网购之痛，以简洁、明快、搞笑的风格引发受众共鸣。

(3)《一路向前》MV网络推广

传播时间：2013年11月1日—2013年11月8日

传播内容：借助娱乐明星等公众人物的力量，对羽泉与京东合作的2013年度广告主题曲《一路向前》的MV进行网络推广，并以娱乐化方式对MV内容进行再创作、再传播。

操作思路：①与明星微博大号建立合作关系，以直接发布或转发的形式传播羽泉与京东合作的《一路向前》MV，借助明星矩阵的效应覆盖大量网友，形成广泛讨论。②在歌曲歌词或MV视频场景中融入娱乐元素，发布各类原创微博，同时配以MV的传播。创作方向以正能量为主，表现京东快递员敬业、可靠、一路向前的核心内容诉求。

2．话题营销

在网络空间尤其是在社交媒体平台上，热点话题的讨论往往能够引发网友的大面积主动传播。话题营销与口碑营销类似，同是借助消费者之口，在热点话题的讨论中传递品牌信息，形成品牌接触。在此次"双十一"的网络营销的整个过程中，京东以主动出击的姿态，持续抛出与"不光低价，快才痛快"传播理念相关的话题，在微博、微信、豆瓣等社交媒体上引发集中讨论，并有方向性地引导受众进行UGC[①]产出，扩大传播的声势。

(1) 211极速来袭

传播时间：2013年10月28日—2013年11月7日

传播内容：以"211极速来袭"作为此次话题营销的推广起始战，力求一炮打响。鼓励网友以随手拍的方式拍下京东的"双十一"广告，并上传至社交媒体，展示"京东与天猫广告贴身肉搏"的内容核心。

操作思路：鼓励网友留意京东的主题电视广告和地铁通道中京东与天猫的"面对面"平面广告，随手拍下后分享至微博、微信等社交媒体平台，并加入＃211极速来袭＃话题，形成讨论。借助草根大号、微博红人等更具影响力的社交媒体账号转发相关内容，达到二次传播的发酵。

(2) "坑爹"的双十一物流

传播时间：2013年10月28日—2013年11月8日

---

① UGC的全称为User Generated Content，即用户生成内容。

传播内容：发起述说"双十一"不靠谱物流的话题讨论，主要以消费者真实感受吐槽、暴走漫画吐槽等表现方式展示"双十一物流'坑爹'不靠谱"的内容核心。

操作思路：号召网友在社交媒体平台上发布图文信息，以网购消费者的身份抱怨在往年"双十一"活动中遭遇的不靠谱物流，对不良消费体验予以曝光，以此作为UGC内容的种子，引发病毒式传播。在后续阶段，将优质内容制作成专题内容，形成集中的话题讨论，借力微博红人和草根大号进行二次传播。

（3）双十一怎能用慢递

传播时间：2013年10月30日—2013年11月12日

传播内容：以大胆娱乐自己的方式，将京东发布的平面广告作为模仿对象，引导网友进行UGC产出，创作各种版本的"山寨"平面广告。

操作思路：发起改造京东平面广告的活动，鼓励网友对广告情节进行发散性联想，创作出符合其生活体验的"山寨"版广告。精选优质内容汇总成专题内容，利用京东官方微博账号进行发布，联合电商行业的社交媒体公众号进行互动，点评京东平面广告的特点和网友创作智慧。趣味"山寨"版广告的传播在制造出热门话题的同时，也在潜移默化中使"不光低价，快才痛快"传播理念更深入人心。

（4）买正品去京东

传播时间：2013年11月1日—2013年11月12日

传播内容：将快递慢的问题延伸至网购中的假冒伪劣现象，通过众多网购消费者的亲身经历表述"快慢很重要，真假更重要"的内容核心。

操作思路：①搞笑对比：以手绘漫画的形式将京东的正品与其他电商假货进行对比，造成趣味性反差，以期提醒消费者在网购时注意识别。②崩溃体验：收集消费者因买到假货而情绪崩溃的场景素材，对其进行再创作，以娱乐化的方式进行二次传播。

（5）"保卫京豆"

传播时间：2013年10月30日—2013年11月11日

传播内容：对京东"双十一"网页版和手机客户端版游戏进行推广，突出"玩游戏，得优惠"的核心内容，并在传播内容中附带游戏链接，邀请更多消费者参与游戏。

操作思路：①截取游戏关键帧制作成游戏玩法说明图和过关攻略图，在社交媒体平台进行广泛传播，激发玩家的游戏热情。②鼓励玩家分享游戏战绩和游戏心得至社交媒体平台，以亲身体验者的身份邀请更多玩家参与。

3. 游戏营销

伴随着网络游戏和手机游戏的兴起，游戏已经成为一项营销手段嵌入在传播活动当中。在往年"双十一"网购狂欢节的营销活动当中，已有通过游戏提高活动参与度的成功经验。正是基于较为成熟的营销运作模式和受众认知前提，京东在此次网络营销中对趣味游戏和优惠措施进行整合设计，以期吸引更多消费者参与促销活动。

（1）网页版游戏"保卫京豆"

目标：在2013年"双十一"促销活动的传播路径中，京东多次以挑战者的姿态正面攻击天猫的物流软肋。京东首度尝试在官网上进行游戏营销，借着热点话题"猫狗大战"的影响力设计游戏，迎合消费者的心理期望，同时推广新上线的会员京豆系统。

游戏规则：游戏场景中设置了藏有京豆的宝箱，京东吉祥物Joy守候在宝箱附近，警惕着随时从各个角落钻出的老虎。玩家通过鼠标操控Joy挥动手中的铁锤，敲打前来偷宝箱的老虎。每轮游戏共放置5个宝箱，并释放相同数量的老虎，如果老虎偷走了所有宝箱，则视为游戏失败。如果Joy成功击退老虎，玩家可在游戏结束时敲击没有被偷走的宝箱，从而获得宝箱中不同数量的京豆奖励（累积的京豆可在网购结算时直接抵掉消费金额）。

（2）客户端游戏"打猫猫"

目标：使用手机客户端进行网购的消费者呈现不断递增的趋势，因此京东在手机客户端上同期推出游戏，试图抓住消费者在碎片时间里的注意力。

游戏规则：游戏规则基本与网页版游戏一致，同样由京东吉祥物Joy守护宝箱以防老虎的窃取，宝箱中藏有不同数额的京券。游戏场景和元素以简洁风格为主，以符合手机游戏的视觉习惯。玩家用拇指在手机屏幕进行点击，Joy就会走到指定位置，并挥动铁锤攻击老虎。游戏结束时，玩家可随机敲击未被偷走的宝箱从而获得京券奖励（根据不同京券的使用规则，可在网购结算时直接抵掉相应的消费金额）。

（四）广告费用预算

线上广告全部费用预算金额约3 000万元人民币。

五、网络广告活动的效果预测和监控

（一）舆情监控

在开放性网络空间中，网民拥有更大的传播自主权。此次网络营销期望以趣味内容的热点话题引发受众的主动关注、讨论和传播，但同时也需要提防娱乐化可能带来的反效果，需要对网络舆情进行跟踪监控，及时进行危机公关。

1. 监控方法

采取专业工具与人工识别相结合的方式，对活动期间的相关信息内容进行实时监控。由于网络信息更新迅速，发布渠道复杂多样，监控范围无法达到百分之百的全面覆盖。因此，监控工作的重点将放在此次网络营销的主要平台——微博，并由此进行扩散跟踪，力求做到监控效果的最大化。

监控措施的基本实施方法主要包括关键词抓取、增量索引、及时信息检索等，同时结合人工识别保证准确度。在操作过程中，媒体数据平均更新延迟时间确保低于30分钟，实名认证用户更新延迟时间控制在1~5分钟，保证在第一时间发现、分析舆情信息。每日通过专业技术平台抓取关键词并进行初步筛选，再由人工完成进一步的识别，对舆情方向进行判定和把控。关键词主要包括两类：一是与行业、品牌相关的范性词，如电商大战、京东等；二是与企业产品、市场活动、销售通路相关的具象词，如京东211、猫狗大战、京东广告等。常规的监控结果会最终形成日报告和周报告，描述目标时间段中的信息传播状况，包括主题趋势分析、转载量分析、参与受众类型分析、情感倾向分析等。监控工作尤其注重对负面信息的发现和分析，并及时提供解决方案。

2. 负面信息处理

(1) 查找并优先处理源头信息

负面信息源头的追查能够帮助了解负面信息产生的原因，从而对症下药，从根源上阻断负面信息的传播。同时，从对负面信息源头的梳理中可以汲取经验教训，在接下来的传播活动中进行规避。

(2) 利用正面信息进行覆盖优化

当负面信息大量出现时，可通过发布针对性的正面信息进行压制，减少负面信息的露出率。以微博为例，分析负面微博的关键词，制作并发布以同一关键词为主题的正面微博，并通过大号转发、网友互动使其成为热门微博，以防负面微博登上话题榜。

(3) 通过舆论引导减少负面影响

对于因负面信息传播而产生的负面舆论，应以诚恳的态度进行积极引导。当不实信息或谣言已对受众认知产生影响，可通过官方账号进行解释、更正或辟谣，并联合企业高管、行业意见领袖等公众人物加强舆论引导。

（二）传播效果分析

(1) 接触率分析

本次"双十一"网购促销活动结束之后，将邀请市场调研机构益普索对各大电商"双十一"营销效果进行在线调查，受访对象将涵盖各城市级别、各年龄阶段和各收入水平的 2 000 名网购人群。以具有代表性的视频广告进行接触率、受众喜好程度等方面的广告效果评估，样本广告将分别为天猫 11·11 篇、天猫故事篇、京东快递篇和苏宁易购吴莫愁篇。

(2) 微博、微信平台推广效果分析

通过观察活动期间每日的微博声量、转发量、评论量，微信的发布量、转发量、评论量以及两者累计的传播覆盖量（人次）以评估微博微信的舆情表现，并关注舆情的情感倾向，针对负面舆论及时采取应对措施。

第 6 章

网络广告的投放与运营

网络广告经策划、创意、制作之后,就到了广告发布投放的时候。所谓广告投放,就是将制作好的广告通过网络媒体发布出去,使其与公众见面。网络广告的投放相对传统媒体的广告来说,有更多的自由性和自主性,不论是企业还是个人,都可以在网络上进行广告发布。

6.1 常见的网络广告投放形式

6.1.1 建立独立网站进行广告发布

建立独立网站是目前最常用的发布网络广告的方式之一,企业可在自己的网站上对广告的内容、画面结构、互动方式等各种因素进行全面的、不受任何约束的策划。

企业的网站本身实质上就是一个对外宣传的窗口,但它同单纯的广告页面不同,企业的独立网站不能仅有广告,还应该包括企业介绍、发展动态、产品动态等。企业的独立网站应定位在树立企业的整体形象上,同时也可以提供一些非广告信息,如时事新闻、名人逸事,以及可供访问者免费下载的软件、游戏等,以吸引访问者。从长远的发展来看,企业的独立网站会同公司的地址、名称、电话一样,是独有的,是公司的标志,将成为公司的无形资产。

6.1.2 在他人的网站上进行广告发布

这也是常用的网络广告发布方式,在互联网上有数以万计的各类网站,它们千差万别,有日访问量达到数以亿计的综合门户网站,也有日访问量只有数百几千的垂直或个人网站,正确选择适合企业自己的网站投放网络广告,有可能使企业的网络营销事半功倍。以下是企业在选择投放网站时可以参考的基本原则。

(1) 选择访问率高的网站。互联网上有许多访问流量较大的网站,像新浪、搜狐等大型综合门户网站,这些一线网站因为在业界有很高的知名度,影响大,每天的浏览量数以亿计,在这类网站上投放广告自然企业产品的曝光度也就水涨船高,但此类网站的收费也相应较高,企业需具备一定的资金实力。退而求其次可以选择一些二线、三线的网站,它们可能更适合一些中小企业,具有较高的性价比。

(2) 选择有明确受众定位的网站。互联网上还有许多专业性的网站,其特点是访问人数较少,覆盖面也较窄,但访问这些网站的网民可能正是广告的有效受众。从这个角度看,有明确受众定位的网站的有效受众量不一定比一些知名网站少。因此选择这样的网站投放广告,获得的有效点击次数甚至可能超过知名网站,正所谓"小市场大占有率"。

除上述方式外,还可以由几家企业合办或协办网站,如 IBM 公司与北京 169 合办的"中国荟萃"网站,或由企业对网站的某些栏目提供赞助,网站为其做广告等形式。

6.1.3 利用搜索引擎进行广告发布

搜索引擎广告也叫关键词广告、竞价排名,或叫付费搜索引擎关键词广告等,它是指显示在搜索结果页面的网站链接广告,属于 CPC 收费制,即按点击次数收取广告费。跟一般网络广告不同的是,关键词广告出现的位置不是固定在某些页面,而是当有网络用户检索到广告客户所购买的关键词时,它才会出现在搜索结果页面的显著位置。不同的搜索引擎有不同的关键词广告显示,有的将关键词检索结果显示在搜索结果列表的最前面,有的则显示在特定位置,如网页右侧或下方等。

关键词广告具有较高的定位程度,广告投放者对自己的关键词广告能够做到较为系统的管理,包括投放费用的设定、投放时间段的设定、投放区域的设定等。由于关键词广告是按点击量来收费的,因此对消费没有最低限制,但是广告主却可以设置自己每天的最高消费额度,而且也可以随时暂停和取消广告活动。在时间的安排上也同样具有较大的自由度,广告主可以设定具体投放广告的时间段,以达到最为合理的时间布局。在地理区域方面,也可以做到自主设置,可以根据自己产品所适合的销售区域范围来进行设置,最大限度地做到目标的准确性。

6.1.4 利用电子邮件进行广告发布

利用电子邮件列表发送广告信息也是一种常用的广告发布方式。电子邮件列表也叫邮件组,相当于一份地址清单,由于每个邮件组中的客户都是按某一主题编排的,因此邮件组可以为企业提供精确细分的目标市场,所产生的回应率是比较高的。

企业可根据自己的客户建立或通过正常渠道购买他人的邮件列表(现在网上有些邮件组还不允许做广告,因此要想利用邮件组做广告,首先要弄清楚这个邮件组是否允许做广告),此后便可以定期向这个邮件组发送广告信息了。最好的方法是使用邮件列表软件设置自己的邮件列表,或利用服务器上所带的邮件列表(一般的服务器托管服务提供商都会向用户提供这项服务)。

6.1.5 利用广告交换服务网络进行广告发布

网络广告交换是具有一定资源互补优势的网站之间的简单合作形式,即分别在自己的网站上放置对方的广告。在互联网上有一些专门从事全球范围内广告自由交换服务的网络,它能为加盟者之间提供互惠互利、互为免费的广告交流活动。凡拥有自己主页的用户,都可以加入这个网络,加入广告交换服务网络可以实现在多个网站上发布广告。

广告交换网络的运作机制是:广告主按照服务网络的要求制作一个宣传自己的旗帜广告传送给交换服务网络,登记注册后,便成为该网络的成员。然后在自己的网页上加入交换网服务商提供的一段 HTML 代码,这样每当有人浏览其网页时,交换网中有关成员的广告即会在该网页上自动显示。同样的原理，该广告主自己的广告也会出现在交换网这些成员的网页上，达到了互换广告的目的。广告交换网络是以等量交换为原则的，交换网络的服务器将统计各成员网页被浏览的次数，根据这个数字，交换网络会将某个成员的旗帜广告按其所选择的类别等量地送到其他成员的网页中显示，这样就可以实现相对公平地在成员中互换广告。

众所周知，网络广告是互联网行业最主要的盈利模式，流量变现的能力成为衡量互联网企业成功与否非常重要的评价标准。随着互联网人群定向技术的发展，互联网广告也开始摆脱单一、古板的投放模式，向更精确高效的投放模式转变。

广告交换服务网络本身有很多优点，突出表现在以下几个方面。

第一，费用低廉。通常来说，广告交换本身是免费的，除了自身网站的维护费用外，基本不会发生其他费用。

第二，可统计性。广告交换服务网络会为所有的成员与赞助商提供即时统计，报告广告出现的次数与被浏览的次数。

第三，投放便捷。在广告交换平台上，广告销售业务往往由交换平台代为处理，所以单个的网站就无须再为其他问题所困扰。

第四，接触面广。广告交换服务网络通过聚合大量的中小网站，采用1∶1的免费广告交换方式，使很多中小企业能够以非常低的代价跨入网络广告领域，使自己的广告有可能免费地出现在服务网络成员中无数的网页上，大大地拓展了广告的接触面。

6.2 网络广告联盟

网络广告联盟又称联盟营销（Ad networks），是指集合互联网中小网络媒体资源组成联盟，帮助广告主进行广告投放，由广告主按照广告效果向作为联盟会员的终端站点支付广告投放发布费用的一种组织形式和组织机构。

在互联网信息高速公路和新媒体之上，有许多中小网站（或者垂直内容门户）其实也拥有良好的广告平台资源，但它们"人微言轻"，对自己的资源没有独立推广的能力，于是，集合许多网络广告投放平台实现其资源共享的网络广告联盟应运而生了。

互联网信息高速公路和新媒体在很大程度上类似于马赛克的碎片化信息传输终端，网络广告联盟聚合了作为联盟会员的中小网站所提供的广告发布平台的"长尾"价值，它依靠联盟会员的数据积累和优化，根据联盟会员的特点和级别，提供与之匹配的多样化广告形式和组织化的购买平台，实现快速、便捷的广告投放，以较低的管理成本有效地提高网络广告的投放和管理效率。网络广告联盟为许多中小网站的运营提供了收入来源，它帮助实现广告主和网站媒体的双向选择，保证各方利益的最大化。广告主选择网络广告联盟的原因：一是广告联盟能聚合较多的垂直类网站，受众的针对性比较强，可以满足广告主的特定需求；二是与网络广告联盟的合作方式有许多灵活的选择，如对广告发布费用的计算和支付，同大型门户网站相比，网络广告联盟的广告投放费用也更为低廉。

一般认为，网络广告联盟于1996年起源于亚马逊，亚马逊曾经是美国最大的进行互联网电子交易的电子商务公司,它以网上书店闻名,当一家大型实体书店可以向顾客和消费者供20万本图书选择的时候,亚马逊可以给读者提供远远多于20万本的选择。亚马逊在它自身的发展过程当中,在互联网上利用自建型的网络广告联盟把它自身的广告投放到当时数以万计的中小网站之上,通过这些广告建立与亚马逊网站的链接,有效地实现对互联网信息高速公路和新媒体之上的目标受众的大规模覆盖。亚马逊的网络广告联盟为当时许多中小网站提供了经营收入,曾经一度成为许多互联网SOHO族的生存方式。在国内,广告网络联盟的发展始于2000年,好耶公司因互联网广告代理而积累大量媒体资源,从而被动演变成为网络广告联盟的雏形。此后,伴随百度联盟的成立,Google AdSense进入中国运营,以及亿玛旗下亿起发为代表的第三方广告网络联盟的成立,中国广告网络联盟的发展进入多元发展的成长期。

6.2.1 网络广告联盟的类型

网络广告联盟涉及的内容和参与者较多,有不同的分类标准。

1. 根据广告联盟的广告主与联盟平台关系分

根据广告联盟的广告主与联盟平台关系分,可分为自建型广告联盟、第三方广告联盟和综合型广告联盟。

(1) 自建型广告联盟

自建型广告联盟指以推广自己的产品为主的广告联盟,如博拉联盟、金山联盟、MOP联盟、QIHOO联盟、当当联盟等,此类联盟建立的目的比较明确,即为了扩大广告主自己产品的市场占有率或提升销售额。

(2) 第三方广告联盟

第三方广告联盟指联盟平台没有自身产品,以推广别人的产品和品牌为主,如智易营销、亿起发、黑马等联盟,此类联盟处于中间的位置,链接广告主和联盟会员,收入为广告主支付的广告费用的分成。

(3) 综合型广告联盟

综合型广告联盟指联盟拥有自身的产品,不仅推广自身的品牌和产品,而且还推广其他广告主的品牌和产品,或通过其他联盟推广自身的品牌和产品,比如百度、阿里妈妈、新浪、搜狐、雅虎等都建立有此类联盟。

2. 根据广告联盟的广告形式和平台性质分

根据广告联盟的广告形式和平台性质分,可分为搜索竞价联盟、WAP广告联盟、电子商务联盟和独立第三方广告联盟。

(1) 搜索竞价联盟

搜索竞价联盟指以搜索引擎应用为核心的广告联盟,联盟的组织者为搜索引擎服务商,搜索联盟是伴随Google、百度等搜索引擎网站的发展而成立的,具体的模式如在各加盟网站上放置搜索框,供用户使用搜索功能,既为网站自身带来了便利,也提高了搜索引擎的点击率,而且,搜索引擎也会根据各家网站所贡献的搜索量支付给加盟网站一定的费用,这样就达到了双赢的效果。这类联盟往往是由搜索引擎公司发起成立的,如Google、百度、雅虎、搜狗等。

(2) WAP 广告联盟

WAP 广告联盟是一种基于无线互联网通过手机完成点击或付费的广告联盟组织形式,汇集各中小独立 WAP 流量并打包,吸引广告主依据流量投放广告,产生订购关系,获得的广告收入在联盟成员中分配,如赢点传媒、WAP 世纪、乐游传媒、易蛙传媒等。

(3) 电子商务联盟

电子商务联盟指以电子商务广告主为主的广告联盟,联盟的付费方式以 CPS(按销售额付费)为主,如易购网、成果网等。

(4) 独立第三方广告联盟

独立第三方广告联盟指聚集中小站点资源,以第三方的联盟平台为主的广告联盟,有自身的广告主资源,也兼营网络广告分销业务,如智易营销、亿起发、软告网等。

6.2.2 网络广告联盟的运作方式

网络广告联盟的运作包括联盟会员、广告主和广告联盟平台三个要素,联盟平台按一定的广告投放机制在联盟会员的终端站点上播放广告,同时对广告播放的效果进行监测和数据统计,将统计结果反馈给广告主,广告主按照联盟营销的实际效果(如销售额、引导数、点击数等)向联盟平台支付广告费用,联盟会员则根据与联盟平台商定的广告费用分成比例,收取相应的佣金,实现把网站访问量变成收益。其运作模式如图 6-1 所示。

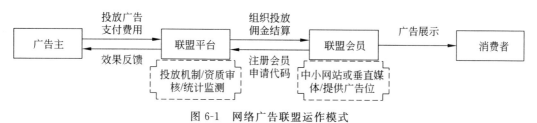

图 6-1 网络广告联盟运作模式

【案例 6-1】

谷歌 Goolge adsense 和百度网络联盟

1. 谷歌 Google adsense

谷歌于 2003 年 3 月推出的 Google adsense 广告联盟已经成为全球最大的网络广告联盟,adsense 中的 ad 是"广告"之意,sense 是"感知"之意,合起来意思就是相关广告。

谷歌通过程序分析加盟会员网站的内容,投放与网站内容相关的广告,一个网站加入 Google adsense 成为广告联盟内容发布商之后,就可以在自己的网站上显示谷歌关键词广告,谷歌会根据显示的广告被点击次数支付佣金,当一个月底佣金累计达到 100 美元时即向会员网站支付广告点击佣金。

Google adsense 的广告投放原理如下:

① 在网页中加入一段由 Google 提供的 Java script 脚本。

② 用户浏览该网页。

③ Java script 脚本对谷歌广告服务器说:"嘿,给我一些广告。"

④ 谷歌广告服务器回答说:"不行,谁知道你页面里有什么东西啊?"

⑤ 用户于是看到一个没有谷歌广告或者带着谷歌公益广告的页面。
⑥ 谷歌广告服务器派出一个机器人浏览这个网页。
⑦ 服务器分析网页的内容,发现"比萨饼"这个单词出现了20次,"华盛顿"出现了6次。
⑧ 于是服务器认为这个网页在讨论"华盛顿的比萨饼"。
⑨ 又有用户浏览该网页。
⑩ Java script脚本对谷歌广告服务器说:"嘿,给我一些广告。"
⑪ 谷歌广告服务器回答说:"好,这是个关于华盛顿比萨饼的页面,给你一些华盛顿比萨饼外卖广告吧!"
⑫ 用户心想:嗯,正打算叫比萨饼外卖呢,于是点击广告。
⑬ 这样你赚了一点点钱。
⑭ 从第9条开始周而复始。

Google adsense的投放模式增加了广告投放的准确性,提高了广告投放的效率,网民的点击率是根据网民自己的喜好作出的决定,点击量大的某一事物必定是可以引起所有人共鸣的,与之相称的广告便会受到网民的关注。Google adsense的模式为许多加盟的会员网站提供了把流量转化为经营收入的机会,同时也给谷歌带来了巨额利润。

2. 百度网络联盟

百度联盟隶属于全球最大的中文搜索引擎——百度,依托百度强大的品牌号召力和成熟的竞价排名模式,经过多年精心运营,已发展成为国内最具实力的联盟体系之一。

百度联盟致力于帮助伙伴挖掘流量的推广价值,同时为推广客户提供最佳回报。百度联盟与网站、软件、网吧、电信运营商、终端厂商等多类伙伴紧密合作,打造简单、可依赖的专业媒体平台。迄今为止,百度联盟已推出了搜索推广合作、网盟推广合作、开放平台合作、新业务合作等多种业务合作形式。此外,百度联盟先后推出先锋论坛、联盟志、大联盟认证、常青藤成长计划、互联网创业者俱乐部等多项举措帮助伙伴成长,并汇集伙伴力量发起"联盟·爱"公益平台回报社会。

到2011年,百度联盟累计注册网站已经超过了60万,日均曝光量超过了50亿次,并与国内外500余款知名软件、几十家网吧应用服务提供商合作,将搜索服务推送到上亿台电脑终端上,影响力几乎覆盖所有中国网民。

(1)搜索推广合作业务

百度联盟搜索推广合作,是为合作伙伴提供的搜索支持服务。合作伙伴通过网站、软件、网吧等渠道,在让自己的用户便捷使用搜索引擎的同时,还能根据用户搜索的关键字显示最相关的百度推广内容,从而为合作伙伴带来收入。

(2)网盟推广合作业务

百度联盟网盟推广合作业务可以分析你网站页面的内容,并将与主题最相关的百度推广投放到网站相应的页面,为推广客户和网站主带来推广内容投放效益的最大化。百度联盟对广告主采用CPA计费方式,即广告主按照广告的实际效果付费。这就是说,仅浏览广告、点击广告,广告主不用付费,只有在互联网用户浏览广告之后产生了购买、注册、下载等行为,才对广告主进行收费。之后,网站主再从百度获得相应的分成。

(3)开放平台合作

百度应用开放平台合作,是开发者及应用提供者通过加入百度应用开放平台而获得基金奖励的业务合作模式。百度准备投入数亿元资金,面向平台所有开发者及应用提供者,以鼓励创新应用的开发。①

（4）新业务合作业务

随着业务发展,百度联盟不断创新,推出新型合作计划。如,2011年百度推出的新业务产品形式就有百度鸿媒体、百度 TV 和其他 CPA/CPS/CPL 等。

6.3 网络广告交易平台

网络广告交易平台(ad exchange),像股票交易平台一样,联系的是广告交易的买方和卖方,也就是广告主和广告位拥有方。说到买卖双方,就要引出两个为买卖双方服务的平台——需求方平台(DSP)和供应方平台(SSP)。

DSP(demand side platform)：在互联网上有成千上万的广告主,他们急需推广自己的产品或者服务,寻找优质的媒介和精准的目标用户,优化广告投放策略,提高投入产出比。正是应广告主的这些需求,才促使了 DSP 这些需求方平台的诞生,有了 DSP 平台,广告主就不需要自己去寻找优质的媒体资源和目标客户,只需要在平台上设置广告的目标受众、投放地域、广告出价等投放策略,DSP 就会帮助广告主去广告交易平台以竞价的方式获取到这些媒体和目标客户。

SSP(supply side platform)：同时在互联网上也有成千上万拥有丰富媒体资源和用户流量的网站,他们急需把自己的流量进行最大化的变现,所以他们希望自己的每一份流量都能获得最大化的收益。媒体方的这些需求促使了 SSP 这些供应方的诞生,有了 SSP 平台,媒体方就不需要去寻找优质的广告主,他们只需要把自己的资源和流量交给 SSP 平台,然后 SSP 再把这些资源放到 ad exchange 里面去接受竞价,这样就可以使得媒体的流量得到最大限度的变现。简单地讲,SSP 就是一个媒体服务平台,站长们可以在 SSP 上管理自己的广告位、控制广告的展现、设置补余等。

6.3.1 网络广告交易平台与网络广告联盟的区别

既然已经有了比较大型的网络广告联盟(ad networks)的出现,为什么还会有网络广告交易平台这一中间层出现呢？为什么在中间商的中间还需要有这一角色为 DSP 和 SSP 做中介？真正的价值是什么？如果只是提供更多的选择匹配或者提供 RTB(实时竞价),那么为什么不是通过网络广告联盟之间的合并来完成？为什么一定要多一个利益相关者才能完成？

首先,SSP 和 DSP 不是必需的,把广告行业比作平时日常的杂货买卖,你可以去沃尔玛(SSP)买,也仍然可以去路边小商贩那边买(直接的 publisher②)。SSP、DSP 存在的价值之一是可以利用技术手段帮助 publisher(卖方)、advertiser(买方)实现利益的最大化。

网络广告联盟平台虽然聚集大量的买方和卖方,但目前尚未形成网络广告联盟平

---

① 百度百科,"百度联盟"。
② 广告位供应方,即网站。

一家独大,或者几家独大的局面,如果市场真的出现这种情况那真的就可以不需要网络广告交易平台,但问题是网络广告联盟太多了(数百家之多),只要在需求方(demand side)和供应方(supply side)都有一些客户就可以做网络广告联盟。

当整个市场只有一家网络广告联盟的时候,网络广告联盟市场的运作情况可以简单用图 6-2(a)来描述,当整个市场有两家网络广告联盟的时候,网络广告联盟市场的运作情况就会是如图 6-2(b)所示的模式。为什么 Network 1 和 Network 2 要进行对话呢?很简单,每个 Network 都不能保证它自己的需求方和供应方能达到完美的平衡,比如 Network 1 的供应方网站(publisher)有大量的与旅游相关的广告位卖不掉,同时办公用品的广告主(advertiser)却愁花不掉预算,而 Network 2 刚好相反,有大量与办公用品相关的广告位虚位以待,同时还有广告主需要购买与旅游相关的广告位却无法得到满足,二者一拍即合。

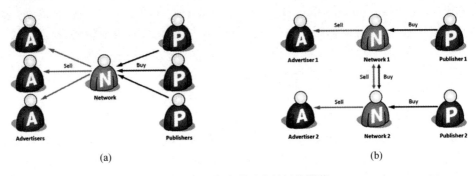

图 6-2　网络广告联盟市场运作模式
A—广告主;N—网络广告联盟;P—网络媒体

当有三家网络广告联盟的时候,其运作情况如图 6-3(a)所示,他们可以通过简单的相互协调来匹配市场的供需。然而,当市场上有数百家网络广告联盟时,简单协调机制有:如果 network 1 的 advertiser 1 想要买某一个类型的广告展示,而 network 1 的 publisher 1 无法提供,这时候 network 1 就去问 network 2,network 2 也没有,于是找 network 3,然后找 network 4,以此类推,很可能出现一个购买要经过 10 家甚至更多的 network,造

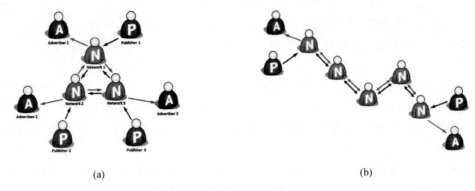

图 6-3　网络广告联盟市场运作模式
A—广告主;N—网络广告联盟;P—网络媒体

成很大的延迟,如图6-3(b)所示。而且雁过拔毛,每个经过的network付出了劳动(查询了自己network内publisher的库存),怎么也得抽点油水,使一个广告展示的交易成本大大增加。因此,如果没有一个像股票交易那样的自动撮合系统,要达成在各网络广告联盟间互通有无几乎是不可能实现的。

于是,网络广告交易平台应运而生,其跟股票交易类似,运作模式如图6-4所示。

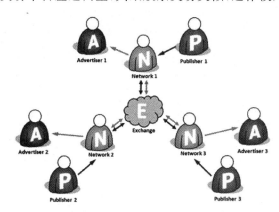

图6-4 网络广告交易平台运作模式

A—广告主;E—网络广告交易平台;N—网络广告联盟;P—网络媒体

6.3.2 网络广告交易平台的交易机制

和股票交易平台不同的是,网络广告交易平台的竞价机制不是先到先得而是竞价获得,即RTB模式。RTB是real time bidding的简称,就是实时竞价。跟传统购买形式相比,RTB是在每一个广告展示曝光的基础上进行竞价,就是每一个PV(page view,页面浏览)都会进行一次展现竞价,谁出价高,谁的广告就会出现在这个PV中。

有个问题出现了,为什么广告主即买方会为了一个广告PV而竞相出价呢?这个广告位有什么了不起的,会让广告主心甘情愿出最高价来竞标?秘密就在于,网络广告交易平台售卖的不是传统意义上的广告位,而是访问这个广告位的具体用户,这个用户会有自己的兴趣爱好,广告如果能够投其所好,就能产生最大的收益。这样的用户在互联网海洋里可是稀缺资源,他完全有魅力让广告主来竞相竞价获得在用户面前展现自己的机会。那么,网络广告交易平台是怎么知道这个访问用户是谁,他会对什么更感兴趣呢?这就要引出互联网数据管理平台DMP了。

DMP(data management platform)数据管理平台,是把分散的第一、第三方数据进行整合纳入统一的技术平台,并对这些数据进行标准化和细分,从而把这些细分结果推向现有的互动营销环境里。有了DMP,网络广告交易平台就可以知道访问广告位的用户是对什么感兴趣的用户了,这样RTB模式就有了运营的资本,广告主也乐于出较高的价钱来买这个用户。

下面就来看看网络广告交易平台的运行方式,当一个用户访问广告位页面时,SSP端向网络广告交易平台发出访问讯号,告知有一个访问请求,SSP把广告位的具体信息,例如所属站点、最低出价以及通过DMP分析匹配后的用户属性信息打包发送给各个DSP,

DSP 端开始对这个广告展现进行竞价,竞价获胜者就能够让自己的广告展现在这个广告位上,进而让用户看到。

下面举一个例子。

新浪网的某个广告位,进入到了某个 SSP 平台,这个 SSP 平台把这个广告位的每一次展示曝光都放到某个网络广告交易平台中。然后有两个广告主,一个是卖保险的中国平安,另外一个是卖汽车的一汽大众,中国平安选择了 DSP1 平台,设定的规则是,如果这人是保险人群,那么帮我出价 1 元钱去竞拍这次的曝光;一汽大众选择了 DSP2 平台,设定的规则是,如果这个人是汽车人群,那么帮我出 2 元钱去竞拍这次的曝光。

于是,有一个用户浏览了新浪网,然后要展示这个广告位了,于是网络广告交易平台告诉 DSP1 和 DSP2 平台,并且把其记录的用户 Cookie 进行 Hash 计算,其值作为用户唯一标识传给 DSP1 和 DSP2,DSP1、DSP2 根据这个 Hash 值,去自己的 Cookie Mapping 数据里面查询到在 DSP 域下的 Cookie,这个 Cookie 包含了 DSP 们自己对这个用户的行为记录。比如,这个时候 DSP1 通过 Cookie 发现这个用户昨天搜索过"保险"的关键词,DSP1 根据这个行为,把这个用户归为保险人群,于是按照广告主中国平安的要求,DSP1 告诉网络广告交易平台,我这边有个中国平安的客户,愿意为这次的曝光出价 1 元钱;DSP2 通过 Cookie 发现这个用户昨天还去浏览过某个汽车资讯的网站,DSP2 根据这个行为把这个用户归为汽车人群,于是按照广告主一汽大众的要求,DSP2 告诉网络广告交易平台,我这边有个一汽大众的客户,愿意为这次的曝光出价 2 元钱。

在网络广告交易平台拿到 DSP1 和 DSP2 这两家的 DSP 的出价数据之后,根据比较发现 DSP2 出价最高,于是网络广告交易平台告诉 DSP2 说你竞拍成功,可以把你的广告创意和素材给我了,同时告诉 DSP1 说你的价格比较低,竞拍失败。在收到网络广告交易平台返回的数据之后,DSP2 就会把广告主一汽大众的广告创意和素材传给网络广告交易平台,网络广告交易平台就会把一汽大众的广告在新浪网上的这个广告位上播放了。如图 6-5 所示。

以上的过程就是一次竞价的完整过程,所有的过程都是在 100 毫秒内完成的,这就对 DSP 和网络广告交易平台提出相对较高的技术要求,无论是网络带宽速度还是广告请求处理速度都需要达到一定的要求。

6.3.3 网络广告交易平台模式的优势

针对具体用户的广告投放方式,相较于传统的买固定广告位包天或者包月展现,优势还是很明显的,既能够有效地提高广告主的投资回报率(ROI),也能够让广告位的收益最大化。假设一个汽车广告主按 CPM(每千人印象成本)方式花 50 元买了 10 个 PV 的展现,10 个 PV 里有 5 个人对汽车感兴趣,另外 5 个人对美食感兴趣,那么汽车广告主覆盖有效用户的成本是 50 元,站长的收益也只有是 50 元,而那些美食广告主无法覆盖目标用户,没有展现机会;而如果按照 ad exchange 模式购买广告,广告主只需要针对 5 个目标用户竞价展现就好,即使每个目标用户的出价会高于 CPM 方式下的平均出价,但是由于精准,广告主的成本不但没有增加反而有所下降,花更少的钱覆盖相同的用户,这样就有效地提高了广告主的 ROI(rate of investment,投资回报率),同样,美食广告主也可以通

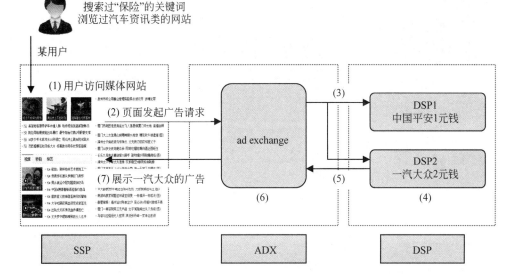

(3) 实时向各DSP发出资源信息以及经过Hash变换后用户的Cookie数据。
(4) DSP根据Cookie Mapping过的数据,判断出用户的所属群体并且按照广告主的要求进行出价。
(5) 各DSP的出价信息返回给ad exchange。
(6) 根据各个DSP的出价判断哪个DSP竞拍成功,并且拉取竞拍成功的广告主的创意和素材。

图 6-5　RTB 实时竞价交易机制

过 ad exchange 来覆盖到另外 5 个对美食感兴趣的用户,获得广告展示机会。对站长而言,一个广告位不再被某一个单一广告主购买后独占,而是对每一个流量都竞价获利,这样就能够保证网络媒体的流量获得最大的收益,流量越大,收益越高。所以 ad exchange 更容易获得高质量的广告位资源,如图 6-6 所示。

目前,国内 RTB 行业的发展基本上是紧跟国际 RTB 的发展潮流。2011 年 9 月,淘宝 Tanx 正式发布;2012 年 4 月谷歌 DoubleClick ad exchange 正式上线;2012 年 6 月腾讯 ADX 广告交易平台开始运行。2012 年作为中国 RTB 的元年,伴随着 RTB 和 ad exchange 的兴起,中国涌现了诸多 DSP 平台。2013 年,RTB 产业链逐渐完善,阿里、腾讯、新浪、京东先后布局 RTB 市场,核心 ADX 和 DSP 产品陆续上线。

【案例 6-2】

阿里妈妈之 Tanx

阿里妈妈隶属于阿里巴巴集团,成立于 2007 年 1 月,是国内领先的大数据营销平台,拥有阿里集团的核心商业数据,面向大型品牌主、代理公司以及中小企业提供高效率的营销推广,兼具电商与品牌效果推广特色。在这里,每天有超过 50 亿的推广流量完成超过 3 亿件商品的推广展现,覆盖高达 98% 的网民,实现数字媒体(PC 端+无线端+互联网电视端)的一站式触达。

阿里妈妈的服务内容包括以下几方面。

(1) 精准数据营销:通过领先的消费者人群分析技术,帮助用户精准定向人群,管理受众,实现高效营销推广。

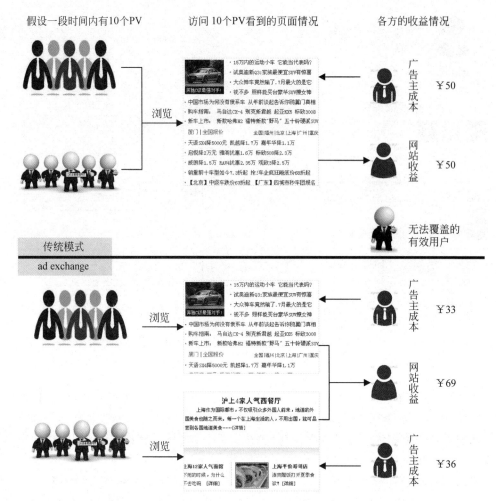

图 6-6 传统模式与 ad exchange 模式的对比

（2）品牌整合方案：为高端品牌主提供品牌推广、消费者互动及电子商务等全景营销方案和消费者管理体系。

（3）创新媒体推广：提供视频营销、无线营销、O2O、游戏推广等更多动态创意的营销推广机会。

阿里妈妈的产品包括以下三大模块。

（1）营销平台，包括淘宝直通车、钻石展位、淘宝客、Tanx ADX、麻吉宝。

（2）数据中心——达摩盘。

（3）媒体合作，包括淘宝联盟、Tanx 移动、Tanx SSP。

Tanx，即 Taobao Ad network & exchange，是中国本土最早的广告交易平台，由阿里妈妈在 2011 年 9 月正式发布。作为早期的广告网络并融合广告交易平台服务，Tanx 主要提供 ad exchange、SSP、DSP 等服务。Tanx 借助淘宝网的买家资源及浏览行为，提供了稳定的广告主投入和丰富的橱窗展示资源，具有比较明确购买意向的优质流量。

Tanx 拥有独立的自有 DSP 并同时对接外部 DSP，自 2012 年以来，Tanx 已经从淘宝广告主拓展到全电商广告主,继而拓展为全国广告主,现在已经将所有阿里妈妈联盟流量的80%以上对外开放,使广告供应量较为稳定,广告更多样性,广告内容输出更丰富,从而优化消费者体验,并逐步减少外部广告主与淘宝广告主投放量的差距。为兼顾流量收益和DSP需求流量的平衡,对外部广告主继续开放将是Tanx发展的主要方向。

1. Tanx ADX

Tanx ADX是针对每次展示进行实时竞价的推广交换市场,涵盖中国最具影响力的互联网站点,能帮助推广联盟、代理机构和第三方技术提供商通过实时竞价的方式购买众多互联网站点的推广资源。买家现在可以使用他们收集处理的属于推广目标客户的数据,自定义定向、出价和预算,在恰当的时机买入符合需求的推广资源。得益于这一准确的、开放的实时竞价方式,买家能利用其专有的数据与出价算法,在数十亿的流量上精准购买小范围的定向流量,最大限度地提高投资回报率。

有了Tanx ADX:

(1)您可以利用自己的技术和数据,实时评估每一次营销展示的出价。

(2)您可以自己控制投放的频次、速度、定向等功能,并使用历史数据。

(3)您可以仅购买符合您投放目标的流量资源,并即时调整投放方案。

2. Tanx SSP

Tanx SSP是由阿里妈妈的原有橱窗广告系统Tanx整合而来的,为媒体提供全方位的展示推广服务。通过实时竞价技术大幅优化媒体收益,支持媒体控制推广内容,同时提供推广资源管理和精准定向的功能,从而不但提高媒体推广资源售卖的效率、提升媒体方收益,而且还能够保障媒体自身的品牌形象。Tanx SSP目前已经形成日广告PV40亿的覆盖能力,是中国最大的流量网络之一。

使用Tanx SSP您可以实现:

(1)推广位管理:系统化的管理海量推广位,支持固定、弹窗、背投等多种推广位类型;提供无阻代码,在加载信息时不会影响页面其余部分的渲染,保障推广页面展现的稳定性和速度。

(2)信息推广:便捷的创建、管理推广订单和投放计划,并及时跟踪投放效果;支持HTML、图片、Flash等多种类型的推广创意;借助灵活的投放控制能力,能够以符合自己和推广客户期望的方式投放推广。

(3)精准定向:提供地域、日期、时段、浏览器等多种定位选项,更精确地控制受众覆盖面;提供以淘宝用户行为为基础得出的人群定向工具,大幅提升电商类推广效果;允许设置推广每天对每位用户每天的展示频次。

(4)收益优化:可以接入竞价交易市场,在推广位空闲时,让淘宝直通车、钻石展位,及第三方联盟对您的推广位进行实时竞价交易,系统自动选择出价最高者展现,从而优化收益。

(5)内容控制:发布商可以允许哪些推广网络、推广客户、推广类别以及创意形式在推广资源上参与竞价。

(6)效果监控:从展现量、独立访客、点击量、点击率、收入、时间段等多种维度监控信息推广效果。

3. Tanx Ad Exchange 实时竞价

ADE服务器将它们的营销请求通过API实时发送给合作DSP，DSP根据ADE的API提供的信息（包括ADE提供的Cookie mapping服务），调用自身的推广算法工具，判断是否购买和以何等价格购买该流量。DSP可以在竞价开始之前，使用ADE提供的Cookie映射服务，将自己的Cookie信息和ADE在接口中提供的TID(Tanx cookie ID)做一一映射关系，借此使自己的Cookie信息作为RTB的依据。

实时竞价技术能动态地将每次展现分配给出价最高的买方，Tanx采用CPM计费，最大限度地优化媒体收益，同时还提供非RTB的CPS模式，根据用户流量的沟通行为，定向匹配所展示的推广内容，买方主要通过橱窗推广，按CPS计费，合适投放到导购、分享、团购网站。

4. Tanx 移动

Tanx移动是阿里妈妈旗下面向移动端媒体（含开发者）的开放平台。Tanx移动借助强大的阿里数据支撑，通过实时竞价技术，提高移动媒体售卖效率，优化媒体收益。

Tanx移动SDK支持banner(横幅)、插屏、推广墙三种推广样式。在保证稳定服务的同时，通过灵活的架构，接入多种着陆方式的推广资源，及应用、电商、品牌等多种推广内容资源。综合优化流量价值，实现媒体收益与用户体验的平衡。

（1）banner推广：banner推广是在移动应用的特定区域内固定展示推广内容的样式，以图文/图片方式向用户展示了精彩的推广创意。用户点击banner之后的效果包含下载应用、跳转到应用市场或电商推广页面等。

（2）插屏推广：插屏推广是在移动应用里以半屏或全屏大图的方式展现推广内容，在应用暂停、页面切换的场景下尤为适宜。能极大减少应用使用时的界面占用，具有高质量的视觉效果，用户体验良好，收益更有保障。

（3）推广墙推广：推广墙由小淘器入口＋推广墙两部分组成，可在不影响产品体验的情况下，将入口icon放置于任何适合接入推广的场景，或高曝光量的页面的任何位置。与应用结合度高，对用户体验的影响较小，小淘器入口icon UI支持自定义，深度融入应用场景，能更有效地提高转化率。特别适合于对应用界面要求比较高的应用。

第 7 章

网络广告的定价与效果评测

广告效果有狭义和广义之分。狭义的广告效果是指广告所获得的经济效果,即广告传播促进产品销售的增加程度,也就是广告带来的销售效果。广义的广告效果则是指广告活动目的的实现程度,是广告信息在传播过程中所引起的直接或间接变化的总和,它包括广告的经济效果、心理效果和社会效果。网络广告效果同传统广告效果一样具有复合性,也包括经济效果、心理效果和社会效果几个方面。广告效果测量,是指根据一定的法则,采用特定的操作程序,对广告效果给出确定的量化价值。

7.1 网络广告投放发布的印象定价

在网络广告市场上,媒体机构对广告投放发布平台的定价和广告主对它的购买始终是一个市场博弈与合作的过程。当 1994 年 Wired 杂志电子版的 Hotwired.com 网站为互联网第一个旗帜广告定价的时候,它依据的是无竞争的利润法,发布 12 个星期的费用为 3 万美元,其依据是 Hotwired 所需要的利润。随着互联网信息高速公路和新媒体的发展,目前在网络广告市场上,网络广告的定价可以分为印象定价和按目标受众的直接反应定价两个类型。

网络广告的印象定价以终端站点的登录和访问者浏览广告产生的印象作为广告投放发布平台出售和购买的依据,它根据终端页面的"热门"程度,也就是网民对页面浏览的流量(包括停留时间),采用固定费率进行网络广告投放发布平台的销售和购买。

网络广告的印象定价沿袭了传统广告通常的投放发布的定价依据,在网络广告当中,印象定价是媒体机构相对强势情形下的一种销售和购买的交易,它是许多发展相对成熟、已经具有相当流量规模的终端站点作为广告投放和发布平台的定价类型。网络广告印象定价更加倾向于媒体机构一方,对媒体机构出售其广告发布平台比较有利,媒体机构所需要的是保证其终端站点登录和访问(包括 CPTM 定位的 IP 登录访问)的流量,所以一般适用于处于相对强势地位的成熟的终端站点。许多人曾经认为网络广告的印象成本与传统媒体相比具有更高的性价比,但随着互联网信息高速公路和新媒体的发展,对一些已经发展成熟的大型门户网站来说,它们的网络广告的投放发布价格已经超过了传统媒体或者已经与传统媒体相差无几。

网络广告印象定价的交易方式主要有以下几种。

1. CPT 定价

网络广告的 CPT(cost per time)定价是根据广告投放在终端页面上的位置和尺寸,

按投置时间长短确定网络广告的销售和购买价格。该方式在一个终端页面上根据广告投放在页面上的位置和尺寸,以投置的时间为单位计算出售和购买的价格,其投置的时间可以以年、季度、月、天或者小时作为单位。这是网络广告一种最简单的定价和购买方式,广告主可以根据自身需求,针对特定的终端站点选择特定的页面位置,购买其特定的时间段进行广告的投放和发布。

2. CPM 定价

CPM(cost per mille)也叫作每千次印象费用或每千人印象成本,它以页面上广告投放的位置和尺寸为基础,以广告暴露和显示在登录访问者面前的次数,也就是所投放的终端页面的被打开数确定出售和购买的价格,一般以每一千次作为一个计价单位。网络广告暴露和显示的次数越高,它被看到的次数越多,获得的关注也就越多。

CPM 定价也是传统广告投放发布常用的定价方式,传统广告可以用发行量或者收视率作为广告暴露和显示在受众面前的计量标准,媒体机构和广告主双方以此确定销售和购买的价格。根据同样的原理,互联网数据技术可以很容易地记录广告所投放的终端页面被打开的次数,也就是互联网媒体所称的曝光率,以此作为出售和购买的定价标准。

3. CPTM 定价

CPTM(cost per targeted thousand impressions)定价也可以叫每千次目标印象费用。CPTM 定价是媒体机构和广告主双方在 CPM 定价的基础上再加上一个限制,即广告主根据市场细分要素及相关变量筛选出目标受众,广告面向这些受众的暴露和显示为有效显示,以每一千次的有效暴露或显示为计价单位,确定出售和购买价格。

在 CPTM 定价中,广告主可以根据互联网数据技术,区隔目标市场的市场细分要素和相关变量,来对广告页面的登录时间和访问者的 IP 进行分析,筛选出符合其市场细分要素和相关变量的 IP,根据他们登录和访问的次数付费购买。CPTM 与 CPM 的区别在于,CPM 是互联网终端站点对所有登录和访问者的印象数,而 CPTM 是终端站点对经过广告主的市场细分要素和相关变量定位之后的登录和访问者的印象数。在互联网上,数据传输的监测系统可以分析访问者的特征,包括访问者的地区(国外分辨到国家,国内分辨到省、市及大学)、IP 地址(真实 IP 地址和代理 IP 地址)、访问时间表、访问者的访问方式、所用的操作系统、电脑屏幕大小等一系列的特征,广告主可以通过这些特征,就广告产品或服务的目标市场区隔对终端站点登录和访问者进行定位。

4. CPK 定价

CPK(cost per keyword)定价是搜索引擎广告的关键词定价,它是指搜索引擎广告当中媒体机构和广告主对每个关键词所确定的销售和购买价格,通常也称关键词成本。

在网络广告投放发布平台的交易当中,网络广告的印象定价虽然倾向和有利于媒体机构一方,但它也削弱了许多没有足够流量的终端站点对广告主的吸引力,它们除非加入网络广告联盟,否则难以取得广告收入。

对作为广告投放平台购买方的广告主来说,网络广告的印象定价使它仅仅只是获得了一个相对的信息展示机会,广告主必须为许多不确定性承受一定程度的风险。首先,广告的曝光次数不等于实际阅读次数,登录和访问者浏览网页的时候,很可能没有注意广告的内容就跳了过去,而且许多终端网页,特别是浏览量很大的网页通常会显示好几则广告,每则广告所能得到的注意程度就会相对下降。总之,得到一个广告曝光次数并不等于得到广告受众的真实浏览次数,说到底,它的实际价值无从把握。

更重要的是,同意采用印象定价的广告主为了保证投放发布效率的最大化,降低购买费用浪费的风险,通常需要在保证目标受众的覆盖与尽量减少覆盖面浪费(就是 CPTM 也有注意力浪费的问题)之间作出折中的选择。需要特别指出的是,一个广告主的产品或服务的购买还没实现之前,他们都只是所谓的潜在顾客和消费者,因此,对登录和访问者所进行的分析都会面临潜在顾客或消费者的不稳定性问题。同时,尽管有许多分析方法,但由于分析本身过于复杂或者缺少有效的支持,分析结果的有效性也会受到影响,这些因素使本来处于交易主动的一方需要对网络广告的印象定价承受一定程度的风险。

7.2 网络广告投放发布的直接反应定价

因为互联网信息高速公路和新媒体数据传输技术的特点,网络广告投放发布在很多时候可以以目标受众的直接反应作为购买和销售的定价依据。网络广告直接反应定价是网络广告投放发布平台所特有的一种销售和购买的交易类型,它选择广告投放发布之后目标受众不同的直接反应作为购买和定价的依据。网络广告直接反应定价是在广告主作为相对强势一方情形下的交易类型,它更加倾向和有利于广告主一方,可以在一定程度上降低广告主购买费用浪费的风险。

网络广告直接反应定价极大地推动了网络广告市场的革命性发展,具体表现在以下两个方面。首先,网络广告直接反应定价可以让媒体机构对广告主做出更有吸引力的销售。以直接反应定价的网络广告不仅可以增加受众印象,而且在一定程度上推动了企业一步或者两步到位地直接营销,广告主"直接营销"可以进行比传统广告更有效的购买,它只对广告的直接反应付费,甚至可以控制以直接反应为基础的广告发布。其次,网络广告以直接反应定价还可以促使许多不能获得足够流量的站点有机会表现出它们作为广告投放平台的价值,尤其是当它们加入网络广告联盟之后。与此同时,如果所投放发布的广告能够激起目标受众的有效反应,广告主也愿意对所获得的每次反应向拥有终端站点的媒体机构支付更高的购买费用。媒体机构虽然承受一定程度的风险,但一旦广告投放发布成功,它们也有可能获得比网络广告的印象定价更高的收入。

随着互联信息高速公路和新媒体的发展,网络广告直接反应的定价会根据不同情况产生不同的方式和方法。

1. CPC 定价

CPC(cost per click)定价是以网络广告投放发布之后是否被点击来进行收费的一种定价方式。

CPC 定价是网络广告投放发布最为常用的一种直接反应的定价方式,同时也是网络广告直接反应定价当中出现得比较早,并且最具推动性和革命性的定价方式。1996 年,宝洁公司向雅虎提出以 CPC 定价投放 5 种产品广告,一个美国最大的广告主似乎否定了网络广告的印象价值,它要求广告必须具有"直接营销"的能力,对投放的广告只有在被点击之后才付费。因为雅虎要对点击数量负责,宝洁公司根据当时的实际情况同意可以由雅虎来设计要投放的广告或否决由宝洁提出的广告设计。宝洁和雅虎的这一举动极大地推动了网络广告直接反应定价的应用和发展。

2. PFP 定价

PFP(pay for performance)定价是以目标受众在对广告点击之后更进一步的反应作为收费依据的一种定价方式，它是一种对媒体机构更为"苛刻"的交易。很多时候 PFP 定价对广告主更有吸引力，它们也愿意对所获得的反应支付更高的购买费用。

顾客和消费者高卷入的互动是网络广告的一个特征，广告主在网络广告的创意和制作过程中也越来越重视目标受众的回应，如设置有奖调查、在线游戏等许多不同的方式，它们不但能够强化受众对广告内容的认知，还可以帮助建立起有效的受众数据库。

在实际运作中，PFP 定价根据不同情况可以有许多不同的方法。

3. CPA 定价

CPA(cost per action)定价，有时候也称为 CPR(cost per response)定价，是以目标受众的回应(如所回收的有效问卷或获得的订单)作为收费依据的一种定价方式。在互联网上，还有一些互联网媒体机构把互联网站点和电话咨询结合在一起。例如，浪淘金公司建立了一个类似于黄页的"简单网"(www.j.cn)，它为每一个广告主提供一个免费的展示空间，介绍企业相关信息以及主营产品或服务；同时为每一个广告主提供一个 4 位数的 400 电话分机号码，一旦目标受众拨打该号码进行咨询，广告主就向浪淘公司支付约定的广告费用。"简单网"在创建一年半之后开始实现盈利。

4. CPL 定价

CPL(cost per lead)定价是以通过网络广告所能搜集到的潜在顾客或消费者的注册数量来收费的一种定价方式。CPL 定价其实也是一种 CPA 的定价方法，广告主按照所获得的注册用户的数量对终端站点支付广告投放和发布费用，也就是所谓的引导注册。有许多招聘类网站，如中华英才网、智联招聘等对作为招聘方的广告主都采用 CPL 的定价方法。

5. CPP 定价

CPP(cost per purchase)定价是以按照网络广告播出之后，网民因受其影响发生交易而达成的商品或服务的成交额作为收费依据的一种定价方式，它许多时候也被称为 CPS (cost per sales)或者 CPO(cost per order)或者 CPT(cost per transaction)定价。

采用 CPP 定价的广告主只有在网民登录和点击网络广告并产生购买之后，才按销售数额向网络媒体支付广告投放和发布的费用，它以广告产品的实际销售数量来换算广告投放发布的金额，是销售了产品之后再支付广告费，没有销售就无须支付，它几乎完全把广告投放和发布平台当作互联网的虚拟门市，其中广告主彻底规避了广告费用浪费的风险。在互联网上，许多第三方"网上商城"以及其他互联网电子交易都采用 CPP 定价方法。

值得注意的是，媒体机构也希望投放和发布的广告产品或服务销量极佳，如果商家 A 和 B 在一个网络站点同一个位置以 CPP 定价方式投放广告，网络站点有 1% 的登录和访问者购买了 A 广告的产品或服务，商家 A 按每一个购买向媒体机构支付 50 元，而同一个网络站点可能会有 5% 的登录和访问者购买 B 广告的产品或服务，虽然商家 B 每一个销售只向媒体机构支付 15 元的投放发布费，但对媒体机构来说，在一个网络站点的同一个位置投放发布 A 广告对每 100 次广告暴露和显示只能获得 50 元的收入，投放 B 广告却可以获得 75 元的收入，对广告发布平台的竞争又回到了作为购买者一方的广告主身上。

网络广告直接反应的定价虽然极大地推动了网络广告市场的革命性发展，但它过于极端地否定了广告为企业和产品树立所谓品牌形象的作用，网络广告的投放和发布如果过于注重直接反应，则难以形成在传统广告当中经常可以创造出来的巨大品牌效应。

在广告投放发布平台的交易当中，对网络广告投放发布平台销售和购买的种种不同方法往往很难进行孤立和抽象的比较，它们所反映的实际上是广告主作为主动的购买方对广告效果和广告支出的不同要求。

广告是企业的一个市场行为，凡是涉及广告支出的时候，都会引出对广告效果的认识问题。虽然人们一般都承认广告并不是影响产品或服务市场销售和市场利润的唯一因素，而且也同意广告的作用或许要通过一个"延迟反应"才能全面体现出来，但就算是在传统广告当中，也有很多广告主倾向于把可以衡量的消费者行为作为广告的目标设定和费用投放的依据，他们认为作为企业的一个市场投入，广告最后应该有可以进行具体测量的产出作为广告效果和广告费用支出的标准。

理论上，或许有许多人都会认为以目标受众的直接反应来衡量广告效果以及对广告投放发布平台进行定价可以更有效地"说服"广告主作出广告投入的决定，目标受众直接反应的定价方式确实也吸引了许多以直接销售为目的的中小广告主。不过，尽管网络广告适应和推动了一个时期以来许多企业因为面对越来越激烈的市场竞争而选择直接走向消费者的发展趋势，但也有许多不同的意见认为，仅仅以目标受众的直接反应对广告投放发布平台的销售和购买进行定价并不能够公平地反映一个广告的实际效果。美国网络广告调查公司 AdKnowledge 最早提出了对网络广告"转化率"的研究，"转化"是目标受众受广告的影响而形成的购买、注册或者信息需求。AdKnowledge 认为，"研究表明浏览而没有点击广告同样具有巨大意义，营销人员更应该关注那些占浏览者总数 99% 的只浏览不点击广告的浏览者"。它的调查表明，尽管没有受众点击广告，但是全部转化率中的 32% 是在观看广告之后形成的。该调查还发现了一个有趣的现象：随着时间的推移，由点击率形成的转化率在降低，而观看网络广告形成的转化率却在上升。点击广告的转化率从 30 分钟内的 61% 下降到 30 天内的 8%，而由观看广告形成的转化率则由 11% 上升到 38%。

这项调查报告得出了两个结论：第一，网络广告潜在的投资回报率（ROI）比以前的估计要大得多，因为此前广告商仅仅考虑了与点击有关的销售量，而忽视了品牌效应（branding effect）对销售的影响；第二，仅仅依赖于点击量进行决策的话，广告商可能无法对他们的广告项目影响效果进行正确判断。

"转化率"的这一研究结果也反映了广告效果"延迟反应"的存在，这是一个一直都在被讨论的问题。广告产生延迟反应的主要原因有以下几个。

（1）心理学的角度

与购买决策相关的内在心理过程包括动机、知觉、态度形成、整合和学习。在现实生活中，广告可以作用于受众心理过程的任何一个阶段。如果作用于层次较低的阶段，该消费者对某品牌有了一定认知，但是他没有进行下一步的链接点击，没有作出更直接的反应，实际上该认知对该消费者日后的进一步行动又存在积极作用。例如，某品牌汽车的一款新车广告可能已经使目标受众产生了情感偏好,但是他们不一定马上将这种偏好转化成直接的购买行为,虽然最后的购买行为确实受这之前的广告活动的影响,这样就产生了广告延迟反应。

(2) 决策过程

消费者的决策过程通常被认为是消费者在购买产品或服务的过程中需要经历的好多个步骤,包括问题确认、信息调研、选择评价、购买决策和事后购买评价。一旦消费者选择买哪个品牌,他就会执行这个决策并且购买,但是消费者还需要作额外的决策,如购买方式、购买地点、购买金额决策等。消费者从形成购买的意图或决策到真正的购买行为之间往往存在一段滞后时间,尤其是对重大的和复杂的购买情况更是如此,如汽车、个人电脑和耐用消费品的购买。因此,广告很有可能在其中扮演了积极角色,但是效果要在一段时间后才能显现,也就是出现了所谓的广告延迟反应。

(3) 学习理论

学习是思考过程或行为中为巩固经验而发生的一种相对持久的变化,学习过程一方面不断清除大脑中的旧档案,一方面又往其中增添新内容,我们的习惯和技巧正是通过学习获得的。学习还有助于培养兴趣、态度、信念、偏好、情感和行为标准,正是这些因素影响着消费者的感知过程和最终的购买决策,它也是一种广告的延迟反应。

虽然网络广告的直接营销和它投放发布的直接反应定价具有极大的推动性和革命性,但对广告目标和广告效果的不同衡量也仍然存在,几乎所有的不同意见都承认网络广告策划和运作应该提出一个明确、具体并且可以衡量的广告目标。网络广告的印象定价在未来也还将延续其相对广泛的应用,其原因一方面主要是广告延迟反应的存在,另一方面也有其他许多因素。

7.3 网络广告发布的效果评测

网络广告效果是指网络广告作品通过网络媒介刊登后所产生的作用和影响,或者说是目标受众对广告宣传的结果性反应。网络广告的运作有一个特点,就是它可以在发布执行的同时设置对广告效果进行监测的程序。对广告效果的评价和测量是围绕所设定的广告目标,对内容沟通和信息发布两个执行性策略进行分析和控制的过程,它通过对广告效果的具体评价和测量帮助广告主确定是否达到了广告所设定的目标,如果广告的内容沟通和信息发布策略不可能或者没有达到所设定的广告目标,企业应该停止费用的投入,否则,企业浪费的不仅仅是所投入的费用,甚至很多时候还会失去瞬息万变的市场机遇。

广义的网络广告效果评测包括对广告策划与运作在许多方面所引起(或可能引起)目标受众的反应进行测量或评价;狭义的网络广告效果评测是指对目标受众在互联网上对广告的直接反应进行测量或评价。

在网络广告的运作当中,狭义的广告评测可以很容易地与广告的发布同时实现,互联网的数据传输技术可以对登录者的访问行为进行追踪,广告主可以通过特定的软件监测系统对目标受众的反应进行分析并生成详细的报表。在网络广告的发布当中,目标受众的直接反应在很多时候也直接被用作广告主对网络广告的其他参与者所提供的服务进行费用支付的结算依据。

除了用作费用支付的结算依据之外,对目标受众直接反应的软件监测所生成的数据很多时候也可以用于对广告效果进行更广泛的综合测量和评价。

例如,某品牌洗发水可以就互联网上目标受众的直接反应用达格玛(DAGMAR)模式对广告在不同层次所达到的效果进行测量:

产品:×××企业×××品牌×××洗发水

时限:一个月

广告投放终端站点:××××××

目标一:使目标受众的60%知道该产品的名称。

测量:首先明确对广告所投放的终端站点的网民的基本构成,符合广告产品目标细分市场的网民(如18~24岁的女性)在登录和访问者当中的比例。在这一终端站点上所投放的广告以暴露和显示次数作为广告可到达的程度。广告被成功传送到符合条件的使用者的浏览器上,让使用者有机会看到,服务器即记录一次"广告暴露",搜索引擎程序与媒体网站内部使用者均为条件不符的访客。

要测量是否有60%的目标受众知道这一广告,可以使用以下公式:

$$目标受众的认知率 = \frac{广告曝光次数 \times 目标受众在网民中所占比例}{人口统计资料中目标受众的人口数}$$

目标二:使目标受众的50%对该产品感兴趣,产生进一步了解的意愿。

测量:以广告CPC,即被点击次数(点击链接至网站上的另一个网页,或者链接到广告主的网页,或者链接至其他网站的广告网页)作为主要指标。把点击了广告的访问者确认为对广告已经产生了兴趣的目标受众,可以使用以下公式来计算目标受众感兴趣的比例:

$$目标受众感兴趣的比例 = \frac{点击数 \times 目标受众在网民中所占比例}{人口统计资料中目标受众的人口数}$$

目标三:使目标受众的40%喜欢该产品,产生购买欲望。

测量:以对点击所进入的链接网页的网页阅读率作为主要参考指标,把对所链接的网页进行了阅读的访问者视为已经产生购买欲望的目标受众。网页阅读率是指浏览器下载网页时,网站服务器会将所有的在该网页上的图形、声音文档或其他档案单独地下载记录下来,最后记录的是一整篇网页被阅读的次数。网页阅读率与网页点击率不同,网页点击率是浏览器向网站服务器要求下载的档案数,而一页网页包括文字、图片、声音等多个文档,并且不同的网页所包含的文档数不一样。1997年,由美国、英国等多个国家组成的国际发行稽核局联盟宣布采用"网页阅读"作为网站流量的稽核标准。要测量目标三是否已经达成,可以使用以下公式测量:

$$目标受众中产生购买欲望的比例 = \frac{网页阅读数 \times 目标受众在网民中所占比例}{人口统计资料中目标受众的人口数}$$

目标四:使目标受众的5%成为该产品的用户。

测量:这里所说的5%的购买率,是指在互联网上直接进行购买,不包括受网络广告影响而在其他途径进行的购买。对目标四的测量通过在线数据库里的购买记录来进行,可以使用以下公式测量:

$$目标受众的网上购买率=\frac{网上购买数×目标受众在网民中所占比例}{人口统计资料中目标受众的人口数}$$

这一例子的广告主可以根据企业和产品整合营销传播的需要,就上面的单个或多个目标对这一广告活动和它对这一终端站点的投置作出综合评价,以检查其执行策略(包括诉求创意的内容沟通策略)的错误或者作出更有效的改进。

网络广告目标受众的直接反应还可以从成本计算法的印象成本、点击成本和行动成本的角度对广告的效果作出就软件监测生成的数据所进行的评测。

成本计算法最常用的指标是每千人印象成本(CPM)、每点击成本(CPC)、每行动成本(CPA)等,例如,某品牌洗发水的广告在某一终端一个月的投置费用是 5 000 元,所获得的暴露次数为 500 000 次,点击次数为 50 000 次,转化次数为 1 000 次,它的各项成本分别为

CPM=总成本÷广告曝光次数×1 000=5 000÷500 000×1 000=10(元)
CPC=总成本÷广告点击次数=5 000÷50 000=0.1(元)
CPA=总成本÷转化次数=5 000÷1 000=5(元)

如果要对不同广告形式、不同终端站点媒体或者不同投置周期的广告效果进行比较,而不仅仅是测量某一次的投置效果,就可以采用成本的加权计算法。加权计算法对广告投置一段时间后产生的效果的不同层面赋予权重,以判别不同效果之间的差异。例如,某品牌洗发水以一个月时间同时实施了 3 种方案,投放效果各有不同,基本情况见表 7-1。

表 7-1 某洗发水 3 种方案的投放效果对比

方案	投放网站	投放形式	投放时间	广告点击次数	产品销售数量
方案一	A 网站	banner	一个月	2 000	280
方案二	B 网站	banner	一个月	4 000	180
方案三	C 网站	banner	一个月	3 100	260

通过表 7-1 很容易得出两种不同的结论。

① 广告点击次数最多的是方案二,它能够吸引更多的注意力,当然这种方案的效果最好。

② 第一种方案的效果才是最好的,因为产品销售量最高,真正由网络广告效应带来了利润。

但是,只是根据表格的数据直接得出结论,对广告效果的评价会比较片面,而且缺乏准确性与客观性。衡量网络广告投放的整体效果必须涉及很多方面,比如,要考虑广告带来多少注意力、注意力可以转化为多少利润、品牌效应等问题。对上面的洗发水广告可以使用加权计算法进一步分析其效果。

首先,可以为产品销售和获得的点击分别赋予权重,权重的简单算法如下:

$$(280+180+260)÷(2\ 000+4\ 000+3\ 100)=0.08$$

由此可得,平均每 100 次的点击可形成 8 次实际购买,那么,可以将销售量的权重设为 1.00,每次点击的权重为 0.08,然后将销售量和点击数分别乘以其对应的权重,最后将

两数相加，从而得出该企业通过投放网络广告可以获得的总价值。

方案一的总价值：$280\times1.00+2\,000\times0.08=440$

方案二的总价值：$180\times1.00+4\,000\times0.08=500$

方案一的总价值：$260\times1.00+3\,100\times0.08=508$

从计算结果可见，方案三才是为该企业带来最大价值的方案。虽然第一种方案可以产生最多的实际销售，第二种方案可以带来最多的注意力，但从长远来看，第三种方案才更有价值。

在网络广告的运作当中，与广告发布投放同时置入的软件监测系统对广告效果的评测贯穿了广告发布活动的始终，它也在一定程度上延展了整个网络广告效果评估的工作平台。

随着网络广告市场的发展，媒体机构、广告主以及代理商越来越多地求助独立第三方的软件监测系统和监测机构，它们在评估方法、操作流程和报告结果上更具权威性和公正性。由技术雄厚的第三方机构研发的广告监测系统所提供的数据更加公正、准确，它不会重复累计点击数，也不会漏播广告。第三方软件监测系统可以给每位广告主单独提供监测账号和密码，广告主在广告投置24小时后就可以自行登录查询所生成的数据报告，以便及时更换广告投置的创意，调整广告投置排期。由专业的独立第三方所提供的数据报告有多种生成方式，可以满足不同广告主的不同需要，为其效率的最大化提供切实有效的帮助。

最后还要特别指出的是，一个广告的发布计划会包含很多的数据，但这些数据本身只不过是让一个发布计划言之成理的假设，在很多情况下甚至很难证明一个已经实施或正在实施的发布计划是否是"最好"的发布计划。媒体机构（连同市场和消费者）的过去、现在（和将来）都充满了很多变数和不可知因素，对于将来的广告发布策略和发布计划，一切用于假设（将来情况）的数据都是可以促使其发生变化的数据，即使它证明了过去和现在的情况，但在广告发布的将来同样还会有变化，或者可以根据需要创造条件促使其发生变化。无穷尽的数据证明分析可能会产生一个漂亮的广告计划，但不一定是广告主需要的、能产生更多回报的计划。广告信息发布策略和发布计划需要慎思明辨，同时也更需要创意。

附录 A

中华人民共和国广告法

（1994年10月27日第八届全国人民代表大会常务委员会第十次会议通过，2015年4月24日第十二届全国人民代表大会常务委员会第十四次会议修订通过，2015年9月1日起施行）

第一章 总 则

第一条 为了规范广告活动，保护消费者的合法权益，促进广告业的健康发展，维护社会经济秩序，制定本法。

第二条 在中华人民共和国境内，商品经营者或者服务提供者通过一定媒介和形式直接或者间接地介绍自己所推销的商品或者服务的商业广告活动，适用本法。

本法所称广告主，是指为推销商品或者服务，自行或者委托他人设计、制作、发布广告的自然人、法人或者其他组织。

本法所称广告经营者，是指接受委托提供广告设计、制作、代理服务的自然人、法人或者其他组织。

本法所称广告发布者，是指为广告主或者广告主委托的广告经营者发布广告的自然人、法人或者其他组织。

本法所称广告代言人，是指广告主以外的，在广告中以自己的名义或者形象对商品、服务作推荐、证明的自然人、法人或者其他组织。

第三条 广告应当真实、合法，以健康的表现形式表达广告内容，符合社会主义精神文明建设和弘扬中华民族优秀传统文化的要求。

第四条 广告不得含有虚假或者引人误解的内容，不得欺骗、误导消费者。

广告主应当对广告内容的真实性负责。

第五条 广告主、广告经营者、广告发布者从事广告活动，应当遵守法律、法规，诚实信用，公平竞争。

第六条 国务院工商行政管理部门主管全国的广告监督管理工作，国务院有关部门在各自的职责范围内负责广告管理相关工作。

县级以上地方工商行政管理部门主管本行政区域的广告监督管理工作，县级以上地方人民政府有关部门在各自的职责范围内负责广告管理相关工作。

第七条 广告行业组织依照法律、法规和章程的规定，制定行业规范，加强行业自律，促进行业发展，引导会员依法从事广告活动，推动广告行业诚信建设。

第二章 广告内容准则

第八条 广告中对商品的性能、功能、产地、用途、质量、成分、价格、生产者、有效期限、允诺等或者对服务的内容、提供者、形式、质量、价格、允诺等有表示的,应当准确、清楚、明白。

广告中表明推销的商品或者服务附带赠送的,应当明示所附带赠送商品或者服务的品种、规格、数量、期限和方式。

法律、行政法规规定广告中应当明示的内容,应当显著、清晰表示。

第九条 广告不得有下列情形:

(一)使用或者变相使用中华人民共和国的国旗、国歌、国徽,军旗、军歌、军徽;

(二)使用或者变相使用国家机关、国家机关工作人员的名义或者形象;

(三)使用"国家级""最高级""最佳"等用语;

(四)损害国家的尊严或者利益,泄露国家秘密;

(五)妨碍社会安定,损害社会公共利益;

(六)危害人身、财产安全,泄露个人隐私;

(七)妨碍社会公共秩序或者违背社会良好风尚;

(八)含有淫秽、色情、赌博、迷信、恐怖、暴力的内容;

(九)含有民族、种族、宗教、性别歧视的内容;

(十)妨碍环境、自然资源或者文化遗产保护;

(十一)法律、行政法规规定禁止的其他情形。

第十条 广告不得损害未成年人和残疾人的身心健康。

第十一条 广告内容涉及的事项需要取得行政许可的,应当与许可的内容相符合。

广告使用数据、统计资料、调查结果、文摘、引用语等引证内容的,应当真实、准确,并表明出处。引证内容有适用范围和有效期限的,应当明确表示。

第十二条 广告中涉及专利产品或者专利方法的,应当标明专利号和专利种类。

未取得专利权的,不得在广告中谎称取得专利权。

禁止使用未授予专利权的专利申请和已经终止、撤销、无效的专利作广告。

第十三条 广告不得贬低其他生产经营者的商品或者服务。

第十四条 广告应当具有可识别性,能够使消费者辨明其为广告。

大众传播媒介不得以新闻报道形式变相发布广告。通过大众传播媒介发布的广告应当显著标明"广告",与其他非广告信息相区别,不得使消费者产生误解。

广播电台、电视台发布广告,应当遵守国务院有关部门关于时长、方式的规定,并应当对广告时长作出明显提示。

第十五条 麻醉药品、精神药品、医疗用毒性药品、放射性药品等特殊药品,药品类易制毒化学品,以及戒毒治疗的药品、医疗器械和治疗方法,不得作广告。

前款规定以外的处方药,只能在国务院卫生行政部门和国务院药品监督管理部门共同指定的医学、药学专业刊物上作广告。

第十六条 医疗、药品、医疗器械广告不得含有下列内容:

（一）表示功效、安全性的断言或者保证；

（二）说明治愈率或者有效率；

（三）与其他药品、医疗器械的功效和安全性或者其他医疗机构比较；

（四）利用广告代言人作推荐、证明；

（五）法律、行政法规规定禁止的其他内容。

药品广告的内容不得与国务院药品监督管理部门批准的说明书不一致，并应当显著标明禁忌、不良反应。处方药广告应当显著标明"本广告仅供医学药学专业人士阅读"，非处方药广告应当显著标明"请按药品说明书或者在药师指导下购买和使用"。

推荐给个人自用的医疗器械的广告，应当显著标明"请仔细阅读产品说明书或者在医务人员的指导下购买和使用"。医疗器械产品注册证明文件中有禁忌内容、注意事项的，广告中应当显著标明"禁忌内容或者注意事项详见说明书"。

第十七条 除医疗、药品、医疗器械广告外，禁止其他任何广告涉及疾病治疗功能，并不得使用医疗用语或者易使推销的商品与药品、医疗器械相混淆的用语。

第十八条 保健食品广告不得含有下列内容：

（一）表示功效、安全性的断言或者保证；

（二）涉及疾病预防、治疗功能；

（三）声称或者暗示广告商品为保障健康所必需；

（四）与药品、其他保健食品进行比较；

（五）利用广告代言人作推荐、证明；

（六）法律、行政法规规定禁止的其他内容。

保健食品广告应当显著标明"本品不能代替药物"。

第十九条 广播电台、电视台、报刊音像出版单位、互联网信息服务提供者不得以介绍健康、养生知识等形式变相发布医疗、药品、医疗器械、保健食品广告。

第二十条 禁止在大众传播媒介或者公共场所发布声称全部或者部分替代母乳的婴儿乳制品、饮料和其他食品广告。

第二十一条 农药、兽药、饲料和饲料添加剂广告不得含有下列内容：

（一）表示功效、安全性的断言或者保证；

（二）利用科研单位、学术机构、技术推广机构、行业协会或者专业人士、用户的名义或者形象作推荐、证明；

（三）说明有效率；

（四）违反安全使用规程的文字、语言或者画面；

（五）法律、行政法规规定禁止的其他内容。

第二十二条 禁止在大众传播媒介或者公共场所、公共交通工具、户外发布烟草广告。禁止向未成年人发送任何形式的烟草广告。

禁止利用其他商品或者服务的广告、公益广告，宣传烟草制品名称、商标、包装、装潢以及类似内容。

烟草制品生产者或者销售者发布的迁址、更名、招聘等启事中，不得含有烟草制品名称、商标、包装、装潢以及类似内容。

第二十三条 酒类广告不得含有下列内容：

（一）诱导、怂恿饮酒或者宣传无节制饮酒；

（二）出现饮酒的动作；

（三）表现驾驶车、船、飞机等活动；

（四）明示或者暗示饮酒有消除紧张和焦虑、增加体力等功效。

第二十四条 教育、培训广告不得含有下列内容：

（一）对升学、通过考试、获得学位学历或者合格证书，或者对教育、培训的效果作出明示或者暗示的保证性承诺；

（二）明示或者暗示有相关考试机构或者其工作人员、考试命题人员参与教育、培训；

（三）利用科研单位、学术机构、教育机构、行业协会、专业人士、受益者的名义或者形象作推荐、证明。

第二十五条 招商等有投资回报预期的商品或者服务广告，应当对可能存在的风险以及风险责任承担有合理提示或者警示，并不得含有下列内容：

（一）对未来效果、收益或者与其相关的情况作出保证性承诺，明示或者暗示保本、无风险或者保收益等，国家另有规定的除外；

（二）利用学术机构、行业协会、专业人士、受益者的名义或者形象作推荐、证明。

第二十六条 房地产广告，房源信息应当真实，面积应当表明为建筑面积或者套内建筑面积，并不得含有下列内容：

（一）升值或者投资回报的承诺；

（二）以项目到达某一具体参照物的所需时间表示项目位置；

（三）违反国家有关价格管理的规定；

（四）对规划或者建设中的交通、商业、文化教育设施以及其他市政条件作误导宣传。

第二十七条 农作物种子、林木种子、草种子、种畜禽、水产苗种和种养殖广告关于品种名称、生产性能、生长量或者产量、品质、抗性、特殊使用价值、经济价值、适宜种植或者养殖的范围和条件等方面的表述应当真实、清楚、明白，并不得含有下列内容：

（一）作科学上无法验证的断言；

（二）表示功效的断言或者保证；

（三）对经济效益进行分析、预测或者作保证性承诺；

（四）利用科研单位、学术机构、技术推广机构、行业协会或者专业人士、用户的名义或者形象作推荐、证明。

第二十八条 广告以虚假或者引人误解的内容欺骗、误导消费者的，构成虚假广告。

广告有下列情形之一的，为虚假广告：

（一）商品或者服务不存在的；

（二）商品的性能、功能、产地、用途、质量、规格、成分、价格、生产者、有效期限、销售状况、曾获荣誉等信息，或者服务的内容、提供者、形式、质量、价格、销售状况、曾获荣誉等信息，以及与商品或者服务有关的允诺等信息与实际情况不符，对购买行为有实质性影响的；

（三）使用虚构、伪造或者无法验证的科研成果、统计资料、调查结果、文摘、引用语等信息作证明材料的；

（四）虚构使用商品或者接受服务的效果的；

（五）以虚假或者引人误解的内容欺骗、误导消费者的其他情形。

第三章　广告行为规范

第二十九条　广播电台、电视台、报刊出版单位从事广告发布业务的，应当设有专门从事广告业务的机构，配备必要的人员，具有与发布广告相适应的场所、设备，并向县级以上地方工商行政管理部门办理广告发布登记。

第三十条　广告主、广告经营者、广告发布者之间在广告活动中应当依法订立书面合同。

第三十一条　广告主、广告经营者、广告发布者不得在广告活动中进行任何形式的不正当竞争。

第三十二条　广告主委托设计、制作、发布广告，应当委托具有合法经营资格的广告经营者、广告发布者。

第三十三条　广告主或者广告经营者在广告中使用他人名义或者形象的，应当事先取得其书面同意；使用无民事行为能力人、限制民事行为能力人的名义或者形象的，应当事先取得其监护人的书面同意。

第三十四条　广告经营者、广告发布者应当按照国家有关规定，建立、健全广告业务的承接登记、审核、档案管理制度。

广告经营者、广告发布者依据法律、行政法规查验有关证明文件，核对广告内容。对内容不符或者证明文件不全的广告，广告经营者不得提供设计、制作、代理服务，广告发布者不得发布。

第三十五条　广告经营者、广告发布者应当公布其收费标准和收费办法。

第三十六条　广告发布者向广告主、广告经营者提供的覆盖率、收视率、点击率、发行量等资料应当真实。

第三十七条　法律、行政法规规定禁止生产、销售的产品或者提供的服务，以及禁止发布广告的商品或者服务，任何单位或者个人不得设计、制作、代理、发布广告。

第三十八条　广告代言人在广告中对商品、服务作推荐、证明，应当依据事实，符合本法和有关法律、行政法规规定，并不得为其未使用过的商品或者未接受过的服务作推荐、证明。

不得利用不满十周岁的未成年人作为广告代言人。

对在虚假广告中作推荐、证明受到行政处罚未满三年的自然人、法人或者其他组织，不得利用其作为广告代言人。

第三十九条　不得在中小学校、幼儿园内开展广告活动，不得利用中小学生和幼儿的教材、教辅材料、练习册、文具、教具、校服、校车等发布或者变相发布广告，但公益广告除外。

第四十条　在针对未成年人的大众传播媒介上不得发布医疗、药品、保健食品、医疗器械、化妆品、酒类、美容广告，以及不利于未成年人身心健康的网络游戏广告。

针对不满十四周岁的未成年人的商品或者服务的广告不得含有下列内容：

（一）劝诱其要求家长购买广告商品或者服务；

（二）可能引发其模仿不安全行为。

第四十一条 县级以上地方人民政府应当组织有关部门加强对利用户外场所、空间、设施等发布户外广告的监督管理，制定户外广告设置规划和安全要求。

户外广告的管理办法，由地方性法规、地方政府规章规定。

第四十二条 有下列情形之一的，不得设置户外广告：

（一）利用交通安全设施、交通标志的；

（二）影响市政公共设施、交通安全设施、交通标志、消防设施、消防安全标志使用的；

（三）妨碍生产或者人民生活，损害市容市貌的；

（四）在国家机关、文物保护单位、风景名胜区等的建筑控制地带，或者县级以上地方人民政府禁止设置户外广告的区域设置的。

第四十三条 任何单位或者个人未经当事人同意或者请求，不得向其住宅、交通工具等发送广告，也不得以电子信息方式向其发送广告。

以电子信息方式发送广告的，应当明示发送者的真实身份和联系方式，并向接收者提供拒绝继续接收的方式。

第四十四条 利用互联网从事广告活动，适用本法的各项规定。

利用互联网发布、发送广告，不得影响用户正常使用网络。在互联网页面以弹出等形式发布的广告，应当显著标明关闭标志，确保一键关闭。

第四十五条 公共场所的管理者或者电信业务经营者、互联网信息服务提供者对其明知或者应知的利用其场所或者信息传输、发布平台发送、发布违法广告的，应当予以制止。

第四章 监督管理

第四十六条 发布医疗、药品、医疗器械、农药、兽药和保健食品广告，以及法律、行政法规规定应当进行审查的其他广告，应当在发布前由有关部门（以下称广告审查机关）对广告内容进行审查；未经审查，不得发布。

第四十七条 广告主申请广告审查，应当依照法律、行政法规向广告审查机关提交有关证明文件。

广告审查机关应当依照法律、行政法规规定作出审查决定，并应当将审查批准文件抄送同级工商行政管理部门。广告审查机关应当及时向社会公布批准的广告。

第四十八条 任何单位或者个人不得伪造、变造或者转让广告审查批准文件。

第四十九条 工商行政管理部门履行广告监督管理职责，可以行使下列职权：

（一）对涉嫌从事违法广告活动的场所实施现场检查；

（二）询问涉嫌违法当事人或者其法定代表人、主要负责人和其他有关人员，对有关单位或者个人进行调查；

（三）要求涉嫌违法当事人限期提供有关证明文件；

（四）查阅、复制与涉嫌违法广告有关的合同、票据、账簿、广告作品和其他有关资料；

(五)查封、扣押与涉嫌违法广告直接相关的广告物品、经营工具、设备等财物；

(六)责令暂停发布可能造成严重后果的涉嫌违法广告；

(七)法律、行政法规规定的其他职权。

工商行政管理部门应当建立健全广告监测制度，完善监测措施，及时发现和依法查处违法广告行为。

第五十条　国务院工商行政管理部门会同国务院有关部门，制定大众传播媒介广告发布行为规范。

第五十一条　工商行政管理部门依照本法规定行使职权，当事人应当协助、配合，不得拒绝、阻挠。

第五十二条　工商行政管理部门和有关部门及其工作人员对其在广告监督管理活动中知悉的商业秘密负有保密义务。

第五十三条　任何单位或者个人有权向工商行政管理部门和有关部门投诉、举报违反本法的行为。工商行政管理部门和有关部门应当向社会公开受理投诉、举报的电话、信箱或者电子邮件地址，接到投诉、举报的部门应当自收到投诉之日起七个工作日内，予以处理并告知投诉、举报人。

工商行政管理部门和有关部门不依法履行职责的，任何单位或者个人有权向其上级机关或者监察机关举报。接到举报的机关应当依法作出处理，并将处理结果及时告知举报人。

有关部门应当为投诉、举报人保密。

第五十四条　消费者协会和其他消费者组织对违反本法规定，发布虚假广告侵害消费者合法权益，以及其他损害社会公共利益的行为，依法进行社会监督。

第五章　法律责任

第五十五条　违反本法规定，发布虚假广告的，由工商行政管理部门责令停止发布广告，责令广告主在相应范围内消除影响，处广告费用三倍以上五倍以下的罚款，广告费用无法计算或者明显偏低的，处二十万元以上一百万元以下的罚款；两年内有三次以上违法行为或者有其他严重情节的，处广告费用五倍以上十倍以下的罚款，广告费用无法计算或者明显偏低的，处一百万元以上二百万元以下的罚款，可以吊销营业执照，并由广告审查机关撤销广告审查批准文件、一年内不受理其广告审查申请。

医疗机构有前款规定违法行为，情节严重的，除由工商行政管理部门依照本法处罚外，卫生行政部门可以吊销诊疗科目或者吊销医疗机构执业许可证。

广告经营者、广告发布者明知或者应知广告虚假仍设计、制作、代理、发布的，由工商行政管理部门没收广告费用，并处广告费用三倍以上五倍以下的罚款，广告费用无法计算或者明显偏低的，处二十万元以上一百万元以下的罚款；两年内有三次以上违法行为或者有其他严重情节的，处广告费用五倍以上十倍以下的罚款，广告费用无法计算或者明显偏低的，处一百万元以上二百万元以下的罚款，并可以由有关部门暂停广告发布业务、吊销营业执照、吊销广告发布登记证件。

广告主、广告经营者、广告发布者有本条第一款、第三款规定行为，构成犯罪的，依法追究刑事责任。

第五十六条 违反本法规定，发布虚假广告，欺骗、误导消费者，使购买商品或者接受服务的消费者的合法权益受到损害的，由广告主依法承担民事责任。广告经营者、广告发布者不能提供广告主的真实名称、地址和有效联系方式的，消费者可以要求广告经营者、广告发布者先行赔偿。

关系消费者生命健康的商品或者服务的虚假广告，造成消费者损害的，其广告经营者、广告发布者、广告代言人应当与广告主承担连带责任。

前款规定以外的商品或者服务的虚假广告，造成消费者损害的，其广告经营者、广告发布者、广告代言人，明知或者应知广告虚假仍设计、制作、代理、发布或者作推荐、证明的，应当与广告主承担连带责任。

第五十七条 有下列行为之一的，由工商行政管理部门责令停止发布广告，对广告主处二十万元以上一百万元以下的罚款，情节严重的，并可以吊销营业执照，由广告审查机关撤销广告审查批准文件、一年内不受理其广告审查申请；对广告经营者、广告发布者，由工商行政管理部门没收广告费用，处二十万元以上一百万元以下的罚款，情节严重的，并可以吊销营业执照、吊销广告发布登记证件：

（一）发布有本法第九条、第十条规定的禁止情形的广告的；

（二）违反本法第十五条规定发布处方药广告、药品类易制毒化学品广告、戒毒治疗的医疗器械和治疗方法广告的；

（三）违反本法第二十条规定，发布声称全部或者部分替代母乳的婴儿乳制品、饮料和其他食品广告的；

（四）违反本法第二十二条规定发布烟草广告的；

（五）违反本法第三十七条规定，利用广告推销禁止生产、销售的产品或者提供的服务，或者禁止发布广告的商品或者服务的；

（六）违反本法第四十条第一款规定，在针对未成年人的大众传播媒介上发布医疗、药品、保健食品、医疗器械、化妆品、酒类、美容广告，以及不利于未成年人身心健康的网络游戏广告的。

第五十八条 有下列行为之一的，由工商行政管理部门责令停止发布广告，责令广告主在相应范围内消除影响，处广告费用一倍以上三倍以下的罚款，广告费用无法计算或者明显偏低的，处十万元以上二十万元以下的罚款；情节严重的，处广告费用三倍以上五倍以下的罚款，广告费用无法计算或者明显偏低的，处二十万元以上一百万元以下的罚款，可以吊销营业执照，并由广告审查机关撤销广告审查批准文件、一年内不受理其广告审查申请：

（一）违反本法第十六条规定发布医疗、药品、医疗器械广告的；

（二）违反本法第十七条规定，在广告中涉及疾病治疗功能，以及使用医疗用语或者易使推销的商品与药品、医疗器械相混淆的用语的；

（三）违反本法第十八条规定发布保健食品广告的；

（四）违反本法第二十一条规定发布农药、兽药、饲料和饲料添加剂广告的；

（五）违反本法第二十三条规定发布酒类广告的；

（六）违反本法第二十四条规定发布教育、培训广告的；

（七）违反本法第二十五条规定发布招商等有投资回报预期的商品或者服务广告的；

（八）违反本法第二十六条规定发布房地产广告的；

（九）违反本法第二十七条规定发布农作物种子、林木种子、草种子、种畜禽、水产苗种和种养殖广告的；

（十）违反本法第三十八条第二款规定，利用不满十周岁的未成年人作为广告代言人的；

（十一）违反本法第三十八条第三款规定，利用自然人、法人或者其他组织作为广告代言人的；

（十二）违反本法第三十九条规定，在中小学校、幼儿园内或者利用与中小学生、幼儿有关的物品发布广告的；

（十三）违反本法第四十条第二款规定，发布针对不满十四周岁的未成年人的商品或者服务的广告的；

（十四）违反本法第四十六条规定，未经审查发布广告的。

医疗机构有前款规定违法行为，情节严重的，除由工商行政管理部门依照本法处罚外，卫生行政部门可以吊销诊疗科目或者吊销医疗机构执业许可证。

广告经营者、广告发布者明知或者应知有本条第一款规定违法行为仍设计、制作、代理、发布的，由工商行政管理部门没收广告费用，并处广告费用一倍以上三倍以下的罚款，广告费用无法计算或者明显偏低的，处十万元以上二十万元以下的罚款；情节严重的，处广告费用三倍以上五倍以下的罚款，广告费用无法计算或者明显偏低的，处二十万元以上一百万元以下的罚款，并可以由有关部门暂停广告发布业务、吊销营业执照、吊销广告发布登记证件。

第五十九条 有下列行为之一的，由工商行政管理部门责令停止发布广告，对广告主处十万元以下的罚款：

（一）广告内容违反本法第八条规定的；

（二）广告引证内容违反本法第十一条规定的；

（三）涉及专利的广告违反本法第十二条规定的；

（四）违反本法第十三条规定，广告贬低其他生产经营者的商品或者服务的。

广告经营者、广告发布者明知或者应知有前款规定违法行为仍设计、制作、代理、发布的，由工商行政管理部门处十万元以下的罚款。

广告违反本法第十四条规定，不具有可识别性的，或者违反本法第十九条规定，变相发布医疗、药品、医疗器械、保健食品广告的，由工商行政管理部门责令改正，对广告发布者处十万元以下的罚款。

第六十条 违反本法第二十九条规定，广播电台、电视台、报刊出版单位未办理广告发布登记，擅自从事广告发布业务的，由工商行政管理部门责令改正，没收违法所得，违法所得一万元以上的，并处违法所得一倍以上三倍以下的罚款；违法所得不足一万元的，并处五千元以上三万元以下的罚款。

第六十一条 违反本法第三十四条规定，广告经营者、广告发布者未按照国家有关规定建立、健全广告业务管理制度的,或者未对广告内容进行核对的,由工商行政管理部门责令改正,可以处五万元以下的罚款。

违反本法第三十五条规定,广告经营者、广告发布者未公布其收费标准和收费办法的,由价格主管部门责令改正,可以处五万元以下的罚款。

第六十二条　广告代言人有下列情形之一的,由工商行政管理部门没收违法所得,并处违法所得一倍以上二倍以下的罚款:

(一)违反本法第十六条第一款第四项规定,在医疗、药品、医疗器械广告中作推荐、证明的;

(二)违反本法第十八条第一款第五项规定,在保健食品广告中作推荐、证明的;

(三)违反本法第三十八条第一款规定,为其未使用过的商品或者未接受过的服务作推荐、证明的;

(四)明知或者应知广告虚假仍在广告中对商品、服务作推荐、证明的。

第六十三条　违反本法第四十三条规定发送广告的,由有关部门责令停止违法行为,对广告主处五千元以上三万元以下的罚款。

违反本法第四十四条第二款规定,利用互联网发布广告,未显著标明关闭标志,确保一键关闭的,由工商行政管理部门责令改正,对广告主处五千元以上三万元以下的罚款。

第六十四条　违反本法第四十五条规定,公共场所的管理者和电信业务经营者、互联网信息服务提供者,明知或者应知广告活动违法不予制止的,由工商行政管理部门没收违法所得,违法所得五万元以上的,并处违法所得一倍以上三倍以下的罚款,违法所得不足五万元的,并处一万元以上五万元以下的罚款;情节严重的,由有关部门依法停止相关业务。

第六十五条　违反本法规定,隐瞒真实情况或者提供虚假材料申请广告审查的,广告审查机关不予受理或者不予批准,予以警告,一年内不受理该申请人的广告审查申请;以欺骗、贿赂等不正当手段取得广告审查批准的,广告审查机关予以撤销,处十万元以上二十万元以下的罚款,三年内不受理该申请人的广告审查申请。

第六十六条　违反本法规定,伪造、变造或者转让广告审查批准文件的,由工商行政管理部门没收违法所得,并处一万元以上十万元以下的罚款。

第六十七条　有本法规定的违法行为的,由工商行政管理部门记入信用档案,并依照有关法律、行政法规规定予以公示。

第六十八条　广播电台、电视台、报刊音像出版单位发布违法广告,或者以新闻报道形式变相发布广告,或者以介绍健康、养生知识等形式变相发布医疗、药品、医疗器械、保健食品广告,工商行政管理部门依照本法给予处罚的,应当通报新闻出版广电部门以及其他有关部门。新闻出版广电部门以及其他有关部门应当依法对负有责任的主管人员和直接责任人员给予处分;情节严重的,并可以暂停媒体的广告发布业务。

新闻出版广电部门以及其他有关部门未依照前款规定对广播电台、电视台、报刊音像出版单位进行处理的,对负有责任的主管人员和直接责任人员,依法给予处分。

第六十九条　广告主、广告经营者、广告发布者违反本法规定,有下列侵权行为之一的,依法承担民事责任:

（一）在广告中损害未成年人或者残疾人的身心健康的；

（二）假冒他人专利的；

（三）贬低其他生产经营者的商品、服务的；

（四）在广告中未经同意使用他人名义或者形象的；

（五）其他侵犯他人合法民事权益的。

第七十条　因发布虚假广告，或者有其他本法规定的违法行为，被吊销营业执照的公司、企业的法定代表人，对违法行为负有个人责任的，自该公司、企业被吊销营业执照之日起三年内不得担任公司、企业的董事、监事、高级管理人员。

第七十一条　违反本法规定，拒绝、阻挠工商行政管理部门监督检查，或者有其他构成违反治安管理行为的，依法给予治安管理处罚；构成犯罪的，依法追究刑事责任。

第七十二条　广告审查机关对违法的广告内容作出审查批准决定的，对负有责任的主管人员和直接责任人员，由任免机关或者监察机关依法给予处分；构成犯罪的，依法追究刑事责任。

第七十三条　工商行政管理部门对在履行广告监测职责中发现的违法广告行为或者对经投诉、举报的违法广告行为，不依法予以查处的，对负有责任的主管人员和直接责任人员，依法给予处分。

工商行政管理部门和负责广告管理相关工作的有关部门的工作人员玩忽职守、滥用职权、徇私舞弊的，依法给予处分。

有前两款行为，构成犯罪的，依法追究刑事责任。

第六章　附　　则

第七十四条　国家鼓励、支持开展公益广告宣传活动，传播社会主义核心价值观，倡导文明风尚。

大众传播媒介有义务发布公益广告。广播电台、电视台、报刊出版单位应当按照规定的版面、时段、时长发布公益广告。公益广告的管理办法，由国务院工商行政管理部门会同有关部门制定。

第七十五条　本法自 2015 年 9 月 1 日起施行。

# 附录 B

互联网广告管理暂行办法

(2016年7月4日国家工商行政管理总局令第87号公布)

第一条 为了规范互联网广告活动,保护消费者的合法权益,促进互联网广告业的健康发展,维护公平竞争的市场经济秩序,根据《中华人民共和国广告法》(以下简称广告法)等法律、行政法规,制定本办法。

第二条 利用互联网从事广告活动,适用广告法和本办法的规定。

第三条 本办法所称互联网广告,是指通过网站、网页、互联网应用程序等互联网媒介,以文字、图片、音频、视频或者其他形式,直接或者间接地推销商品或者服务的商业广告。

前款所称互联网广告包括:

(一)推销商品或者服务的含有链接的文字、图片或者视频等形式的广告;

(二)推销商品或者服务的电子邮件广告;

(三)推销商品或者服务的付费搜索广告;

(四)推销商品或者服务的商业性展示中的广告,法律、法规和规章规定经营者应当向消费者提供的信息的展示依照其规定;

(五)其他通过互联网媒介推销商品或者服务的商业广告。

第四条 鼓励和支持广告行业组织依照法律、法规、规章和章程的规定,制定行业规范,加强行业自律,促进行业发展,引导会员依法从事互联网广告活动,推动互联网广告行业诚信建设。

第五条 法律、行政法规规定禁止生产、销售的商品或者提供的服务,以及禁止发布广告的商品或者服务,任何单位或者个人不得在互联网上设计、制作、代理、发布广告。

禁止利用互联网发布处方药和烟草的广告。

第六条 医疗、药品、特殊医学用途配方食品、医疗器械、农药、兽药、保健食品广告等法律、行政法规规定须经广告审查机关进行审查的特殊商品或者服务的广告,未经审查,不得发布。

第七条 互联网广告应当具有可识别性,显著标明"广告",使消费者能够辨明其为广告。

付费搜索广告应当与自然搜索结果明显区分。

第八条 利用互联网发布、发送广告,不得影响用户正常使用网络。在互联网页面以弹出等形式发布的广告,应当显著标明关闭标志,确保一键关闭。

不得以欺骗方式诱使用户点击广告内容。

未经允许,不得在用户发送的电子邮件中附加广告或者广告链接。

第九条 互联网广告主、广告经营者、广告发布者之间在互联网广告活动中应当依法订立书面合同。

第十条 互联网广告主应当对广告内容的真实性负责。

广告主发布互联网广告需具备的主体身份、行政许可、引证内容等证明文件,应当真实、合法、有效。

广告主可以通过自设网站或者拥有合法使用权的互联网媒介自行发布广告,也可以委托互联网广告经营者、广告发布者发布广告。

互联网广告主委托互联网广告经营者、广告发布者发布广告,修改广告内容时,应当以书面形式或者其他可以被确认的方式通知为其提供服务的互联网广告经营者、广告发布者。

第十一条 为广告主或者广告经营者推送或者展示互联网广告,并能够核对广告内容、决定广告发布的自然人、法人或者其他组织,是互联网广告的发布者。

第十二条 互联网广告发布者、广告经营者应当按照国家有关规定建立、健全互联网广告业务的承接登记、审核、档案管理制度;审核查验并登记广告主的名称、地址和有效联系方式等主体身份信息,建立登记档案并定期核实更新。

互联网广告发布者、广告经营者应当查验有关证明文件,核对广告内容,对内容不符或者证明文件不全的广告,不得设计、制作、代理、发布。

互联网广告发布者、广告经营者应当配备熟悉广告法规的广告审查人员;有条件的还应当设立专门机构,负责互联网广告的审查。

第十三条 互联网广告可以以程序化购买广告的方式,通过广告需求方平台、媒介方平台以及广告信息交换平台等所提供的信息整合、数据分析等服务进行有针对性的发布。

通过程序化购买广告方式发布的互联网广告,广告需求方平台经营者应当清晰标明广告来源。

第十四条 广告需求方平台是指整合广告主需求,为广告主提供发布服务的广告主服务平台。广告需求方平台的经营者是互联网广告发布者、广告经营者。

媒介方平台是指整合媒介方资源,为媒介所有者或者管理者提供程序化的广告分配和筛选的媒介服务平台。

广告信息交换平台是提供数据交换、分析匹配、交易结算等服务的数据处理平台。

第十五条 广告需求方平台经营者、媒介方平台经营者、广告信息交换平台经营者以及媒介方平台的成员,在订立互联网广告合同时,应当查验合同相对方的主体身份证明文件、真实名称、地址和有效联系方式等信息,建立登记档案并定期核实更新。

媒介方平台经营者、广告信息交换平台经营者以及媒介方平台成员,对其明知或者应知的违法广告,应当采取删除、屏蔽、断开链接等技术措施和管理措施,予以制止。

第十六条 互联网广告活动中不得有下列行为:

(一)提供或者利用应用程序、硬件等对他人正当经营的广告采取拦截、过滤、覆盖、快进等限制措施;

（二）利用网络通路、网络设备、应用程序等破坏正常广告数据传输，篡改或者遮挡他人正当经营的广告，擅自加载广告；

（三）利用虚假的统计数据、传播效果或者互联网媒介价值，诱导错误报价，谋取不正当利益或者损害他人利益。

第十七条　未参与互联网广告经营活动，仅为互联网广告提供信息服务的互联网信息服务提供者，对其明知或者应知利用其信息服务发布违法广告的，应当予以制止。

第十八条　对互联网广告违法行为实施行政处罚，由广告发布者所在地工商行政管理部门管辖。广告发布者所在地工商行政管理部门管辖异地广告主、广告经营者有困难的，可以将广告主、广告经营者的违法情况移交广告主、广告经营者所在地工商行政管理部门处理。

广告主所在地、广告经营者所在地工商行政管理部门先行发现违法线索或者收到投诉、举报的，也可以进行管辖。

对广告主自行发布的违法广告实施行政处罚，由广告主所在地工商行政管理部门管辖。

第十九条　工商行政管理部门在查处违法广告时，可以行使下列职权：

（一）对涉嫌从事违法广告活动的场所实施现场检查；

（二）询问涉嫌违法的有关当事人，对有关单位或者个人进行调查；

（三）要求涉嫌违法当事人限期提供有关证明文件；

（四）查阅、复制与涉嫌违法广告有关的合同、票据、账簿、广告作品和互联网广告后台数据，采用截屏、页面另存、拍照等方法确认互联网广告内容；

（五）责令暂停发布可能造成严重后果的涉嫌违法广告。

工商行政管理部门依法行使前款规定的职权时，当事人应当协助、配合，不得拒绝、阻挠或者隐瞒真实情况。

第二十条　工商行政管理部门对互联网广告的技术监测记录资料，可以作为对违法的互联网广告实施行政处罚或者采取行政措施的电子数据证据。

第二十一条　违反本办法第五条第一款规定，利用互联网广告推销禁止生产、销售的产品或者提供的服务，或者禁止发布广告的商品或者服务的，依照广告法第五十七条第五项的规定予以处罚；违反第二款的规定，利用互联网发布处方药、烟草广告的，依照广告法第五十七条第二项、第四项的规定予以处罚。

第二十二条　违反本办法第六条规定，未经审查发布广告的，依照广告法第五十八条第一款第十四项的规定予以处罚。

第二十三条　互联网广告违反本办法第七条规定，不具有可识别性的，依照广告法第五十九条第三款的规定予以处罚。

第二十四条　违反本办法第八条第一款规定，利用互联网发布广告，未显著标明关闭标志并确保一键关闭的，依照广告法第六十三条第二款的规定进行处罚；违反第二款、第三款规定，以欺骗方式诱使用户点击广告内容的，或者未经允许，在用户发送的电子邮件中附加广告或者广告链接的，责令改正，处一万元以上三万元以下的罚款。

第二十五条　违反本办法第十二条第一款、第二款规定，互联网广告发布者、广告经营者未按照国家有关规定建立、健全广告业务管理制度的,或者未对广告内容进行核对的,依照广告法第六十一条第一款的规定予以处罚。

第二十六条 有下列情形之一的,责令改正,处一万元以上三万元以下的罚款:

(一)广告需求方平台经营者违反本办法第十三条第二款规定,通过程序化购买方式发布的广告未标明来源的;

(二)媒介方平台经营者、广告信息交换平台经营者以及媒介方平台成员,违反本办法第十五条第一款、第二款规定,未履行相关义务的。

第二十七条 违反本办法第十七条规定,互联网信息服务提供者明知或者应知互联网广告活动违法不予制止的,依照广告法第六十四条规定予以处罚。

第二十八条 工商行政管理部门依照广告法和本办法规定所做出的行政处罚决定,应当通过企业信用信息公示系统依法向社会公示。

第二十九条 本办法自2016年9月1日起施行。

参 考 文 献

[1] 陶应虎. 广告理论与策划[M]. 2版. 北京：清华大学出版社，2014.
[2] 涂伟，白雪. 网络广告学[M]. 武汉：武汉大学出版社，2010.
[3] 乔炎林. 浅析广告的情感诉求[J]. 新闻前哨，2004(9).
[4] 龙腾文化. 广告的功能与作用[EB/OL]. [2014-05-17]. vhttp://www.ltwh.com.cn/article-819.html.
[5] 高力，王晓清，黎明. 网络广告学[M]. 成都：电子科技大学出版社.
[6] 陈培爱. 中华传统文化与广告伦理探析[J]. 山西大学学报(哲学社会科学版). 2007, 30(3).
[7] 廖小平，李雨纯. 现代广告的真实性及其伦理问题[J]. 长沙理工大学学报(社会科学版). 2013, 28(4).
[8] 高云. 伦理与道德关系刍议[J]. 南京财经大学学报，2014(1).
[9] 徐皞亮. 网络传播的特点[EB/OL]. (2009-12-08)[2015-01-09]. http://wenku.baidu.com/view/d60b5b23ccbff121dd3683b0.html.
[10] 唐志东. 网络广告学[M]. 北京：首都经济贸易大学出版社，2010.
[11] 林升梁. 网络广告原理与实务[M]. 厦门：厦门大学出版社，2007.
[12] 李莹. 网络广告的特点[EB/OL]. (2011-10-16)[2015-01-22]. http://abc.wm23.com/lonley/113661.html.
[13] 冯英健. 网络营销基础与实践[M]. 北京：清华大学出版社，2016.
[14] 张家超，俞海莹. Internet网络广告的分类学研究[J]. 连云港职业技术学院学报. 2003(2).
[15] 郭心语，刘鹏，等. 网络广告定向技术综述[J]. 华东师范大学学报(自然科学版). 2013(3).
[16] 陈建萍，王金环. 网络舆情传播中网民个体行为分析[J]. 新疆职业大学学报. 2013, 21(4).
[17] 屠忠俊. 网络传播概论[M]. 武汉：武汉大学出版社，2007.
[18] 夏艳. 网民群体行为的心理探源[J]. 新闻世界，2011(12).
[19] 史树梅. 网络事件中的网民心理特点与行为影响研究[D]. 济南：山东师范大学，2011.
[20] 王磊. 网络传播的受众心理特征及其引导[EB/OL]. (2005-06-24)[2015-04-08]. http://media.people.com.cn/GB/22114/44110/44111/3494714.html.
[21] 赛来西·阿不都拉，季靖. 广告心理学[M]. 杭州：浙江大学出版社，2007.
[22] 马谋超. 广告心理学[M]. 北京：中国市场出版社，2008.
[23] 周象贤，孙鹏志. 网络广告的心理传播效果及其理论探讨[J]. 心理科学进展. 2010, 18(5).
[24] 江波. 网络广告心理效果模式初探[J]. 心理学动态. 2001, 9(3).
[25] 莫梅锋. 互动广告发展研究[M]. 北京：新华出版社，2012.
[26] 周楚莉. 数字传播时代RTB(实时竞价)广告模式研究[J]. 中国记者，2013(11).
[27] 陈刚. 网络广告[M]. 北京：高等教育出版社，2010.
[28] 路盛章. 网络广告实务[M]. 北京：中央广播电视大学出版社，2008.
[29] 冯章. 广告创意与策划——方法·技巧·案例[M]. 北京：经济管理出版社，2009.
[30] 冯晖. 网络广告实务[M]. 北京：中国水利水电出版社，2009.
[31] 刘友林，汪青云. 广告策划与创意[M]. 北京：中国广播电视出版社，2003.
[32] 郭宏霞，闫芳. 网络广告策划[M]. 北京：电子工业出版社，2012.
[33] 杨坚争，李大鹏，周杨. 网络广告学[M]. 北京：电子工业出版社，2008.

[34] 李霞,王蕾. 广告策划案例教程[M]. 北京:高等教育出版社,2008.

[35] 阮可,郭怡. 现代广告学概论[M]. 北京:中国传媒大学出版社,2011.

[36] 胡建. 浅谈网络广告媒介策略[J]. 全国商情. 2005(3).

[37] 浅析 Ad Exchange 广告交易模式[EB/OL]. (2012-08-28)[2015-06-01]. http://auto.163.com/12/0828/10/8A04NI5300084TV5.html.

[38] 为什么会出现 Ad Exchange?[EB/OL]. (2008-12-13)[2015-06-01]. http://www.zhihu.com/question/20320181.

[39] 浅析 Ad Exchange——RTB 模式[EB/OL]. (2014-01-19)[2015-06-01]. http://www.skywod.com/141.

[40] 邓文峰,周朝明. 浅析网络广告效果评价方法[J]. 上海管理科学,2005(3).

教师服务

感谢您选用清华大学出版社的教材！为了更好地服务教学，我们为授课教师提供本书的教学辅助资源，以及本学科重点教材信息。请您扫码获取。

➤ 教辅获取

本书教辅资源，授课教师扫码获取

➤ 样书赠送

市场营销类重点教材，教师扫码获取样书

 清华大学出版社

E-mail: tupfuwu@163.com　　　网址：http://www.tup.com.cn/
电话：010-83470332 / 83470142　　传真：8610-83470107
地址：北京市海淀区双清路学研大厦 B 座 509　　邮编：100084